함께하는 디자인

모든
기획자와
디자이너가
알아야 할
협업과
갈등 관리
그리고
마음가짐에
대하여

함께하는 디자인
모든 기획자와 디자이너가 알아야 할
협업과 갈등 관리
그리고 마음가짐에 대하여

지은이 댄 브라운   옮긴이 장현순
펴낸이 박찬규   엮은이 윤가희   디자인 북누리   표지디자인 아로와 & 아로와나
펴낸곳 위키북스   전화 031-955-3658, 3659   팩스 031-955-3660
주소 경기도 파주시 문발로 115 세종출판벤처타운 #311

가격 25,000   페이지 304   책규격 188 x 240mm

초판 발행 2014년 07월 03일
ISBN 978-89-98139-59-9 (13000)

등록번호 제406-2006-000036호   등록일자 2006년 05월 19일
홈페이지 wikibook.co.kr   전자우편 wikibook@wikibook.co.kr

Authorized translation from the English language edition, entitled DESIGNING TOGETHER: THE COLLABORATION AND CONFLICT MANAGEMENT HANDBOOK FOR CREATIVE PROFESSIONALS, 1st Edition, 9780321918635 by BROWN, DANIEL, published by Pearson Education, Inc, publishing as New Riders, Copyright © 2013

All rights reserved. No part of this book may be reproduced or transmitted in any form or by any means, electronic or mechanical, including photocopying, recording or by any information storage retrieval system, without permission from Pearson Education, Inc. KOREAN language edition published by WIKIBOOKS, Copyright © 2014

이 책의 한국어판 저작권은 저작권자와의 독점 계약으로 위키북스가 소유합니다.
신 저작권법에 의해 한국 내에서 보호를 받는 저작물이므로 무단 전재와 복제를 금합니다.
이 책의 내용에 대한 추가 지원과 문의는 위키북스 출판사 홈페이지 wikibook.co.kr이나
이메일 wikibook@wikibook.co.kr을 이용해 주세요.

이 도서의 국립중앙도서관 출판예정도서목록(CIP)은
서지정보유통지원시스템 홈페이지(http://seoji.nl.go.kr)와 국가자료공동목록시스템(http://www.nl.go.kr/kolisnet)에서
이용하실 수 있습니다.(CIP제어번호: CIP2014018209)

함께하는
디자인

모든
기획자와
디자이너가
알아야 할
협업과
갈등 관리
그리고
마음가짐에
대하여

댄 브라운 지음 / 장현순 옮김

위키북스

헌 정

이 책을 어머니께 바칩니다

역자 서문

『함께하는 디자인』이런 책 제목을 봤을 때는 그저 에지일 방법론의 짝 프로그래밍처럼 같이 디자인하는 디자인 기술에 관련된 책인 줄로만 알았습니다. 물론 그 생각은 책 표지를 넘기고 목차를 훑어보는 순간 날아가 버렸지요.

이 책이 단지 일반적인 디자인 기술을 다루는 책이었다면 제가 번역하지 못했을 것입니다. 새로운 디자인 기법이나 툴들을 잘 번역해주실 수 있는 디자인 전문 번역가분들이 많이 계실 테니까요. 제 눈길을 끌었던 단어들은 이런 것이었습니다. 사고방식, 협업, 경청, 갈등의 역할 등… 이런 단어들과 디자인의 조합에 의아함 반 호기심 반이 되어 이 책의 번역을 맡고 시작했습니다.

저자가 이 책의 배경으로 삼고 있는 곳은 분명 디자이너들과 일하는 환경이지만 책을 읽어가다 보면 단순히 디자이너들과의 환경을 넘어, 두 사람 이상이 함께 작업하는 모든 상황에 적용될 수 있는 내용이라는 것을 여러분도 확인하게 될 것입니다. 어떠한 협업이나 프로젝트에도 갈등은 있게 마련이지만, 자세히 들여다 보면 갈등에도 패턴이 있으며, 그 패턴의 특징에 맞춰 적절한 해결책을 찾아 노력하다 보면 분명히 긍정적인 결과를 가져올 것이라는 기대가 저자의 체계적인 설명과 함께 확신으로 바뀌게 될 것입니다.

이 책의 또 다른 장점 중 하나는 협업에서 발생할 수 있는 수많은 구체적인 상황들을 예로 들어 설명해 준다는 것입니다. 협업에서 어떤 갈등이 발생하고 있을 때 그것은 디자이너의 성격이나, 상사의 무능, 이해관계자의 욕심, 회사의 문화, 혹은 내 자신 등 단지 어느 한 요인에서 기인한 것만은 아닐 것입니다. 이 책에서는 이렇게 갈등을 불러 올 수 있는 거의 대부분의 요인들을 나열하고 살펴보면서 갈등의 실마리들을 찾아 해결을 할 수 있도록 도와줍니다.

또한 함께 일하는 디자이너들 혹은 사람들과의 대화를 서로에게 상처만 주는 말다툼이 아닌 실제로 소통할 수 있는 대화로 이끌 수 있는 예들을 보여주고 있습니다.

역자 서문

협업이 화두로 떠오르는 시기에 이 책이 나온 것이 어쩌면 당연한 일일지도 모르지만, 제가 한창 디자이너들이나 다른 프로그래머들과 협업을 하던 때에 이 책을 접했다면 어땠을지 상상해 봅니다. 아마도 남 탓 하기 이전에 나를 돌아보고 함께 일하는 동료들을 이해하려고 노력하면서 협업을 좀 더 즐거운 일로 받아들일 수 있지 않았을까? 하는 약간은 부질없는 생각을 해 보았습니다.

이 책이 여러분의 협업에도 긍정의 힘을 가득 불어넣어 줄 것을 기대해 봅니다.

끝으로 좋은 책을 선택해서 맡겨주시고 항상 넘치는 배려를 해주시는 박찬규 사장님, 위키북스 출판사 직원분들께 진심에서 우러나온 감사의 마음을 전하고 싶습니다. 언제나 씩씩한 목소리로 응원해 주는 박은진 선생에게 고맙고, 하늘아래 가장 소중한 두 사람에게 명치가 찌릿한 마음을 전합니다.

장현순

감사의 글

오래전부터 이 책을 쓰고 싶었는데 그 바람을 이룰 수 있게 도와주신 뉴 라이더 팀에 감사합니다. 낸시 데이비스와 마이클 놀란은 비전을 구체화하고 명확하게 표현하는 데 중요한 도움을 주었고 이들의 빈틈없는 리더십과 훌륭한 책을 만드는 방법에 대한 빠른 이해력에 감사합니다.

제니퍼 린은 내 생각을 다듬고 내가 자초한 어려움에서 빠져나올 수 있게 도와주었습니다. 그녀의 차분함과 영적 깨우침에 감사합니다.

갈등 관리 워크숍에 협업 기술들을 포함하여 확장하도록 한 리즈 단지코의 요청은 『함께하는 디자인』이 있게 만들어준 기폭제였습니다. 워크숍 개발을 함께 작업하고 다음 세대 디자이너들을 교육하는 데 있어 저에게 지속적인 신뢰를 보내주신 것에 대해 감사합니다.

나단 커티스는 말 그대로 최고의 사업 동반자입니다. 그는 내가 정말로 필요로 하던 공간을 마련해 주었습니다. 나단은 자신이 '사람들과 어울리기 좋아하는 사람'이 아니라고 하는 최초의 사람이지만 이는 자신을 과소평가하는 것입니다. 사실은 이 책에 나온 많은 생각이 팀을 이끄는 나단을 관찰하고 그와 함께 EightShapes에서 협업 문화를 만들면서 시작되었습니다.

나단, 이제 당신의 차례입니다.

EightShapes의 팀은 제가 이 책을 쓰면서 한동안 골방에 박혀 있을 때에도 많은 도움을 주었습니다. 비주얼 디자인 디렉터인 조디 토마스는 커버 디자인에 관한 유용한 조언들을 해주었으며 베로니카 어브와 제임스 멜저는 참고 문헌 부분의 형식에 대한 피드백을 주었습니다. 척 보로비츠, 맷 딘지, 마리 스펙트와 제이슨 위스하드는 내가 그들에게 아이디어에 대한 의견을 구할 때 비공식적인 포커스 그룹의 역할을 해 주었습니다. "수고비는 지급하는 건가요?"라고 묻지 않으면서 솔직한 피드백을 준 것에 대해 감사합니다.

감사의 글

어떤 내용은 생존 디자인 프로젝트(Surviving Design Projects)라는 카드 게임에서 비롯되었습니다. 이 게임은 뉴올리언스에서 열린 IA 서밋 2012에서 처음 소개했습니다. 워크숍 참가자들은 이 게임에 대해 열광적이었으며 기꺼이 피드백을 주었고, 그 이후로 몇 번 워크숍을 진행했으며 자신의 팀과 이 게임을 했던 수많은 사람들로부터 피드백을 받았습니다. 이 게임을 구입하고 시간을 내어 의견을 보내주신 모든 분에게 고마움을 전하고 싶습니다. 특히 게임을 테스트 해 준 EightShapes의 베로니카, 제임스, 제이슨, PJ에게 고마움을 전하고 싶습니다.

사고방식의 개념은 캐롤 드웩의 연구에 기초하고 있습니다. 왜 똑똑한 사람들이 실패를 두려워하는지 이해하기 위한 수십 년에 걸친 그녀의 연구는 내게 멘토, 매니저, 파트너, 부모, 디자이너로서 해야 할 역할을 하는 데 중요한 도움이 되었습니다. 그녀의 연구에 내 경험을 바탕으로 확장하여 2장에 요약해 놓았습니다. 잘못된 부분이 있다면 모두 내 잘못입니다.

때때로 책을 씀으로써 훌륭한 사람들과 이야기할 기회가 생기는 것이 아닌가 하는 생각이 듭니다. 『함께하는 디자인』 저술을 위해 도움을 줄 사람을 찾으면서 다양한 관점들을 제시하며 협업과 팀역학의 일반적인 주제에 관해 이야기 나눌 수 있는 다양한 사람들을 만났습니다. 그들의 의견은 저의 기대를 훨씬 뛰어넘었습니다. 자신의 생각을 들려준 데이빗 벨먼, 맨디 브라운, 에리카 홀, 데니스 야콥스, 조나단 '요니' 놀, 마크 레티그와 제닌 워리스 터너 박사에게 고마움을 전합니다.

이제 저의 버킷리스트에서 '스콧 버쿤의 추천 글을 받는다'를 지우려고 합니다. 저는 오랫동안 스콧의 글쓰기와 생각에 대한 팬이었고 이 책에 그 두 가지를 제공해 주었음에 감사합니다. 그에게 원고를 공유했을 때 보여주었던 내용에 대한 그의 열정은 이 프로젝트를 마칠 수 있도록 내게 활력을 불어넣어 주었습니다. 조언과 격려, 감사합니다. 스콧.

감사의 글

글쓰기로 주말에 몇 시간 동안이나 떨어져 있었음에도 내 아이들 해리와 에버렛은 훌륭히 인내해 주었습니다. 해리가 "아빠 일은 언제 끝나는 거예요?"라고 묻기 시작한 것은 정말 마지막 몇 주를 남겨두고 였습니다. 얘들아, 아빠도 우리만의 프로젝트에서 협업할 수 있는 자유시간을 갖기를 정말 고대하고 있단다.

마지막으로 인생, 사랑, 아이들 양육의 영원한 반려자이며 소중한 배우자 사라에게 마음속 깊은 고마움과 감사를 전하고 싶습니다. 제가 저녁과 주말에 글쓰기에 몰두하는 동안 그녀는 이 세 가지 부분에서 그녀의 몫보다 훨씬 많은 부분을 떠맡았습니다. 여보, 훌륭한 엄마, 사랑하는 아내 그리고 나의 가장 친한 친구로 있어 주어 감사해요. 우리가 해온 일이 내가 지금까지 공동으로 작업했던 가장 최고의 프로젝트에요.

추천의 글

추천의 글이라고 하면 보통 꽤 유명해 보이는 사람이 지금 읽으려고 하는 이 책이 얼마나 훌륭한지 알려주는 것입니다. 하지만 독자가 몰랐으면 하고 바라는 저자의 비밀 중 하나는 이 추천의 글이 바에서 내기에 지거나 저자가 가지고 있는 불미스러운 사진을 없애는 조건으로 친구가 써주는 경우가 종종 있다는 것입니다. 이게 바로 대부분의 추천사가 몹시 따분하고 책에 어울리지 않는 이유입니다. 나는 댄을 딱 한 번 만났을 뿐이며 그에게 아무런 빚도 지고 있지 않다는 것을 약속할 수 있습니다.

내가 이 글을 쓰고 있는 이유는 그저 이 책이 정말 훌륭하기 때문입니다. 이 책은 대부분 디자이너가 가진 재능에 있어 가장 중요한 결점 즉, 다른 사람들과 함께 작업하는 방법을 정확히 담아내고 있습니다. 또한, 대부분 이런 종류의 쓸모없는 책들이 제공하는 상투적이고 진부한 이야기들에 사로잡히지 않고 그것을 뛰어넘는 훌륭한 성과를 보여주고 있습니다.

학창시절 나의 비전은 세상을 바꾸는 디자인을 만들어내는 인생이었습니다. 이런 꿈들 속에서 나는 언제나 주역이었고 내가 하지 않거나 할 수 없는 일을 하고 모든 지시를 받는 아랫사람이 있기 마련이었습니다. 이런 어린 디자이너들의 꿈은 참 순진하죠. 디자인과 엔지니어링 역사상 훌륭한 업적은 이런 방식으로 만들어지지 않았을뿐더러 앞으로도 만들어지지 않을 것입니다. 뭔가 훌륭한 것을 만들어 내려면 기술자들이 조화롭게 일해야 합니다. 디자인 문화에서 다른 사람들과 함께 일하는 것은 항상 도외시되어 왔습니다. 그리고 그 결과는 직장생활 동안에도 너무 오랫동안 학생 때의 공상을 꿈꾸면서 자신의 재능과 행복을 허비하는 것입니다.

당신이 만약 오늘날 혹은 역사상 훌륭한 디자인을 골라 그것이 어떻게 만들어졌는지 세부적으로 들여다본다면 재능 있는 사람들이 팀을 이루어 함께 일했다는

추천의 글

것을 알 수 있을 것입니다. 서로 일에 도움을 주며 만들어 나갔습니다. 그들이 항상 서로 좋아하지는 않았겠지만 사소한 차이보다는 결과의 품질을 우선시하는 방법을 알았습니다. 그와 같은 능력은 마술도 아니고 그들의 창의적인 재능에서 나온 것도 아닙니다. 그것은 바로 이 책에서 명확하게 설명하고 있는 간단한 태도와 기술들입니다. 저는 직장생활을 해오면서 이런 방법들을 익혀왔지만, 이 책에서 나온 것처럼 이 방법들을 명확하게 정의하고, 설명하고, 가르치는 것을 본 적이 없습니다.

업무 스트레스, 동료의 무례함, 정말 피하고 싶은 미팅에서 벗어나고 싶다면 다음 페이지들에서 그 해결책을 발견할 것입니다. 이런 것을 명료하게 깨닫게 될 여러분을 생각하니 부러움을 금치 못하겠습니다.

스콧 버쿤 (Scott Berkun)

목 차

들어가며
갈등, 협업 그리고 창의성

이 책에 담긴 내용	25
이 책은 더 강력한 팀을 만든다	26
이 책은 사고와 행동을 바꿀 것이다	27
희망 목표: 훌륭한 디자인팀	27
이 책은 모든 형태나 모든 크기의 팀을 위한 책이다	29
이 책은 디자이너에게 어떤 도움이 될까	30
이 책은 팀 리더에게 어떤 도움이 될까	30
이 책에서 다루지 않는 것	31
갈등과 협업은 디자인에서 중요하다	30
다섯 가지 핵심 개념	31
사고방식	34
자기반성	34
공감	35
디자인의 성공	35
게임 – 생존 디자인 프로젝트	35
감사합니다	36

PART 01
기여자로서의 디자이너

디자인팀의 구성요소	39
역할과 책임	40
목표와 우선순위	42
기술과 방법	43
프로젝트 규정요인	45

디자인팀의 결속성 ········ 46
기본 가치 ········ 46
기본을 넘어서 ········ 48

기여하는 디자이너 ········ 48
자기인식 ········ 52
동료들과 잘 지내기 ········ 52
거절하기 ········ 53

기여자로서의 디자이너 평가하기 ········ 53
대표적인 평가 방법 ········ 54
왜 사고방식인가 ········ 55

요약 ········ 56

PART 02
디자이너 사고방식

기존 사고방식의 정의 ········ 59
인식, 태도, 그리고 성격 ········ 59
드웩의 사고방식 모델 ········ 60

디자이너를 위한 최적의 사고방식 ········ 63
적응의 사고방식(융통성 없지 않은) ········ 64
공동의 사고방식(단독이 아닌) ········ 65
적극적인 사고방식(소극적이지 않은) ········ 67

사고방식 바꾸기 ········ 70
요약 ········ 72

목 차

PART 03
경청: 필수 기술

상대방의 말을 잘 듣기 위한 체크리스트 ························ 75
준비 ·· 76
    잠시 멈춤 ·· 79
    캐어묻기 ·· 81
    부연해서 말하기 ·· 82
    규칙을 깨야 할 때 ··· 84
경청의 장애물 ··· 84
    합선 ··· 85
    폐쇄 ··· 88
    전투적인 자아 ·· 89
요약 ·· 91

PART 04
디자인에서 갈등의 역할

갈등의 가치 ··· 95
    디자인 결정과 공감대 ··· 98
    공감대가 없으면 무슨 일이 발생할까 ···························· 100
    공감대의 장애물 ··· 101
건강한 갈등 대 해로운 갈등 ·· 104
    건강한 갈등과 해로운 갈등 구별하기 ···························· 105
    위장한 해로운 갈등 ·· 106
    해로운 갈등을 건강한 갈등으로 전환하기 ···················· 107
해결방안의 본질 ·· 108
    설득: 한 사람이 다른 사람의 의견을 받아들이다 ······· 109
    반복: 타협에 이르다 ·· 109

관점의 변화: 누군가는 그것을 다른 관점으로 본다 110
결정의 연기: 미루기로 결정하다 110
공통 기반: 무언가에 합의하다 111
해결방안의 평가 112

요약 113

PART 05
갈등 평가하기: 무엇이 진짜 문제인가

무엇이 갈등을 유발할까? 117
갈등의 내적 원인 120
    방법적 갈등 121
    결과적 갈등 124
갈등의 외부 원인 130
    단절 131
    배제 132
    잘못된 방향 133
    모호성 135
갈등의 예 136
    시나리오 1: 느린 진행속도에 대한 대응 136
    시나리오 2: 디자인 원칙을 명확히 하다 138

요약 139

PART 06
갈등 모델: 패턴, 상황, 특성

갈등의 모델 143
상황 144

목 차

- 갈등의 내적 원인 ··· 144
- 갈등의 외적 원인 ··· 144

패턴 ··· 145
- 공감 ··· 146
- 참여 ··· 146
- 방향수정 ··· 147
- 재구성 ··· 147

특성 ··· 147
- 자기인식 ··· 148
- 네 가지 특징 ··· 149
- 자신의 특성 평가하기 ··· 152

상호 영향 ··· 153
- 상황 〈 〉 패턴 ··· 153
- 패턴 〈 〉 특성 ··· 154
- 특성 〈 〉 상황 ··· 154

갈등 모델의 작동 ··· 155
요약 ··· 156

PART 07
협업은 어떻게 작동하나

협업의 정의 ··· 158
- 함께 일하는 것을 넘어서 ··· 159
- 협업 대 집단사고 ··· 162

협업에 관한 오해 ··· 163
- 지나친 단순화 ··· 163
- 효과 없고 비효율적 ··· 164
- 잘못된 부분에 집중 ··· 164
- 협업이 제대로 작동하지 않을 때 ··· 165

목 차

협업의 측면	165
도구	168
사고방식	173
문화	175
요약	177

PART 08
협업의 네 가지 덕목

협업의 덕목	180
명확성과 정의	181
책임과 주인의식	182
관심과 존중	185
열린 마음과 정직	188
협업의 구현	191
올바른 도구의 선택	191
사고방식의 조정	194
기업 문화 평가하기	195
요약	198

PART 09
상황: 디자인 프로젝트에서 발생할 수 있는 환경과 시나리오

상황의 이용방법	200
상황이란	200
상황들	201
디자인 무시	202

목 차

- 내부 경쟁으로 인한 주의 분산 ··· 203
- 화려한 기능에 의한 주의 분산 ··· 204
- 무엇이 필요한지 모름 ··· 205
- 노력이 무시됨 ··· 206
- 계획과정에서의 배제 ··· 207
- 잘못된 의견 일치 ··· 208
- 비일관적 기대 ··· 209
- 불충분한 진행상황 ··· 210
- 무관한 비교 ··· 211
- 명확한 정보의 부족 ··· 212
- 전반적인 상황에 대한 이해 부족 ··· 213
- 의사결정자의 부재 ··· 214
- 안정적 전략의 부재 ··· 215
- 뒤늦은 요구사항 ··· 216
- 어조에 대한 오해 ··· 217
- 새로운 시각 ··· 218
- 계획의 부재 ··· 219
- 디자인 시간부족 ··· 220
- 팀플레이어가 아님 ··· 221
- 지나친 준비 ··· 222
- 불충분한 피드백 ··· 223
- 형편없는 프레젠테이션 또는 논의 ··· 224
- 디자인 작업에 소극적 참여 ··· 225
- 제때 받지 못한 답변 ··· 226
- 핵심 이해관계자로부터 분리 ··· 227
- 작업과 목표가 서로에게 적합하지 않음 ··· 228
- 조직화되지 않은 협업 ··· 229
- 근거 없는 디자인 방향 ··· 230
- 불합리한 제약사항 ··· 231
- 잘못된 범위 ··· 232

PART 10
특성: 자신과 동료 평가하기

특성들 234
왜 마이어브릭스의 성격유형을 이용하지 않을까? 235
특성들의 이용방법 236
융통성 237
스타일의 집착 238
추정 한계치 239
창의적 계기 240
문제의 정의 241
희망하는 작업운율 242
교조주의 243
피드백의 포맷 244
인정하기와 인정받기 245
자동 반응 246
추상 수준 247
제어권에 대한 인식 248
선호 환경 249
선호 관점 250
작업량 252
디자인 리뷰회의 253
투명성 254

PART 11
갈등 패턴: 해결에 이르기 위한 행동방식

패턴 이용 방법 257
성취를 인정한다 259
의제를 예상한다 259
이야기를 요청한다 259

목 차

도움을 요청한다 ··· 260
첫 단계에 대해 묻는다 ··· 260
질문한다 ·· 260
자신의 프로세스를 확고하게 한다 ··· 261
'상사' 핑계 대기 ··· 261
할 테면 해보라고 한다 ·· 261
과거의 교훈을 되새긴다 ··· 262
소통 채널을 바꾼다 ··· 262
비유를 바꾼다 ·· 263
동료의 좋은 자질을 생각한다 ·· 263
나중에 다시 돌아온다 ·· 263
영향을 알린다 ·· 264
미시적/거시적 관점을 고려한다 ··· 264
자기 일/동료들의 일을 고려한다 ··· 264
실패를 행동으로 전환한다 ··· 265
그림을 그린다 ·· 265
문제를 열거한다 ··· 265
회의의 틀을 마련한다 ·· 266
기본으로 돌아간다 ··· 266
상부상조 ·· 266
개선할 수 있게 도움을 요청한다 ··· 267
우선순위 설정에 대한 도움을 청한다 ·· 267
워크숍을 잡는다 ··· 267
가정들을 나열한다 ··· 268
계획을 세운다 (실행계획의 세부사항) ······································· 268
가정한다 ·· 269
현실로 만든다 ·· 269
대안을 제시한다 ··· 269
맛보기로 보여준다 ··· 270
한 가지를 선택한다 ··· 270
중요한 문제에 집중한다 ··· 270
포트폴리오에 우선순위를 둔다 ·· 271

목 차

출발점을 제공한다 271
이전 회의에 대해 설명한다 271
업무범위를 줄인다 272
의견을 반복한다 272
작은 승리를 추구한다 272
합리적인 기대를 설정한다 273
목표를 보여준다 273
자신의 작업을 보여준다 274
작은 노력부터 시도한다 274
책임을 진다 274
프로젝트처럼 다룬다 275

PART 12
협업 행동방식: 덕목들 몸에 익히기

행동방식의 사용방법 278
행동방식 280
구체적인 답변을 하게 되는 질문을 한다 281
의사결정을 집중시킨다 281
능력과 성과에 관한 기대를 명확히 한다 281
진행상황을 알린다 282
기회를 독차지하지 않는다 282
건설적인 비판을 수용한다 283
위험을 감수한다 283
의미 있는 결과를 내는 도구를 이용한다 283
즉흥적인 커뮤니케이션을 권장한다 284
대화에 참여한다 284
의사소통을 위해 다양한 감각을 사용한다 285
역할 정의를 한다 285
다른 사람들에게 실수를 통해 배울 수 있는 여유를 준다 ... 286
의사소통 계획을 마련한다 286

목 차

프로젝트 계획을 마련한다 ··········· 286
의사결정 체계를 마련한다 ··········· 287
모든 논의에 대해 목표를 가진다 ··········· 287
회의는 짧게 집중해서 한다 ··········· 288
'제자리를 맴돌고' 있을 때 그것을 인지한다 ··········· 288
솔직하게 비판한다 ··········· 288
장점을 활용한다 ··········· 289
결정의 근거를 제공한다 ··········· 289
기여를 인정한다 ··········· 290
경쟁을 줄인다 ··········· 290
자신의 업무성과를 되돌아본다 ··········· 291
일정을 존중한다 ··········· 291
연락가능 상태를 설정한다 ··········· 292
업무성과에 대한 기대를 설정한다 ··········· 292

저자 약력 ··········· 294
기여자 약력 ··········· 295
참고문헌 ··········· 298

들어가며

갈등,
협업 그리고 창의성

불가능해 보였던 프로젝트: 유명 소비자 브랜드의 웹사이트를 위한 새로운 디자인을 개발한다고 하자. 여기서 디자인이라 함은 초기 페이지와 그 내부 페이지와 같이 몇 가지 핵심 웹 페이지를 구현하는 하나의 전체적인 방향을 뜻한다. 디자인의 방향을 정하는 것 외에도, 프로젝트는 그 방향이 다양한 상황에서 어떻게 반응해야 하는지 보여주어야 한다. 즉, 노트북과 큰 모니터뿐만 아니라 스마트폰, 태블릿에 보이는 웹 브라우저 등 다양한 크기의 스크린에 적용 가능할지를 보여야 한다.

프로젝트 전체 일정이 약 한 달, 아니 6주였다. 이 시간 내에 우리 팀은 디자인 방향을 구상하고 이 디자인이 다양한 크기의 브라우저에서 어떻게 동작할지 프로토타입을 준비해야 했다. 지금까지 설명한 것보다 훨씬 더 어려운 상황이었다. 심지어 클라이언트는 우리가 동의하지도 않은 프로젝트 체계를 고집했다. 이런 제약은 보통 프로젝트를 받아들이기 어렵게 만들지만, 결국 우리는 도전해 보기로 했다. 우리가 이 프로젝트에서 배우는 것이 실패할 위험을 감수할 만한 가치가 있다고 판단했기 때문이다.

일반적으로 대부분의 프로젝트 계획은 한두 주간의 집중적인 프로토타이핑 기간을 포함한다. 팀이 모두 방에 모여 사오일 동안 첫 번째 프로토타입 초안을 계속 내놓는다. 이 기간에 팀은 기본 코드 프레임워크를 정하고, 핵심화면의 작동방식을 정하고, 반응 방식을 시연하고, 외형적 스타일의 전체적인 느낌을 구현한다. 이 작업은 맞물리는 많은 세부사항에 대해서 다양한 부류의 사람들이 모여 화이트보드에, 그리고 옆에 앉아서 함께 프로그래밍을 하는 등 엄청난 공동의 노력이 필요한 일이다.

이 경험의 일환으로 나는 가끔 한발 뒤로 물러나 다른 시각으로 팀을 바라보는 순간을 가지곤 했다. 이는 내가 결혼 전에 얻은 충고 같은 것이었다. 너는 곧 사건에 휘말리게 될 테지만 잠시 멈춰서 그것을 받아들이도록 노력해야 한다. 이렇게 멈춰서 팀이 일하는 것을 바라보는 순간, 나는 웹 디자인(혹은 모든 디자인)이 변화하는 실체를 볼 수 있었다. 이 협업의 정신, 잘 돌아가는 기계에서 만족과 효과를 찾는 정신이 다른 곳에서도 나타나기 시작했다. 동료들은 이 협업의 정신을 전문성 개발 목표에 포함시켰다. 또, 구직자들과의 대화 속에서도 협업이라는 주제가 자주 등장했다. 이것은 다른 고객들은 물론, 프로젝트들에서도 반향을 일으키기 시작했다.

결국 우리는 말도 안 되는 디자인 방향의 프로젝트를 성공시켰다. 모두가 살아남아 일을 마칠 수 있었던 것은 협업 덕분이었으며 우리에게 창의성을 채워주었던 것은 갈등이었다.

이 책에 담긴 내용

'함께하는 디자인'은 협업과 갈등이라는 디자인팀에 압력을 가하는 두 개의 같으면서도 다른 힘에 대한 책이다. 이 책은 다음과 같이 세 부분으로 나뉜다.

첫 번째 부분은 기본에 초점을 두고 팀에서 기여자로서 디자이너의 역할을 설명하고, '왜 창의성에서 갈등과 협업이 중요할까?'와 같은 기본 질문에 대답한다.

1. '기여자로서의 디자이너'에서는 팀의 구성원으로서 디자이너의 역할과 위치에 관해 서술한다.
2. '디자이너 사고방식'에서는 캐롤 드웩(Carol Dweck)의 작업을 이용해 어떻게 디자이너가 올바른 태도를 가져야 하는지 설명한다.
3. '경청: 필수기술'에서는 협업을 이끌고 갈등을 잘 활용하는 데 가장 기본이 되는 기술에 대한 가이드라인을 세운다.

다음 부분에서는 이론에 초점을 맞추어 디자이너가 갈등과 협업에 대해 생각하고 대화하기 위한 언어와 이론적 틀을 확립한다.

4. '디자인에서 갈등의 역할'에서는 디자인 프로세스에서 갈등이 왜 필수적인지 설명한다.
5. '갈등 평가하기: 무엇이 진짜 문제인가'에서는 창의적인 프로젝트에서 발생하는 어려운 상황을 평가하는 방법에 대해 조언한다.
6. '갈등 모델: 패턴, 상황, 특성'에서는 상황이 디자이너의 개인 성향과 행동방식에 어떻게 관계되는지를 보여주는 틀을 설정한다.
7. '협업은 어떻게 작동하나'에서는 창의적인 팀에서 협업의 역동성을 서술하고 협업에 대한 근거 없는 믿음들을 해체한다.
8. '협업의 네 가지 덕목'에서는 협업 환경을 위한 네 가지 가이드 원칙을 제시한다.

마지막 부분은 참고자료로 제공되며 디자이너와 복잡한 상황을 평가하는 실용적인 도구와 함께 갈등을 다루고 협업을 이루어내기 위한 전략적인 행동에 대해 요약한다.

9. '상황: 디자인 프로젝트에서 발생할 수 있는 환경과 시나리오'에서는 자주 발생하는 어려운 대화나 사건을 설명한다.
10. '특성: 자신과 동료 평가하기'에서는 팀과 상호작용하는 데 영향을 미치는 디자이너의 작업 스타일이나 성격의 측면을 살펴본다.
11. '갈등 패턴: 해결에 이르기 위한 행동방식'에서는 난감한 상황을 해결하는 행동들을 제안한다.
12. '협업 행동방식: 덕목들 몸에 익히기'에서는 더 효과적인 협업을 이끌어내는 습관을 살펴본다.

이 책은 더 강력한 팀을 만든다

'함께하는 디자인'은 팀역학에 관한 책이며 디자인팀이 훌륭한 작업을 함께할 수 있게 올바른 공감대를 이루어내는 것에 관한 책이다. 이 책은 다음 항목에 대해 설명한다.

- **상황**: 디자인 프로젝트에서 마주치는 장애물
- **행동**: 디자인 프로젝트에서 상황을 다루기 위해 하는 행위
- **사고방식**: 참가자가 상황을 고려하고 접근하는 방법
- **덕목**: 창의적인 팀을 이끄는 원칙

어디부터 시작할까?

- 이 분야에 이제 막 뛰어든 사람이라면 창의적인 팀에서 디자이너의 역할에 대해 틀을 잡아주는 1장과 2장부터 시작한다.
- 현재 어려움을 겪고 있는 프로젝트를 작업 중이라면 바로 4장과 5장으로 넘어가 무슨 일이 발생하고 있으면 어떻게 바로잡을 수 있을지 파악한다.
- 이미 잘 돌아가고 있는 창의적인 팀에서 작업 중이라면 7장과 8장으로 건너뛰어 협업을 향상시키는 데 무엇을 할 수 있을지 살펴본다.

이 책은 기존 책이 놓치고 있는 내용을 이야기한다(적어도 나는 그렇게 생각하고 싶다). 팀역학을 다루는 대부분 책은 디자인팀의 리더에 초점을 맞춘다. 그런 책에서는 미팅을 잘 진행하는 방법이나 프로젝트를 조직하는 방법, 고객을 다루는 방법과 같은 주제를 다룬다.

하지만 '함께하는 디자인'은 리더나 매니저 혹은 핵심 이해관계자는 아니지만, 프로젝트의 일정 부분을 담당하는 참여 디자이너에 초점을 맞춘다. 즉, 디자인 프로젝트에서 작업하는 사람이라면 누구나 해당한다. 결국 프로젝트에 참여하는 모든 사람에게 프로젝트의 성공과 실패에 대한 책임이 있기 때문이다.

이 책은 사고와 행동을 바꿀 것이다

'함께하는 디자인'은 궁극적으로 행동에 관한 책이며 이 행동으로 디자이너가 복잡한 상황을 해결하는 것을 돕고 복잡한 프로젝트에서 더 좋은 결과를 만들어내게 된다. 행동에 아주 작은 변화만 주어도 가망 없던 논쟁이 생산적인 대화로 바뀔 수 있다. 또한, 몇 가지 간단하고 새로운 행동을 받아들임으로써 팽팽한 긴장이 감도는 경쟁적인 환경을, 서로 협력하고 지원하는 환경으로 변화시킬 수 있다. 올바른 행동을 받아들이려면 올바른 사고방식을 가져야 한다.

2장에서는 어떻게 상황을 받아들이고, 느끼고, 반응할지를 결정하는 마음의 틀인 사고방식에 관해 이야기한다. 사고방식과 행동은 연결되어 있어서 한 사람의 사고방식은 어떤 상황에서의 반응과 행동에 직접적인 영향을 준다. 그러나 사고방식은 바꿀 수 있어서 사람들은 의식적으로 사고방식이 시키는 방식과 다른 방법으로 반응하게끔 선택할 수도 있다.

중요한 사실은 사람의 사고방식이 그 사람의 행동에 영향을 주는 만큼 행동 또한 사고방식에 영향을 준다는 것이다. 사고방식에 반하는 행동을 취함으로써 세상을 받아들이고 세상에 반응하는 방식에 영향을 줄 기회를 가질 수 있다.

희망 목표: 훌륭한 디자인팀

훌륭한 디자인팀을 정의하는 방법에는 여러 가지가 있다. 훌륭함은 어느 정도 결과로 측정할 수 있다. 훌륭한 팀은 아무래도 훌륭한 제품, 훌륭한 빌딩, 훌륭한 소프트웨어 혹은 뭔가 훌륭한 것을 만들어 낸다. 하지만 단지 결과만 가지고 훌륭하다고 할 수는 없다. 만일 프로젝트가 디자이너를 불행하고 완전히 지치게 한다면 과연 정말 훌륭하다고 할 수 있을까? 만일 단 한 명의 이상주의자, 다른 사람은 크게 기여하지 못하도록 하고 자기 뜻대로만 하려는 사람에게 초점이 맞추어 있다면 그 프로젝트는 과연 성공적이라고 할 수 있을까?

훌륭한 디자인팀은 훌륭한 산출물도 내놓지만, 또한 모든 팀원에게 힘들지만 달성할 수 있을 만한 도전과 의미 있는 기여를 할 수 있는 기회를 제공한다.

너무 지나칠 만큼 열심히 일하게 하고, 지치게 하고, 다른 디자이너와 경쟁하게 하고, 고객을 불쾌하게 만드는 디자이너의 측면들은 해로운 습관을 낳는다. 즉, 디자이너의 도전과 의미 있는 기여에 대한 원초적인 열망을, 훌륭한 제품을 낳는 건강한 습관으로 돌리는 것이 훌륭한 디자인팀의 본질이다. '함께하는 디자인'은 디자이너의 열망을 건강한 습관으로 돌리는 데 도움을 주는 안내서이다.

디자이너는 도전을 좋아한다

디자이너에 대한 일반화가 어쩌면 그들의 오만함을 정형화할 수 있겠지만, 디자인팀과 시간을 보내보면 그들을 연결해주는 유일한 한 가지를 발견할 수 있다. 모든 디자이너는 도전하길 원한다. 디자이너는 다음과 같은 경향이 있다.

- **현실 세계의 문제를 갈망한다**: 사람들의 삶에 영향을 주는 제품을 만들기를 원한다.
- **합리적인 제약사항을 즐긴다**: 문제를 해결하는 가장 좋은 방법은 임의적이지 않은 한계 내에서 문제를 해결하는 것임을 이해한다.
- **새로운 것에 끌린다**: 새로운 것을 작업하기를 좋아한다. 하지만 때로 '새롭다'는 것이 오래된 문제에 대한 새로운 접근법을 의미하기도 한다.
- **소수의 가치를 인정한다**: 가장 잘 알려지지 않은 제품도 누군가의 인생에는 도움이 될 수 있다는 것을 알고 있다.
- **스스로 고객이라고 생각한다**: 자신이 제품의 사용자를 완벽히 대리하지는 않는다고 인정한다. 하지만 그것을 이용할 사람들처럼 생각해 보는 것을 좋아한다.

디자이너는 기여하는 것을 좋아한다

도전은 디자이너들이 좋아하는 것이지만 그렇다고 유일한 것은 아니다. 만약 문제 해결에 의미 있는 기여를 할 수 없다면 도전만으로 디자이너에게 만족감을 주지 못한다. 디자이너는 자신의 노력이 제품의 디자인에 긍정적인 영향을 준다고 느껴야 한다. 그래서 디자이너는 다음과 같은 경향이 있다.

- **건설적인 피드백으로 성장한다**: 디자이너가 건설적인 피드백을 얻는다는 것은 누군가 그들의 아이디어에 장점이 있음을 믿고 주의를 기울인다는 것을 의미한다.
- **자신의 가치를 증명하려고 애쓴다**: 디자이너는 자신의 최고의 노력조차 프로젝트에 생산적인 도움이 되지 못할지도 모른다는 끊임없는 불안감을 가지고 있다.
- **스스로 지나치게 많은 일을 한다**: 디자이너는 기여하고 싶다는 욕심 때문에 할당업무에 대해 '아니오'라고 말하는 것을 어려워한다.
- **제어권을 포기하는 것을 어려워한다**: 디자이너는 타협과 반복으로 인해 자신의 노력이 낭비될 수 있는 상황을 원하지 않기 때문에 자신의 작업을 포기하는 것을 어려워한다.
- **장기적 이익을 위해 단기적 고통을 감수한다**: 디자이너는 의미 있는 기여가 쉽지 않다는 것을 인식하고 있지만 그러한 도전에는 보상이 따른다는 것도 안다.

따라서 도전에 대한 열망과 공헌하고 싶다는 열망은 적절히 이용된다면 긍정적인 행동의 원천이 될 수 있다. 이 책의 목적은 이러한 열망으로 건강하고 행복하며 훌륭한 팀의 행동방식을 함양하는 것이다.

이 책은 모든 형태나 모든 크기의 팀을 위한 책이다

창의적인 팀은 어떤 형태나 어떤 크기도 될 수 있다. 어떤 팀은 몇 사람으로 구성되는 반면 또 다른 팀은 수십 명을 포함한다. 어떤 팀은 프로젝트 조정이나 제품관리와 같은 '비디자인' 역할을 맡는 사람을 포함하는 반면 다른 팀은 '창의적인 일'에만 초점을 맞춘다. 개인적으로 이런 구분을 좋아하지는 않는다.

'함께하는 디자인'에서 설명하는 모델과 행동방식은 팀의 구성, 크기 또는 지리적 위치 등에 대한 어떤 가정도 하지 않는다.

- 작은 규모 또는 큰 규모: 팀 규모와 관계없이, 또 팀 구성원의 역할이 서로 겹치는지 아닌지 상관없이 모든 팀은 서로 효율적이며 효과적으로 작업할 방법을 찾아야 한다.
- 내부 또는 외부: 내부 이해관계자를 돕는 팀이든, 대행사 모델을 논의하는 팀이든 두 팀은 각 고객을 다르게 다룬다. 하지만 어느 경우이든 간에 서로 간의 조율과 협력에 관한 문제는 중요하다.
- 원거리 또는 같은 장소: 갈수록 팀이 모두 같은 장소에 있는 경우가 줄어든다. 모든 팀이 떨어져 있든 팀의 일부가 떨어져 있든 이러한 행동방식들은 작업이 부드럽게 진행되도록 하는 데 중요하며 의미가 있다.

이 책은 디자이너에게 어떤 도움이 될까

당신이 팀의 기여자라면 다음과 같은 내용을 익힐 수 있을 것이다.

- 어떤 팀에서든 디자이너의 핵심 기술인 좋은 청자(聽者)가 되는 방법 (3장)
- 어려운 상황을 인지하고 판단하며 처리하는 방법 (5, 6, 9장)
- 자신의 태도와 수행성과를 되돌아보고 좀 더 나은 기여자가 되기 위한 습관을 익히는 방법 (2, 10장)
- 팀에서 더 나은 참여자가 되기 위해 새로운 행동방식과 습관을 자신의 접근법에 포함하는 방법 (11, 12장)
- 자신에게 무엇이 필요하며 어떻게 하면 좀 더 효과적일 수 있는지에 관해 매니저나 리더에게 이야기하는 방법 (7장)
- 팀의 잠재적인 문제들을 인지하는 방법 (8장)

이 책은 팀 리더에게 어떤 도움이 될까

팀을 이끌고 관리하는 사람으로서 다음과 같은 내용을 익힐 수 있을 것이다.

- 효율성의 향상을 위해 팀 구성원 사이에서 본받고 격려해야 할 습관들 (12장)
- 팀 구성원 사이 그리고 이해관계자들과 상호작용하면서 팀이 얻기 위해 힘써야 하는 가치들 (8장)

- 팀 구성원의 비생산적인 태도를 인지하는 방법 및 그것을 바꾸기 위해 리더가 할 수 있는 일들 (2장)
- 어떻게 하면 팀 구성원이 좀 더 효과적인 기여자가 될 수 있을지 이해하기 위하여 팀 구성원을 평가하는 방법(1, 10장)

이 책에서 다루지 않는 것

이 책은 다음 내용은 다루지 않는다.

- **브레인스토밍 활동에 대한 모음집이 아니다:** 브레인스토밍 회의를 구성하는 방법에 대한 좋은 책들이 많이 있다. 데이브 그레이(Dave Gray), 수니 브라운(Sunni Brown), 제임스 맥카누포(James Macanufo)의 '게임스토밍(Gamestorming, 번역서: 게임스토밍, 한빛비즈, 2010년)'을 참고한다.
- **팀 단합 연습방법 모음집이 아니다:** 창의적인 팀 혹은 개인을 위해 사고를 유연하게 만들어주는 연습을 다룬 훌륭한 책들이 많이 나와 있다. 데이비드 셔윈(David Sherwin)의 '창의적 워크샵(Creative Workshop, 번역서: 크리에이티브 워크샵, 한빛미디어, 2013년)'을 참고한다.
- **간소화 매뉴얼이 아니다:** 간소화는 협업과 밀접한 관련이 있어 보이며 많은 디자이너가 회의를 간소화하는 방법을 배우고 싶어한다. 이 책에서도 몇 가지 아이디어들을 제공하기는 하지만 새로운 책 러스 웅거(Russ Unger), 브래드 뉴낼리(Brad Nunnally), 댄 윌리스(Dan Willis)의 '회의 설계하기(Designing the Conversation)'를 고려해보자.
- **프로젝트 운영 매뉴얼이 아니다:** 좋은 협업을 위해서는 잘 구성된 프로젝트가 중요하지만, 이 책에서는 정확한 프로젝트의 구성이 아닌 기여자들의 행동에 초점을 맞춘다. 프로젝트의 구성에 대해서는 스콧 버쿤(Scott Berkun)의 고전 'Making Things Happen'을 참고한다.

브레인스토밍, 팀 화합, 간소화와 프로젝트 관리는 모두 협업의 중요한 부분이지만 그것이 전부는 아니다.

사용되는 표현에 대한 주의

이 책 전반에 걸쳐 사용되는 표현에 대해 양해를 구한다. 다음과 같은 의도로 몇 가지 언어적 왜곡이 있었음에 대해 이해를 부탁하고 싶다.

- **단정적인 용법을 피하기 위하여**: 독자인 당신에게 도움이 되는 아이디어를 찾을 수 있길 바라지만 그렇다고 당신이 그 불편한 상황에 있다고 느끼게 하고 싶지 않아서 '당신'이라는 단어의 사용은 가급적 피하려고 했다.
- **한쪽 성별에 국한되는 것을 피하기 위하여**: 한쪽 성별에 국한하여 언급하는 것을 피하기 위해 복수형을 사용했다. 이 때문에 때로는 명사와 대명사가 일치하지 않는 문장을 낳기도 한다('현재 활동 중인 디자이너는 그들의 팀에 고마움을 느낀다').
- **산업에 특화되는 것을 피하기 위하여**: 디자이너가 작업하는 어떤 것을 지칭하기 위해 '제품'이라는 용어를 사용했으며 이 아이디어들은 어떤 창의적인 팀에게도 유용할 거라고 믿는다. 그렇다고 해도 나의 직업적 배경이 웹 디자인이므로 많은 예가 그 경험으로부터 나온 것이다.

갈등과 협업은 디자인에서 중요하다

이 책에서는 한 가지 중요한 가정을 하고 있다.

<u>성공적인 디자인 프로젝트는 효과적인 협업과 건강한 갈등을 필요로 한다.</u>

디자인 영역에서의 건강한 갈등은 반드시 부정적이거나 격렬한 것은 아니다. 대신 건강한 갈등은 공감대에 이르기 위한 과정이다. 디자인 프로젝트 중에 팀은 무엇보다도 전체적인 디자인 방향, 제품의 세부사항들, 프로젝트를 어떻게 진행해가야 할 것인가에 대한 결정들을 내려야 한다. 이러한 결정들을 조정하는 과정에서 디자이너들은 갈등을 경험한다.

갈등을 통해서 디자인팀은 이해를 함께할 수 있도록 작업하게 된다. 갈등을 통해서 디자인팀은 프로젝트를 명확히 한다거나 결정들을 개선하기 위한 불화를 경험한다. 오직 그러한 논의를 거쳐야만 공감대에 이를 수 있으므로 이런 과정은 노력할 만한 가치가 있다. 공감대가 없다면 팀 구성원은 서로 다른 방향으로 향하고 다른 목표를 위해 일하며 서로의 노력을 지원하지 않게 될 것이다. 갈등을 해결하는 방법은 많다. 그리고 그 진정한 척도는 이해이다. 즉, 모든 사람이 나아가는 방향과 접근법을 이해하고, 기대하는 결과에 대해 명확하게 이해하며, 목표를 향해 힘을 합쳐 작업할 수 있다면 그것이 바로 협업인 것이다.

협업은 한 사람이 혼자서 만들어낼 수 없는 무언가를 만들기 위해 함께 작업하는 것이다. 성공적인 협업이란 프로젝트의 목표를 이루기 위해 각 개인이 자신이 맡은 부분을 해내는 것을 의미한다. 긍정적인 협업 관계는 팀이 효과적이며 효율적으로 작업할 수 있게 해주어 팀을 향상시킨다. 좋은 협업으로 팀이 서로 최고의 기량을 발휘하도록 하고 프로젝트의 목표를 달성하기 위해 각자의 강점과 약점을 보완해가며 더 나은 디자인 콘셉트를 향해 나아갈 수 있다.

다섯 가지 핵심 개념

'함께하는 디자인'에는 다섯 가지 개념이 녹아있다. 이 개념들은 기본원칙이며 이들을 이해하는 것은 어떻게 하면 디자인팀이 좀 더 효과적으로 협업할 수 있을지 이해하는 전제조건이다.

행동

이 책은 디자이너가 그들의 프로젝트와 팀과 관계된 행동을 보인다는 개념에 기반을 두고 있다. 디자이너의 의도가 무엇이든 디자인팀의 효율과 능률에 영향을 주는 것은 바로 행동이다.

행동은

- **구체적일 수 있다**: 행동은 특정한 상황과 관련해서 행해지는 개별적인 행위일 수 있다. 예를 들어, 누군가 이야기해 준 내용을 자신이 정확히 들었는지 확인하고자 반복하는 것은 구체적인 행동이다.
- **일반적일 수 있다**: 행동은 프로젝트 중에 매일 디자이너가 작업을 수행하는 습관일 수 있다. 예를 들어, 진행상황에 대한 최신정보를 매일 알리는 것은 일반적인 행동이다.

또한, 행동은

- **건강할 수 있다**: 건강한 행동은 훌륭한 디자인을 생산하고 프로젝트를 목표에 더 가까이 다가가도록 하는 활동을 이끌어 낸다.
- **유해할 수 있다**: 유해한 행동은 참여자를 비생산적인 상황에 휩쓸리게 하고 프로젝트를 지연시킨다. 건강한 또는 유해한 행동의 구분에 대해서는 4장에서 자세히 설명한다.

사고방식

행동방식은 사고방식의 구현 혹은 사고방식에 대한 직접적인 반응이다. 이 책의 그 어떤 개념보다도 사고방식은 모든 단어, 모든 생각, 모든 조언에 스며있다.

사고방식은 자신을 둘러싼 세계에 대한 인식이며 태도이고 그에 대한 반응이다.

사고방식이 잘못되었다면 도전하고 의미 있는 기여를 하겠다는 디자이너의 욕망은 비생산적인 행동을 낳게 된다. 잘못된 사고방식은 디자이너가 상황과 기회를 잘못 해석하는 원인이 되며 자신에 대해, 자신의 수행성과에 대해 그리고 동료들의 행동들에 대해 부정적으로 느끼게 부추긴다. 잘못된 사고방식은 디자이너가 비협력적인 성향이 있게 한다.

자기반성

이 책은 디자이너가 자신의 작업과 수행성과에 대해 되돌아보기를 좋아한다는 가정을 기초로 한다. 디자이너는 자신이 한 작업뿐만 아니라 어떻게 그 작업을 했는지, 무엇을 더 개선할 수 있었는지에 대해서도 관심을 기울인다.

이 책은 디자이너에게 왜 자신이 그런 방식으로 행동했는지 스스로에게 물어보면서 좀 더 깊이 들어갈 것을 요구한다. 또한, 그들이 자신의 접근법에 영향을 주는 특정 취향이나 스타일을 지니고 있는지 생각해 보도록 묻는다. 이러한 특성을 인지하는 방법을 배움으로써 디자이너가 해로운 행동들을 극복하고 건강한 행동을 수용하지 못하게 막는 불안감과 맞서는 데 도움을 줄 수 있다.

공감

'함께하는 디자인'에서 설명하는 많은 행동방식, 가치, 태도는 다른 사람과 관계하는 능력에 의존한다. 공감은 어려운 고객 미팅을 풀어나가거나 동료에게 건설적인 피드백을 제시하거나 프로젝트에서 역할을 설정하는 데 매우 중요하다. 이 책에서 공감에 대한 많은 내용을 다루지는 않는다. 나는 공감을 가르칠 수 있는 것으로 생각하지 않기 때문이다. 하지만 공감을 나타내는 행동과 태도는 배울 수 있다.

디자인의 성공

모든 디자인 프로젝트는 각 특별한 목표와 제약사항이 있기 마련이므로 다르게 평가된다. 이 책은 디자인 프로젝트들이 일반적으로 두 가지 핵심 차원에 따라 평가되는 것으로 간주한다.

- **품질**: 프로젝트의 목표와 관련해 디자인이 얼마나 좋은지.
- **완성**: 팀이 프로젝트 목표를 달성하는 데 얼마나 근접했는지.

이러한 성공의 정의는 이 책에 나오는 많은 조언을 만들어 냈다. 이는 디자인을 개선하지 못하거나 프로젝트를 진전시키지 못하는 행동 또는 상황과 건강하고 건설적이며 생산적인 행동 또는 상황을 구분하는 데 도움을 준다.

게임 – 생존 디자인 프로젝트

이 책의 내용 중 일부는 갈등 관리 기술을 열망하는 창의적인 팀을 위한 카드 게임에서 시작됐다. 이 게임은 플레이어가 다양한 갈등 해결 행동방식을 어려운 상황에 적용하도록 하는 게임으로 자신들의 가장 어려웠던 프로젝트에 대해 사적인 감정 없이 이야기할 수 있도록 북돋우는 재미있는 팀 단합 활동도 포함된다.

최신 버전의 게임은 이 책의 안내 웹사이트인 http://www.designingtogetherbook.com에서 찾을 수 있다.

감사합니다

마지막으로 이 책을 읽는 여러분에게 감사합니다. 다른 서비스 산업과 마찬가지로 디자인 분야는 중요한 변화를 겪고 있습니다. 의료서비스나 컨설팅, 교육과 같은 고객 중심의 서비스도 사고방식과 행동방식에 있어 비슷한 변화를 경험하고 있습니다.

여러분이 이 책을 읽는다는 것은 이러한 변화를 느끼는 사람이 저 혼자가 아님을 의미합니다. 훌륭한 팀을 만드는 것은 무엇인지 그리고 창의적인 팀의 훌륭한 기여자가 되는 방법에 대한 탐구에 여러분께서 함께 해주셔서 기쁩니다. 여러분이 갈등의 모델, 협업의 덕목들, 더 나은 갈등 해결방안을 위한 행동들, 좋은 기여자의 습관들을 읽으면서 자신에게 이런 질문을 해보면 좋겠습니다.

- 나는 이렇게 하고 있을까? 나는 이것을 잘하고 있을까 아니면 잘 못하고 있을까?
- 이것이 우리 팀에서 해야 하는 것일까?
- 이런 일이 우리 프로젝트에서 있었던가? 이것을 잘 처리했던가? 무엇을 좀 더 잘할 수 있었을까?

혹시 이 책에서 제가 빠뜨린 내용이 있거나 공유하고 싶은 여러분의 이야기가 있다면 author@designingtogetherbook.com으로 연락 바랍니다.

1

기여자로서의
디자이너

디자이너들은 일반적으로 야심이 크다. 디자인에서의 성공이란 결국 널리 사용되고 칭송받는 제품이나 콘셉트를 만드는 것이다. 스티브 잡스(Steve Jobs)나 디터 람스(Dieter Rams), 폴 란드(Paul Rand)처럼 유명한 디자이너는 고독한 공상가처럼 보이는 경향이 있다. 하지만 이들이 만든 제품이나 다른 많은 성공적인 제품의 이면에는 단순히 하나의 번뜩이는 통찰을 넘어서는 훨씬 복잡한 이야기가 있다. 디자이너들이 자신이 좋아하는 제품에 대한 신화 같은 이야기를 믿는다고 해도 결국에는 디자이너가 혼자서 일하는 것이 아니라는 진실을 깨닫게 된다. '골방 안의 디자이너'가 과거에는 사실이었다고 해도 이제는 더 이상 실현할 수 없는 여러 이유를 이 책에서 설명할 것이다. 그럼에도 디자이너 스스로 이런 개념을 받아들이기가 어려울 수 있다.

결국, 이 책의 목적은 디자이너가 기여자의 위치에 있더라도 일을 추진하고 이끌며 영향을 줄 수 있다는 사실을 확인시켜주는 것이다. 기여자로서의 디자이너는 아름다운 영상을 쏟아내기만 하는 사람이 아니라 큰 팀의 일원으로서 형태를 만들고 구체화하고 독특한 시각을 제공할 뿐 아니라 다양한 시각을 아우르는 역할도 하는 사람이다. 기여자가 된다는 것은 제어권을 포기하는 것이 아니라 협업으로 제어권을 찾아간다는 의미다.

다음 세 가지 이유로 디자이너를 기여자로 여기게 된다.

1. 디자이너는 비록 자신이 프로젝트에 참여하는 유일한 디자이너라고 해도 완전히 독립적으로 작업하지 않는다.
2. 참여자로서 디자이너는 리더, 조력자, 전문가, 비평가, 감독, 저자 등의 다양한 역할을 한다. 결국, 디자이너는 프로젝트에 다양한 기술을 제공하고 여러 가지 책임을 지게 된다.
3. 유능한 디자이너가 되려면 프로젝트의 목표를 달성하기 위해 이러한 역할 사이를 유연하게 옮겨 다닐 수 있어야 한다. 그리고 이러한 유연성을 위해서는 팀을 이해하는 것이 중요하다.

1장에서는 이 주제에 관해 자세히 설명한다. 우선 디자인팀의 정의부터 살펴보자.

디자인팀의 구성요소

디자인팀은 제품의 디자인을 제작하는 책임을 진 사람들의 그룹이다. 또 이 팀은 프로젝트팀이나 제품팀이라고도 할 수 있다. 가족과 마찬가지로 디자인팀에도 중심이 되는 구성원이 있고 그 밖의 이해관계자나 주제 관련 전문가로 구성된 '확장팀'이 있다(그림 1.1).

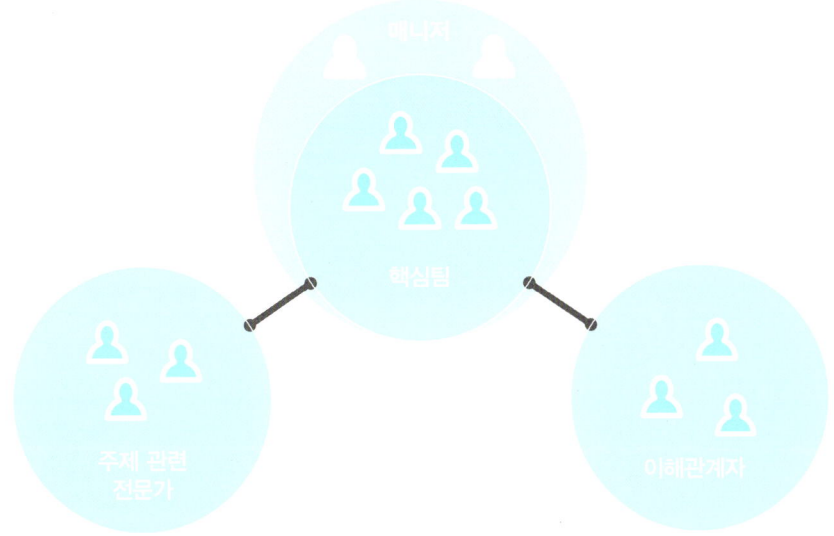

그림 1.1
일반적인 디자인팀의 구성

그러나 팀이 단지 거기에 속한 사람만을 의미하는 것은 아니다. 팀은 구성원, 그들이 맡은 역할, 그들의 목표, 사용하는 도구와 방법 그리고 그들이 운용하는 프레임워크나 규정요인을 모두 포함한다.

이는 팀의 기본 요소 중 일부다. 대부분의 경험 있는 디자이너는 역할과 목표, 방법이 어떤 것인지 알고 있으므로 이들 요소 각각에 대한 대략적인 정의만 설명하겠다. 각 요소의 대략적인 분류를 이용해 요소들의 차이를 구분할 것이다.

무엇보다도 디자인팀이 요소를 조합하고 평가할 때 방향을 제시해줄 원칙들을 설명할 것이다. 이 원칙들은 어떤 팀이 다른 팀보다 일을 더 잘할 수 있게 만들어주는 기본 요소 즉, 성공 요인을 규명한다. 이 원칙들은 디자인팀이 이후에 소개되는 협업 행동을 잘 활용할 수 있는 상황인지 또는 심각한 갈등에 빠질 것인지에 영향을 준다.

역할과 책임

프로젝트팀은 항상 팀원들에게 각 역할을 할당한다. 이러한 역할에는 책임, 일련의 작업, 그리고 다른 사람들과 함께하는 활동이 따른다. 경험에 비추어 보면 대부분 디자인팀은 다음과 같이 네 분류의 사람으로 구분할 수 있다.

- 디자이너: 제품이 어떻게 작동하고 어떻게 보이며 반응할 것인지에 관한 아이디어를 구상하고 문서화를 담당하는 사람이다. 디자인에도 여러 가지 전문분야가 있다. 프로젝트에 따라서는 하나 이상의 전문분야가 필요할 수 있으며 이런 디자이너 중 한 명이 '리더'로 지명될 수 있고 이 리더는 창의적 비전을 책임진다.

- 매니저: 프로젝트 팀이 목표를 완수하기 위한 계획을 세우고 그 계획을 성공적으로 수행할 수 있게 관리하는 사람이다. 프로젝트에 따라서 디자이너 리더가 관리자의 역할을 담당하기도 하고 디자이너 리더와 관리자가 분리되기도 한다.

- 주제 관련 전문가: 디자인 프로세스에 정보를 제공하는 일을 담당하는데 이들은 디자이너일 수도 있고 그렇지 않을 수도 있다. 이들은 제품의 사용자일 수도 있고 사용자나 프로젝트의 제약조건에 대해 아주 잘 아는 사람일 수도 있다.

- 이해관계자: 최종적으로 프로젝트의 성공에 책임이 있는 사람들이다. 경제권을 쥐고 있으며 궁극적으로는 내부 소유자나 제품의 책임자가 된다.

물론 이외의 다른 사람들도 있지만 내가 만나본 사람들의 90%는 이 네 분류 중 하나에 속하는 사람으로 구분할 수 있었다.

적어도 웹 디자인 세계에서 역할은 단지 표면적인 차원에서만 흥미로울 뿐이고 지금까지 이미 지겹도록 검토되어 왔다. 나는 사람들이 프로젝트에 어떻게 할당이 되는지와 관련된 원칙에 더욱 흥미가 있다.

다중 역할의 원칙

프로젝트에 참여하는 사람은 여러 역할을 수행할 수 있지만 한 사람이 지나치게 많은 역할을 수행하면 협업의 가치를 위태롭게 할 수 있다.

역할과 그 담당자가 반드시 일대일로 대응되어야 할 필요는 없다. 예를 들어, 한 사람이 디자인 리더, 디자이너 전문가, 연구보조의 세 역할을 담당할 수도 있다.

하지만 어떤 역할들은 서로 잘 섞이지 않는다. 성공적인 프로젝트에서는 보통 프로젝트 이해관계자를 디자이너로 허용하지 않는다. 물론 이것이 역사상 성공했던 프로젝트에서 사업 이해관계자가 디자이너였던 적이 결코 없었다는 이야기는 아니다. 하지만 그런 프로젝트는 드물다. 대부분 디자인 활동을 사업 활동과 분리하는 게 도움이 된다. 반면, 디자이너는 프로젝트의 계획수립에 참여할 수 있으며, 또 참여해야 한다.

내부 위험 최소화의 원칙

프로젝트에 참여하는 사람들은 개인의 특성, 작업스타일, 선호 때문에 프로젝트에 어떤 추가적인 위험을 주어서는 안 된다.

프로젝트는 외부 요인으로부터 발생하는 수많은 위험과 부딪히므로 '담당자 지정'에 따라 발생하는 추가적인 위험은 피해야 한다. 외부적 요인에 의한 위험으로는 요구사항, 목표, 우선순위 혹은 규정요인의 변경 등이 있다.

'담당자 지정'의 경우 자신에게 주어진 업무를 수행할 능력이 없거나 기타 프로젝트의 규정요인을 다루는 데 힘들어하는 사람을 프로젝트에 투입시킬 위험이 있다. 소규모 에이전시에서 발생하는 한 가지 흔한 문제는 동시에 하나나 두 개 이상의 프로젝트에서 작업하기를 힘들어하는 사람들이다.

전문성 성장의 원칙

프로젝트의 참여자가 프로젝트로 자신의 성장에 도움이 되는 문제를 해결하는 성취감을 얻을 수 있어야 한다.

최소한 디자이너는 매 프로젝트를 자신의 포트폴리오에 추가할 것을 기대한다. 만약 프로젝트의 목표에 완전히 공감하지 않더라도 프로젝트의 참여가 최소한 경력에 도움이 될 것이라는 매력이라도 있어야 한다.

주인의식의 원칙

팀 구성원 개개인이 프로젝트의 성공에 기여하고 있다고 느끼는 주인의식이 있다면 프로젝트에서 자신의 역할을 이해하는 데 도움이 된다.

사람들은 프로젝트에서의 역할이 자신의 용도를 설명해주므로 자신의 역할을 알고 싶어한다. 그들은 어느 부분에서 스스로 책임지고 추진해 나가야 하고, 어느 부분에는 단지 기여만 할 수 있는지 알고 싶어한다. 또한, 사람들은 다른 작업과 행동에 대해 누구를 찾아가야 하는지 알고 싶어한다.

다양한 구성의 원칙

프로젝트팀은 다양한 시각과 접근법을 가져오는 사람들이 함께 같은 목표를 달성하기 위해 노력할 수 있을 때 성공한다.

프로젝트가 수많은 사람을 필요로 하고 모든 사람은 서로 다르다는 것은 어떻게 보면 당연하다. 이러한 차이는 프로젝트에 유리하게 작용할 수 있지만, 때론 사람들이 함께 효과적으로 작업할 수 없는 이유가 되기도 한다.

목표와 우선순위

프로젝트팀은 각자의 역할뿐 아니라 목표와 우선순위에 의해서도 정의된다. 역할과 마찬가지로 목표와 우선순위도 외부로부터 정의된다.

제품정의, 디자인 세부사양, 캠페인 계획, 빌딩 건축 등 목표는 프로젝트의 최종 상태에 대한 것이기도 하지만 또한 세상에 미치는 영향에 대한 것이기도 하다. 디자인 프로젝트는 좀 더 많은 기기를 팔거나 고객을 매료시키고 새로운 수요를 창조하는 등의 비즈니스 목표에 기여하는 경향이 있다.

의미 있는 영향의 원칙

사람들은 그 결과가 얼마나 작은지에 상관없이 사람들의 삶에서 차이를 만들어 낼 수 있는 프로젝트에서 일하는 것을 좋아한다.

내가 만났던 대부분 디자이너는 심지어 '매력적인' 프로젝트보다도 사람들의 삶 속에 차이를 만들어 내는 일을 더 중요시했다. 잘 알려진 소비자 브랜드에 대한 포트폴리오를 추가하는 것이 매우 유혹적이기는 하지만 디자이너들은 또한 자신이 좋아하는 비영리단체를 위해 자원 운영 시스템을 디자인한 이야기를 들려주는 것도 좋아한다.

개인적/직업적 조화의 원칙

사람들은 자신의 신념에 부합하는 프로젝트에서 일하는 것에 좀 더 직업적 만족을 얻는다.

디자인팀은 때로 잘못된 사람들에게 올바른 영향을 끼치거나 올바른 사람들에게 잘못된 영향을 끼치는 프로젝트를 맡는다. 이러한 정치적인 관점은 개인적일 수도 있지만, 프로젝트를 수행하면서 얻는 팀의 만족도나 보상감에 영향을 줄 수 있다. 아무리 훌륭한 디자인이라도 목적이 잘못되었다면 결코 훌륭한 디자인으로 느껴지지 않을 수 있다.

약화된 새로움의 원칙

세상 사람들이 생각하는 만큼 디자이너들이 '새로운 것'에 관해 일하는 것을 좋아하지는 않는다.

비록 디자이너가 '매력적인' 소비자 브랜드나 혁신적인 제품 아이디어에 대해 작업하는 것을 선호한다는 평판이 있지만, 대부분 디자이너는 그저 재미있는 일을 하고 싶어한다. 이것은 특정 사람을 위한 어려운 디자인 문제를 뜻한다. 작은 치과보험 회사에서 일하는 20여 명의 보험청구 처리인을 위한 내부프로그램에 관한 작업이라도 사용자들의 작업만족도에 매일 눈에 띄는 영향을 줄 수 있다면 매력적이다.

기술과 방법

팀은 디자인 문제를 해결하는 데 이용하는 방법에 의해 정의된다. 방법에는 다음이 포함된다.

- **방법론**: 팀이 프로젝트의 목표를 달성하기 위해 사용하는 접근법에 포함된 생각과 디자인 철학.
- **절차**: 팀이 무엇을 제작할 것이며 팀 구성원이 어떻게 목표에 도달할 것인지를 정의하는 활동의 단계적인 흐름.
- **기술**: 사용자 조사나 디자인 방향의 결정과 같이 구체적인 프로젝트의 중간단계에 도달하기 위한 활동. 기술은 공식적일 수도 있고 비공식적일 수도 있다. 팀은 방법론과 프로젝트 목표에 따라 기술을 선택한다.

적절한 활동의 원칙

<u>프로젝트는 적합한 활동을 위해 적합한 기술을 사용해야 한다.</u>

모든 활동은 프로젝트가 확실히 목표에 접근할 수 있도록 진행돼야 한다. 이 원칙만큼이나 자명한 사실은 많은 디자인팀이 프로젝트의 특수한 상황을 고려하지 않고 그들이 항상 수행하던 활동들로 프로젝트를 구성한다는 것이다.

새로운 사용법의 원칙

<u>프로젝트를 위해 팀이 기존의 기술을 새로운 상황에 맞게 구성하도록 요구해야 한다.</u>

좋은 기술은 다양한 상황에 맞게 조절할 수 있는 설정을 제공한다. 기술의 이러한 설정은 활동유형에 따라 다양하지만, 다음과 같은 것들이 있다.

- **규모**: 활동을 얼마나 크게 만들 것인가
- **격식**: 결과가 얼마나 형식적인가
- **심도**: 얼마나 상세하게 들어갈 것인가
- **참여도**: 핵심팀 밖으로부터 얼마나 많은 참여가 기대되는가
- **의존도**: 이 기술이 다른 활동이나 외부결과에 얼마나 의존하는가

예를 들어, 사용자 인터뷰는 웹디자인에서 사용자의 요구사항을 파악하는 데 사용하는 일반적인 방법이다. 사용자 인터뷰는 다양한 방식의 새로운 적용방법을 가능

하게 한다. 대상 고객과 이야기한다는 기본활동은 그대로이지만 참여하는 사용자 수와 누구를 참여시킬지 또는 데이터를 어떻게 분석할지 등에 대한 유연성을 제공한다.

프로젝트 규정요인

프로젝트 규정요인은 프로젝트의 한계를 결정하는 제약사항의 모음이다. 이 규정요인은 일반적으로 다음 세 가지 범주로 나뉜다.

- **범위**: 제품이나 캠페인의 어느 부분에 집중해야 할지와 같이 제품별 한계 또는 요구사항. 웹 디자이너의 경우 프로젝트는 보통 웹페이지나 애플리케이션 혹은 그 기능에 따라 범위가 정해진다.
- **시간, 비용, 지역**: 프로젝트에 들어가는 비용, 기한, 팀의 시간적/공간적 제약 등 프로젝트의 '물리적' 제약사항.
- **배경**: 제품이 나타나게 될 공간. 서버의 특정 네트워크와 같은 기술적 영역, 건물 위치와 같은 물리적인 영역 혹은 새로운 비즈니스 프로세스를 사용하게 될 조직의 한 부분과 같은 가상의 영역일 수 있다.

훌륭한 팀은 프로젝트의 초기 단계에 이러한 변수의 정의를 찾아낸다.

완전 정의의 원칙

<u>프로젝트의 기본 구조는 가능한 한 프로젝트 초반에 완전히 정의한다.</u>

프로젝트의 초기에 규정요인을 더 잘 정의할수록 디자인팀이 좀 더 효과적일 수 있다. 변경되는 프로젝트 규정요인을 처리하느라 힘을 쏟는 디자인팀은 디자인 문제를 해결하는 데 사용할 에너지가 부족하게 된다. 이러한 상황에서 팀은 한때는 훌륭했던 해결책을 전혀 다른 해결책이 필요한 공간에 억지로 끼워 넣게 되곤 한다. 규정요인이 바뀌는 것은 디자인 문제 자체가 바뀌는 것이다.

합리적 제약사항의 원칙

모든 규정요인과 한계는 임의적이지 않고 이치에 맞다.

디자인 문제에 대한 분명한 해결책을 어떤 바보 같은 사업규칙이나 기술적 문제 때문에 사용할 수 없다는 것을 발견하는 것만큼이나 디자이너에게 좌절스러운 일은 없을 것이다. 간단한 예로 최종기한은 프로젝트의 규모에 근거하거나(합리적), 고객에게 약속한 시간에 근거하거나(다소 합리적), 분기 말에 근거한(비합리적) 것일 수 있다.

규정요인 유연성의 원칙

프로젝트팀은 프로젝트 규정요인의 유연성을 '그렇다', '아니다'가 아닌 그 정도에 따른 등급으로 측정한다.

제약사항이 완전히 고정되어서는 안 된다. 프로젝트의 성공은 적어도 몇 가지의 제약사항에 대한 변경 가능 정도에 크게 좌우된다. 예를 들어, 마감기한과 중간점검 시점은 정해진 날짜(두 개의 날짜)나 적당한 범위(4월 첫째 주)일 수 있다.

디자인팀의 결속성

디자인팀의 요소와 프로젝트를 어떻게 조직할 것인지 좌우하는 원칙은 팀의 구성, 접근법, 전후 관계를 모두 포함한 하나의 전체로 볼 수 있는 뼈대를 마련한다. 하지만 결국 팀을 단결시키는 것은 그 구성원이다.

기본 가치

모든 디자인팀에는 몇 가지 기본 가치가 있다. 이 가치 없이는 디자인팀이 효율적으로 기능할 수 없다. 이 가치는 팀의 구성원들이 서로 어떻게 대할 것인지 그 분위기를 정하게 된다. 가장 중요한 기본가치에는 존중, 겸손, 공감이 포함된다.

존중

디자이너는 훌륭한 작업을 통해서 존중받고 이해관계자나 다른 팀 구성원들로부터 인정을 받는다. 유명한 디자이너는 단순히 기존의 성공 때문에 다른 디자이너의 존중을 받을 수도 있지만 그러한 존중은 그 디자이너가 함께 일하기 힘들다거나 거만하다고 드러나거나 무능하다고 알려지면 쉽게 잃어버릴 수 있다. 존중과 함께 팀 구성원이 서로 의지할 수 있는 신뢰가 형성되기 마련이다.

겸손

프로젝트와 팀은 구성원들이 팀에 기여를 하려고 할 뿐 '팀을 소유'하려고 하지 않을 때 성공한다. 나는 초기 직장생활의 많은 부분을 (겉으로 보기에는) 적은 노력으로 성공적인 디자인 아이디어를 얻어내는 능력을 겸비한 슈퍼영웅으로 보냈다. 그러다 다른 '슈퍼영웅들'과 함께 작업할 순간이 오니 이러한 태도를 없애야 했다.

공감

조금 더 깊이 들어가 보면 존중과 겸손의 밑바탕에는 공감이 있다. 어떤 이는 공감이 습관화된 디자이너가 더 나은 제품을 디자인한다고 주장한다. 그것이 사실이든 아니든 공감은 성공적인 팀의 동력을 위해서 중요하다.

- 협업의 행동방식을 위해서는 사람들이 서로 직접적이고 정직하게 말할 필요가 있는데 거기에 약간의 세심함을 추가하면 메시지를 한층 더 강화할 수 있다.
- 성공적인 협업을 위해서는 또한 동료의 최대 역량을 끌어내는 사람이 되는 것이 중요하다. 서로에게 이러한 지원을 하려면 구성원들은 무엇이 그들의 최대역량을 이끌어내는지 알고 있어야 한다.
- 디자인에서 갈등은 중요하다. 하지만 드라마틱하거나, 개인적인, 독이 될 수 있는 갈등을 말하는 것이 아니다. 공감은 건강하고 생산적인 갈등과 건강하지 못하고 비생산적인 갈등 사이의 차이를 만들어 낼 수 있다.

기본을 넘어서

앞서 살펴본 덕목들은 디자인팀을 위한 좋은 토대를 이루지만 그것이 전부는 아니다. 존중, 겸손과 공감은 효과적이고 효율적인 팀을 위한 필요조건이지 충분조건은 아니다.

디자이너는 소프트웨어, 펜과 종이, 모델 메이킹과 같은 도구를 익혀서 그들의 상상력을 확장하는 것과 마찬가지로 존경, 겸손, 공감과 같은 행동을 내면화해야 한다. 이것들을 제2의 천성으로 행동에 결합함으로써 디자이너는 프로젝트를 앞으로 전진시키고 팀원을 지원하고 갈등을 해결하기 위한 다양한 기술을 얻게 된다.

존중, 겸손, 공감이 있어도 팀은 여전히 문제에 부딪힌다. 디자인 방향에 동의하지 않거나 디자인 도전을 해결하는 데 한계에 부딪히거나 기대에 관해 오해하기도 한다. 어떤 장애나 기회든 팀은 그것들 사이를 움직일 수 있도록 해주는 다양한 행동들을 눈여겨 볼 필요가 있고 디자인 프로젝트의 급변하는 상황을 이용해야 한다. 이것은 행동방식을 배우는 것(11, 12장)뿐만 아니라 사고방식을 변화시키는 것도 의미한다(2장).

기여하는 디자이너

나에게는 한 가지 이론이 있다. 무엇이건 이름 붙이기를 좋아하는 나는 이 이론을 '직업적 절충의 이론'이라고 부른다. 이 이론은 다음과 같다.

> 누군가 디자이너가 되기로 했을 때 그 사람은 제품의 콘셉트를 정의하고 개선하는 그림과 프로토타입에 많은 시간을 보내는 자신을 비전으로 삼고 있다. 상상 속에서 그는 자신의 시간 대부분을 이렇게 보낸다.

> 현실은 매우 다른 것 같다. 디자이너는 기껏해야 본인 시간의 50%를 아이디어를 만들고 다듬는 데 사용한다. 나머지 50% 혹은 그 이상은 요구사항을 조정하고 프로젝트 스케줄을 정의하고 요구사항을 모으고 디자인 방향을 검증하고 디자인 결정을 협상하는 등 다른 사람들과 협업하는 데 쓴다.

실무 디자이너는 그들의 전체 직업활동을 자신의 비전과 현실을 조화시키려 노력하면서 보낸다. 이들은 다른 디자이너들은 일을 더 잘하거나 다르게 할 거라고 생각한다. 이들은 이러한 '비디자인' 작업이 성공을 위한 자신의 능력을 저해한다고 믿는다. 그들은 자신의 업무에 관한 어떤 것을 바꾸기만 하면 자신의 디자인 비전을 성취할 수 있을 것이라 믿는다.

디자이너가 자기 일에서 실제 '디자인하기'의 몫이 큰 비중이 아니라는 것을 더 일찍 이해할수록 디자인이 단지 구상에 대한 작업을 하는 게 아니라는 것을 더 빨리 깨닫게 된다.

사실 제품과 고객과 제품 생산의 순환과정과 마케팅과 사업들을 한 사람이 혼자서 처리하기에는 지나치게 복잡하다. 디자이너는 건물 혹은 서적이나 전자제품 등 무엇에 관한 일을 하든 자신은 거대한 노력에 대한 기여자라는 개념을 잘 받아들여야 한다. 따라서 현업에 종사하는 디자이너는 비록 디자인 작업만을 하고 있더라도 새로운 제품을 현실에 내놓기 위한 거대한 노력에 중요한 공헌을 하고 있는 것이다.

이 장의 시작 부분에서 팀을 정의하는 요소들을 나열했었다. 팀을 더 효과적이거나 덜 효과적으로 만드는 데 작용하는 원칙들이 있다. 팀을 작동하게 하는 것에는 겸손, 존중, 공감 등 근본적인 인격이 포함된다. 궁극적으로 이러한 기본 특성이 단결된 팀을 만들지만, 이 특성이 자동으로 성공을 보장하지는 않는다. 성공을 위해 디자이너는 올바른 사고방식을 가져야 한다. 이 사고방식의 대부분은 디자이너가 대규모 노력의 기여자라는 것을 인지하는 것이다.

스스로 단순히 기계 속의 작은 톱니바퀴로 생각하지 않도록 한마디 덧붙이자면 작은 톱니 하나가 고장 나더라도 전체 기계에는 아무런 영향을 주지 않을 수 있다. 반면에 기여자로서의 디자이너는 프로젝트의 성공이 각 개인이 자신의 역할을 다하는 것에 달려있다는 것을 알아야 한다. 한 사람의 실패는 팀의 실패다. 이런 면에서 디자이너는 자기인식을 가지고 동료들과 잘 지내며 '아니오'라고 편하게 말할 수 있는 유능한 기여자가 되어 프로젝트의 성공을 뒷받침해야 한다.

제대로 약속하기

에리카 홀(Erika Hall)
뮬 디자인 스튜디오의 공동설립자, 전략 디렉터

"그 서류 좀 오늘 보내줄 수 있어?"
"물론이지"

선의의 동료들도 종종 이런 대화를 하면서 양쪽 모두 마음속으로 그날이 끝날 때까지 문서가 오고 가지 않을 거로 생각하는 경우가 있다. 조직에서 개인들 간에 나누는 아주 많은 의사소통이 자동으로 무심코 하는 말이거나 의례적이다. 즉, 진정성이 없다는 것이다. 그리고 진실된 말(혹은 이메일)과 진심 어린 약속 없이는 신뢰도 없고 추측만이 난무하게 된다. 이것은 시간 낭비고 불쾌한 일이나 불화로 이어진다.

효과적인 협업을 위해서는 약속을 요청하고 이를 수행하고 결국에는 완수할 수 있어야 한다. 협력적인 팀이란 서로에게 의지할 수 있고 서로의 말을 신뢰할 수 있는 사람들의 그룹이다.

모든 약속은 양쪽에 두 담당자가 있다.

- 한쪽은 약속을 요청하고 그것을 이행할 것을 요구한다. 디자인 세계에서는 흔히 디렉터나 프로젝트 매니저가 이쪽에 해당하지만 팀의 다른 구성원일 수도 있다.
- 다른 쪽은 그 약속을 이행한다.

성공적인 약속의 적은 두려움과 호감을 얻고 싶은 욕심이다. 요청하는 사람은 "안됩니다"라고 거절 당하는 것이 두려워 필요한 것을 명확하게 요청하지 않는다. 요청을 듣는 사람은 상대를 기분 좋게 하거나 호감을 얻고 싶어서 혹은 그냥 혼자 있고 싶어서 종종 너무 빨리 동의하거나 제대로 확인하지 않은 채 동의해버린다. 양측은 서로 이해했다고 생각하면서 헤어지지만 실제로 그들의 동의는 서로 다른 가정을 바탕으로 한 것이다.

약속을 요청하고 약속을 하는 방법
동료나 고객, 판매회사 등에 요청할 때는 항상 다음의 사항을 명심한다.

- 요청을 구체적으로 한다.
- 시간을 포함한다.
- 왜 이 작업이 특정시간까지 필요한지 설명한다.

예를 들어

<u>고객의 피드백 좀 검토해줄 수 있어요?</u>

라고 요청하고 나서, 다음날 동료 디자이너에게 결과를 물었을 때, 아직 피드백을 살펴보지 않았다는 것을 알고 화를 내기보다는

<u>오늘 오후 6시까지 고객의 피드백을 검토한 다음에 끝냈다고 메일 좀 보내줄 수 있어요?</u>
<u>내일 회의 전에 모든 사람들이 준비되어 있게 해둬야 할 것 같아서요.</u>

라고 말하라. 요청을 받는 편에 있는 상황이라면 단순히 자동으로 동의하지 말고 모든 정보를 얻기 전에는 절대 동의하지 않도록 한다. 다음과 같이 모호한 요청을 받았다면

<u>고객의 피드백 좀 검토해줄 수 있어요?</u>

"알았어요"라고 답하기 전에 기한과 구체적인 행동에 대해 묻는다.

<u>언제까지요? 검토가 끝나면 어떻게 해야 하죠?</u>

실수를 인정한다

때때로 우리는 실수를 한다. 자신 때문이든 외부적인 요인 때문이든 약속을 수행하지 못하게 되는 경우가 있다. 이런 상황에서는 항상 상황을 파악하고, 인정하고, 사과하고, 약속을 재조정해야 한다. 그렇게 하는 것이 어떤 사람에게는 정말 정말 어려울 수 있다. 방어적인 태도를 보이거나 책임을 전가하는 것은 팀에 큰 피해를 줄 수 있다.

자신이 전적으로 약속을 이행할 생각이 아니라면 **어떤 것**도 동의하지 말아야 하지만 책임을 받아들이고 약속을 재조정하는 것으로 신뢰를 유지할 수 있다. 마치 자신이 약속하지 않은 척하는 것보다는 문제가 있을 때 바로 인정하는 것이 여러분의 말에 신의가 있고 약속을 신중하게 생각한다는 것을 보여준다.

연습? 연습!

모든 노력할 가치가 있는 다른 일과 마찬가지로 약속하는 것도 연습으로 나아지고 수월해진다. 팀의 구성원이 서로 약속하고 이행할 때마다 그 팀은 더 강해지고 협력하는 팀이 된다. 지나치게 많이 약속하고 이행은 못 하는 것이 아주 큰 문제가 된다면 작은 것부터 고쳐나가기 시작하자. 시간 내에 이메일에 답장하고 업무마감시간 전에 고객에게 전화를 거는 등 많은 작은 약속을 요청하고 수행해 보자. 약속에 대한 요청 하나하나에는 모두 세부사항과 마감 시간을 포함하고 각 성공에 축하하는 것도 잊지 말자.

자기인식

유능한 기여자는 스스로에 대한 다섯 가지 속성을 인지한다.

- **자신의 역할**: 각 기여자는 주어진 일에 대해서만이 아니라 자신이 어디까지 영향을 미치고 어디까지 제어할 수 있는지에 대한 자신의 책임 범위를 이해해야 한다.
- **자신의 가치**: 각 기여자는 자신의 고유한 시각과 그 시각이 어떻게 디자인 문제를 해결하기 위한 팀의 방안에 도움을 줄 수 있는지 이해해야 한다.
- **자신의 약점**: 기여자는 어떤 종류의 업무를 자신이 잘하고, 못하는지 알아야 한다.
- **자신의 선호도**: 기여자는 어떻게 다른 팀 구성원과 소통하고 상호작용할지 등에 대한 자신의 선호도를 알아야 한다.
- **개인적 목표**: 좋은 기여자는 자신의 성장을 도울 수 있도록 프로젝트를 이용하는 방법을 정립하여 프로젝트에서 개인의 목표를 찾아낸다.

동료들과 잘 지내기

자기인식 외에도 기여자는 팀에서 다양한 유형의 사람들과 함께 일한다는 것을 이해한다. 앞부분에서 언급했던 다양한 구성의 원칙이란 명칭이 보여주듯이 디자이너는 다양한 개성, 접근법, 선호도, 스타일을 예상해야 한다. 이것은 개별 기여자에게 유리하게 작용할 수 있다. 팀에 속해 있다는 것은 상호의존성을 구축한다는 것이며 상호의존성은 사람들이 자신의 장점을 살려 서로 부족한 점을 보완하는 것이다.

따라서 기여자는 서로의 기대를 설정하고 특징적 선호도나 관점을 드러내도록 서로 독려해야 한다. 다음은 동료들에게 할 수 있는 몇 가지 질문사항이다.

- 미안하지만, 피드백을 부탁해도 될까요?
- 일정표를 최신상태로 유지하고 있어요?
- 이 프로젝트에서 일 할 시간을 낼 수 있나요?
- 아무개 씨는 세부사항에 강한 사람인가요? 아니면 큰 그림을 보는 사람인가요?
- 어떤 작업이 가장 수월하게 느껴지나요? 어떤 작업이 시간이 더 걸리죠?
- 얼마나 빨리 이메일에 답변하나요?

거절하기

효과적인 기여를 위해서는 디자이너가 추가 업무에 대해서 거절할 수 있어야 한다. 협상에서의 의도는 '수락하도록 하기'인 것 같지만, 기여자가 되는 데 있어서의 목표는 '거절하도록 하기'이다. 거절은 프로젝트 관리자에게 다음과 같이 이야기하므로 수락보다 더 가치가 있다.

- 기여자는 다른 많은 업무가 있다.
- 새로운 요청을 수용하려면 우선순위를 바꿔야 한다.
- 프로젝트나 팀은 이해관계자나 관리자가 현재 수용력을 넘어서는 것을 요청했을 때 위험에 처할 수 있다.

비록 거절하는 것이 팀의 다른 구성원에게 실망스러울 수 있지만, 기여자의 진실성을 지켜준다. 거절하는 능력은 팀을 단결시키는 세 가지 기본 요소를 제대로 따르는 것이다.

- **겸손**: 기여자는 뭔가 입증하려고 애쓰지 않는다.
- **존중**: 기여자는 프로젝트 관리자가 추가 작업을 수행할 수용력을 결정하는 데 있어 자신의 판단을 존중한다는 것을 안다.
- **공감**: 기여자는 프로젝트 관리자가 자신을 이해하며 추가 작업을 강요하는 것이 비생산적이라는 것을 인지하고 있다는 것을 안다.

기여자로서의 디자이너 평가하기

디자이너가 자신의 역할을 기여자로 생각하기 시작하면서 스스로 어떻게 평가할 수 있을지를 고민하게 된다. 실무 디자이너는 자신의 우수성과 효과성을 평가하는 데 포트폴리오 이상의 것이 필요하다. 디자이너는 끊임없이 검증과 건설적인 피드백을 찾으면서도 "더 나은 기여자가 되려면 무엇을 할 수 있을까?"라는 질문의 답을 찾는 데 도움을 줄 방법이 필요하다.

대표적인 평가 방법

일자리를 얻기 위해 구직 후보자가 면접에 왔을 때 일반적으로 디자인팀은 포트폴리오를 보여달라고 요청한다. 평가 기준에는 다음 내용이 포함된다.

- 산출물: 작업결과의 품질이 디자인팀의 기준에 부합하는가?
- 결과: 디자인이 대상 사용자에게 의도한 영향을 주었는가?
- 접근법: 디자이너는 문제를 어떻게 공략했고 다른 사람들과는 어떻게 작업했는가?

여기에서 빠져있는 것은 디자인 프로젝트에서 불가피하게 발생하는 장애물을 다루는 디자이너의 능력이다. 물론 그 후보자가 어떻게 디자인 문제를 해결했는지 들려주는 이야기에서 다음과 같은 미묘한 단서를 얻을 수 있다.

- 후보자가 적대적인 언어로 고객과 이해관계자를 묘사하는가?
- 후보자가 마케터나 엔지니어와 같은 특정전문가를 폄하하는가?
- 후보자가 프로젝트 도전을 성공이나 실패의 관점으로 표현하는가?
- 후보자가 프로젝트 하는 과정에서 자신이 어떻게 성장했는지에 관한 이야기를 포함하는가?

요컨대 그들의 언어에서 효과적인 협업에 도움이 되지 않는 사고방식이 드러날 수 있다. 후보자에게 산출물, 프로젝트의 결과 그리고 접근법을 물어보면서 디자인팀은 비협업적 사고방식을 무심코 드러내는 핵심 단어에 귀를 기울일 수 있다.

사용되는 표현에 대한 주의

이 책에는 '디자이너의 유형들'을 대표하는 페르소나가 없다. 페르소나는 사용자의 요구를 요약하고 통합하기 위해 디자인 과정에서 사용하는 하나의 기법이다. 솔깃하긴 하지만 페르소나의 목적은 실제 개개인을 분류하는 것이 아니다. 대신에 페르소나는 디자인팀이 대상 사용자의 행동방식과 요구를 분류하고 우선순위를 정하는 데 도움을 준다.

페르소나는 관련된 행동의 모음이며, 그렇기 때문에 추상적일 수밖에 없다. 페르소나로 누군가를 분류하는 것은 그 사람을 하나의 독립된 인격체로 만드는 모든 미묘한 차이를 부정하는 것이다.

그 사람이 어떻게 반응하고 어떻게 행동할 것인지를 지레짐작하게 될 것이다. 특정 상황에서 다른 사람을 섣불리 판단하는 데 대한 변명을 제공하게 된다("그 사람은 원래 그래"). 동료를 페르소나를 이용해서 분류하는 것은 그 사람의 성장능력을 깎아내리는 것이므로 무례한 일이다.

이것이 이 책에서 어떤 분류 모델도 사용하지 않는 주요한 이유다. 이 책의 의도는 실무 디자이너에게 까다로운 사람들이 아니라 어려운 상황들을 다루는 데 도움을 줄 도구를 제공하는 것이다.

왜 사고방식인가

디자이너는 존중하고, 겸손하며, 공감할 수 있어야 한다. 하지만 성공을 위한 능력은 다음 내용을 포함하는 사고방식에 달려있다.

- 새로운 도전을 다루는 능력
- 프로젝트나 조직 차원에서의 변화를 다루는 능력
- 새로운 기술과 방법에 적응하는 능력
- 까다로운 고객을 관리하는 능력
- 방어적 또는 대립적인 사람들과 효과적으로 협업하는 능력
- 팀의 친화력에 영향을 줄 것 같은 능력

훌륭한 디자이너는 새로운 도전을 즐기고 힘든 일을 성장의 기회로 여기며 자신의 한계를 넓혀나갈 기회를 찾는다. 훌륭한 디자이너는 프로젝트에서 새로운 것을 익히고 프로젝트가 순조롭게 진행되며 다른 사람들과의 협업 속에서 무언가 디자인을 해내며 자부심을 느낀다. 훌륭한 디자이너는 귀중한 교훈을 얻을 수 있다면 실패를 두려워하지 않는다. 훌륭한 디자이너는 정당한 칭찬을 하는 것을 꺼리지 않는다.

요약

협업과 갈등을 전체적으로 살펴보기 전에 디자인팀에 대해 설명했다. 프로젝트와 팀의 내면에는 이를 정의하는 네 가지 핵심 측면이 있다. 이것은 역할과 책임, 목표와 우선순위, 기술과 방법 그리고 프로젝트 규정요인이다.

이 각 측면 뒤에는 좀 더 성공적인 프로젝트로 이끄는 법칙이 있다. 하지만 프로젝트의 성공을 위해서는 팀의 '결속성'을 형성하는 겸손, 존중, 공감의 세 가지 요소가 필요하다.

이 요소가 팀이 반드시 성공하도록 하기에는 충분하지 않더라도 모두 모여서 팀 내의 신뢰를 낳는다. 이 원칙과 요소에 추가하여 기여자로서의 디자이너에 관해 이야기하고 무엇이 기여자를 단순한 기계 속의 톱니바퀴와 구별되게 하는지 설명한다.

- 자신의 강점, 약점, 스타일, 선호도를 아는 것
- 다양성의 가치 인정하는 것
- 요청에 "안됩니다"라고 말할 수 있는 것

마지막으로 디자이너가 어떻게 디자인 도전과 어려운 상황에 접근하면서 팀과 협업을 하는지에 영향을 주는 태도와 선호의 모음인 사고방식의 개념을 소개한다.

2

디자이너 사고방식

처음 집필했던 책(Communicating Design, 한글판: UX 디자인 커뮤니케이션)은 디자이너가 웹사이트나 소프트웨어를 위한 인터페이스를 제작하면서 만든 산출물들의 모음인 디자인 문서화에 관한 이야기이다. 그 책을 구상했을 당시에는 이 주제가 상당히 무해하다고 생각했다.

하지만 그 후로 디자인 문서화에 대한 반발이 있었다. 여러 다른 의견이 나왔는데 그중 한 부류는 그 어떤 형식적인 문서화도 디자인 프로세스에 해가 된다고 믿는 웹디자이너들이었고, 다른 웹디자이너들은 형식적인 결과물이 꼭 필요한 상황도 있다고 여겼다.

이러한 논란이 펼쳐지는 것을 지켜보면서 웹디자인 커뮤니티에서 어쩌면 가장 중요한 점을 놓치고 있는 것이 아닌가 하는 생각이 들었다. 문서기록 혹은 그것을 사용하는 사람을 향한 독설은 초점을 흐리고 있는 것처럼 보인다. 논란에 대해 과장하고 있는 것이 아니다. 웹디자이너들은 상당히 자기주장이 강한 편이다. 단지 다른 사람이 쓸모없다고 말한다고 해서 그 도구를 자신의 툴박스에서 제거하는 것은 무책임한 것 같다. 더욱이 단지 그들이 사용하는 도구만으로 서로를 판단하는 것은 디자이너들에게도 바람직하지 않다. 누구에게든 도구 외의 더 많은 이야기가 있기 마련이다.

우리 디자인 회사가 급성장했을 당시 내 파트너였던 나단(Nathan)과 나는 다른 디자이너들의 태도에 중요성을 이해하게 되었는데, 그 태도가 그들의 다양한 도구와 방법에 관한 전문지식보다 훨씬 더 성공에 영향을 미치는 중요한 요소였다. 우리는 디자이너가 기꺼이 다른 사람들과 공유하고 관계를 맺으며 아이디어를 구상하고 형식에 얽매이지 않은 채 아이디어를 검증하며 프로젝트 계획에 검토 작업을 넣는 것에 대해 더욱더 주목했다. 우리가 더 복잡한 프로젝트를 시도하면서 디자이너로서 성공하려면 협업을 더 잘해야 하며 변화하고 예측하기 힘든 상황에도 적응해야 한다는 것을 알게 됐다. 성공적인 디자이너는 세계 최고 수준의 전문성과 계획성이 있어야 함과 동시에 실험과 어느 정도의 직감에 따른 작업도 할 수 있어야 한다. 이런 태도가 모든 사람에게 자연적으로 오는 것은 아니다. 나는 이러한 태도들의 모음을 '사고방식(mindset)'이라고 부르기로 했다.

노트:
드웩의 작업에 관한 좀 더 자세한 내용은 http://blogs.hbr.org/ideacast/2012/01/the-right-mindset-for-success.html을 참조한다.

이 시점에서 나단은 내게 캐롤 드웩(Carol Dweck)과의 인터뷰를 보여줬는데 드웩은 사고방식에 관해 연구하던 스탠포드 심리학자였다. 드웩은 두 종류의 사고방식을 정의하였는데, 하나는 고정된 사고방식이고 다른 하나는 성장하는 사고방식이다. 하지만 나는 여기서 한발 더 나아가려고 한다.

사고방식은 프로젝트팀의 일원으로서 디자이너가 어떻게 행동하는지를 이해하는 중요한 방법이 되었다. 내가 생각하는 사고방식의 개념과 함께 사고방식이 어떻게 디자이너에게까지 확장될 수 있는지 몇 가지 아이디어를 설명하겠다.

기존 사고방식의 정의

1장에서 사고방식을 소개하면서 다양한 환경과 상황에 직면했을 때 사람들이 어떻게 행동하는지는 사고방식이 영향을 준다고 설명했다. 사람의 행동은 사고방식의 영향을 받기 때문에 대체로 행동으로 사고방식이 드러난다.

인식, 태도, 그리고 성격

내 생각으로는 한 사람의 사고방식은 다음 세 가지를 포함한다.

- **인식**: 그 사람의 주변에서 일어나는 것들을 어떻게 해석하는가
- **태도**: 그 사람이 주변에서 일어나는 일에 어떻게 반응하는가
- **성격**: 그 사람이 행동방침을 어떻게 정하는가

일의 맥락에서 본다면 디자이너의 사고방식은 다음과 유사할 것이다.

샘이 그의 매니저인 바바라로부터 아주 간단한 이메일을 받는다.

- **인식**: 메일의 표현으로 미루어 볼 때 샘은 바바라가 그에게 실망했다고 생각한다.
- **태도**: 샘은 바바라의 감정(혹은 바바라의 감정에 대한 샘의 인식) 때문에 곤혹스러움을 느낀다.
- **성격**: 샘은 자신을 옹호하는 메시지를 작성하기로 한다. 메시지를 보낼 수도 있고 보내지 않을 수도 있지만, 이것이 그의 직감적인 반응이다.

다음은 다른 예다.

바바라는 샘에게 중요한 고객의 웹사이트에 있는 검색 결과화면을 디자인하는 임무를 할당한다.

- 인식: 샘은 바바라가 자신의 능력을 시험하고 있다고 생각한다.
- 태도: 샘은 어떻게든 자신을 증명해야 한다고 느낀다.
- 성격: 샘은 그 임무에 많은 노력을 들이기로 하고 그렇게 함으로써 많은 감정적 에너지를 소모한다.

이러한 사고방식은 모든 어려운 상황이나 대립을 같은 방식으로 보도록 압박하면서 지속해서 작용하는 경향이 있다. 예를 들어, 샘은 모든 업무를 자신을 증명할 기회로 생각할 것이고 모든 간단한 이메일은 실망을 표현하는 메일로 읽을 것이다.

사고방식은 깊은 심리적인 앙금과 개인적인 경험에 의한 것일 수 있다. 하지만 솔직히 말하면 그것은 중요하지 않다. 그런 작동방식은 자동적일 수 있지만, 그것들은 느낄 수 있는 반응이다. 느낄 수 있기 때문에 제어도 가능하다. 샘은 자신의 즉각적인 인식, 태도 혹은 성격을 제어하지 못할 수도 있지만, 자신이 행동하기 전에 잠시 멈출 수는 있다. 상황을 곰곰이 생각해 볼 시간을 갖고 그의 인식, 태도, 성격이 생산적인지 평가해볼 수 있다. 상황을 바라보고 반응하는 방식을 바꾸기 위해서 그는 적극적으로 자신의 사고방식을 변화시킬 수 있다.

드웩의 사고방식 모델

캐롤 드웩은 몇몇 학생을 관찰하면서 발견한 어떤 현상에 흥미를 느껴서 사고방식을 연구하게 됐다. 이 학생들은 '똑똑하다'고 불리면서도 종종 어려운 도전과제를 피하고 싶어했다. 드웩은 그런 학생이 최고 등급보다 낮은 성적을 받았을 때 스스로 자책한다는 사실을 발견했다. 그의 저서 '사고방식: 성공의 새로운 심리학(Mindset: The New Psychology of Success, 번역서: 성공의 새로운 심리학, 부글북스, 2011년)'에서 드웩은 이렇게 말했다.

고정된 사고방식을 가진 학생은 즉시 잘했을 때에만 흥미를 유지한다. 이들은 어려움을 발견하면 흥미나 관심을 잃는다. 그 일이 자신의 지적 능력을 증명하는 일이 아니라면 그 일을 즐기지 못한다.

드웩은 무엇 때문에 이런 태도가 나타나는지 이해하고 싶었다. 특히 수십 년간 부모들은 자식의 성취에 대해 칭찬해 왔다. 이런 총명함에 대한 지속적인 칭찬에도 이 아이들은 노력하는 것에 대해 지속해서 혐오감을 드러냈다.

고정된 사고방식 대 성장의 사고방식

드웩은 두 사고방식을 고정된 사고방식과 성장의 사고방식으로 구분한다. 이 두 사고방식의 뿌리에는 사람의 변화하려는 능력에 대한 믿음이 깔려있다. 여러분이 짐작하는 것처럼 고정된 사고방식을 가진 이는, 사람은 일방적으로 태어나므로 아무리 열심히 노력한다고 해도 자신의 본성을 변화시킬 수 없다고 믿는다.

따라서 도전문제에 직면했을 때 자신이 성공할 것인지 저울질을 해서 실패할 것 같은 생각이 들면 그런 과제는 피하는 것이다. 실패했을 때에는 그 과제가 아무리 작은 일이라도 자신이 실패자라고 믿는다. 드웩은 고정된 사고방식을 가진 사람이 작은 부정적인 사건을 엄청난 불행으로 부풀리는 사례로 평균 성적, 주차 티켓, 친구로부터 받은 사소한 무시 같은 예를 들고 있다. 이들은 다른 사람들이 똑똑하다고 생각하는 만큼 실제로 그들이 똑똑하지 않아 보이는 것을 가장 두려워하며 이러한 두려움 때문에 자신의 능력이 평가될 수 있는 일에 참여하길 꺼린다.

반면에 성장의 사고방식을 가진 사람들은 열심히 노력하면 더 나아질 수 있다고 믿는다. 드웩의 말을 빌리면 그들은 '기본 자질은 스스로 노력으로 길러질 수 있는 것이라는 믿음'을 가지고 있다. 그들은 좌절을 더 배우고 나아질 기회라고 생각한다.

디자이너에게 사고방식이 왜 중요한가

올바른 사고방식은 성공적인 협업과 문제투성이 사이에서 차이를 가져올 수 있기 때문에 디자이너에게 사고방식은 중요하다. 고정된 사고방식은 디자이너에게 엄청난 손실을 줄 수 있다. 다음 예를 생각해보자.

예1: 새로움

디자이너는 항상 새로운 도전에 직면한다. 새로운 미디어를 위한 디자인일 수도 있고, 새로운 사업에서의 디자인일 수도 있으며, 단지 다른 이해관계자를 위한 디자인 요청일 수도 있지만, 어느 경우든 디자이너는 같은 도전과제를 두 번 만나는 법이 없다. 고정된 사고방식을 갖는다는 것은 디자이너가 새로운 도전과제를 다루는 것을 불안해하고 자신의 능력이 충분하지 못하다고 느끼는 것을 의미한다.

예2: 복잡성

오늘날 제품 하나를 디자인하려면 다양하고 많은 부분이 맞물려 돌아가야 한다. 심지어 겉보기에 간단한 스타트업 웹사이트 애플리케이션도 사용자 인터페이스, 브랜딩, 지원, 엔지니어링, 마케팅과 같은 문제를 동반한다. 새로운 도전과제 외에도 이러한 복잡성은 많은 사람과 상호작용해야 할 필요가 있다. 고정된 사고방식을 갖는다는 것은 디자이너가 자신의 실패를 이런 동료들에게 노출하고 싶어 하지 않음을 의미한다.

드웩은 사람이 자신의 사고방식을 변화시키거나 사고방식에 영향을 줄 수 있다고 지적한다. 아이들이 결과보다는 그들의 노력에 대해 칭찬받게 되면 더 어려운 도전을 금방 즐기게 된다. 반대로 아이들은 자신이 만들어낸 결과에 칭찬을 받으면 자신에 대한 부정적 인식을 피하려고 쉬운 도전에만 머물게 된다.

직업 세계에서 디자이너가 항상 결과물보다 과정을 칭찬하는 사람들에게 둘러싸여 있는 것은 아니다. 실제로 만든 결과물 즉, 포트폴리오로 평가받기 때문에 성장의 사고방식을 기르는 게 어려울 수도 있다. 지속해서 결과물에 의해 자신의 성공과 실패를 경험하는 디자이너가 성공적인 기여자가 되기 위해서는 성장의 사고방식을 길러야 한다는 점은 아주 중요한 사실이다.

따라서 디자이너는 이러한 사고방식을 스스로 기를 수 있어야 한다. 다행히도 디자이너들은 피드백과 비판에 건설적으로 반응할 필요가 있는 성장의 사고방식을 나름대로 잘 받아들이고 있다.

하지만 비판을 받아들이는 것이 성공적인 디자이너 사고방식의 전부는 아니다.

디자이너를 위한 최적의 사고방식

디자이너에게도 드웩의 모델은 유용하다. 이 모델은 한번 이해하면 그 렌즈로 전체 세상을 보게 된다. 동료들에게 '고정된' 혹은 '성장의' 사고방식이라는 라벨을 붙이고, 칭찬은 의식적으로 '결과'보다는 '노력'에 대해서 하게 된다.

드웩은 이 모델이 비즈니스 리더부터 프로 운동선수들까지 얼마나 다양한 유형에 적용되는지 보여준다. 드웩은 부모, 선생님, 코치 그리고 그 외의 피드백을 줄 수 있는 위치에 있는 이들에게 실질적인 도움을 준다. 비록 그녀가 '고정된/성장의' 이분법에 대해 깊이 있게 분석하여 다양하고 폭넓은 사람에게 상세한 조언을 제공하지만 그렇다고 해서 특별히 창의적인 작업에 대해 초점을 맞추지는 않는다.

성장의 사고방식이 디자이너에게 견고한 토대가 되지만 성공적인 협업과 기여를 하기 위해서는 그들의 세계를 보고 반응하는 다른 방법들도 길러야 한다. 유감스럽게도 이 사고방식은 해로운 것은 아니지만 불편한 행동이 필요할 수 있다. 요컨대 디자이너들이 스스로 주변 환경을 다르게 보면서 자신의 기질과는 맞지 않는다고 느끼는 행동을 시도할 수 있다. 내향적인 사람이 누군가에게 전화를 걸려고 수화기를 들고, 외향적인 사람이 조용히 자리에 앉아 다른 사람들이 이야기하게 두어야 할 수도 있다. 세부적인 것에 신경 쓰는 사람이 전체상황을 논하는 대화에 참여해야 할 수 있고, 큰 그림을 그리는 사람이 앉아 세부적인 사항에 열중하도록 스스로를 강요해야 할 수도 있다.

드웩의 인간 심리학적 관점은 내 경험과 잘 맞아 떨어지고 프로젝트의 성공을 위해서 행동을 바꿀 필요가 있다는 것도 맞아 보이지만 아직 불완전하다. 팀에서의 성공에 결정적인 역할을 하는 디자이너의 태도에 또 다른 측면이 있다.

이 사고방식을 통해 디자인 프로젝트에 대해 다음 두 가지를 추정할 수 있다.

- 프로젝트는 어렵다. 디자인 프로젝트는 해결하기 어려울 뿐 아니라 수많은 유동적인 부분을 포함한다. '복잡성'이라는 단어 하나만으로도 업무들은 항상 새롭고 많은 세부사항을 지니고 있다는 것을 시사한다.
- 프로젝트는 팀을 필요로 한다. 디자인 프로젝트의 복잡성 때문에 팀이 필요하지만. 팀의 필요성이 단지 업무의 복잡함 때문만은 아니다. 우리가 디자인하고 있는 환경이 '팀에 의해 더 잘 처리될 수 있다'고 하는 요구사항을 만들어 낸다.

이 추정은 어떤 특수한 상황에 바탕을 둔 것이 아니다. 오늘날 디자인 프로젝트에서 일하는 대부분 사람이 거기에 동의할 것이다. 이러한 추정은 디자이너가 어떻게 성공적인 기여자가 될 수 있는가 하는 문제에 직접적인 영향을 끼치며, 그에 따라 다음 세 가지 '디자인 전용의 사고방식'을 정의할 수 있다.

- 적응의 사고방식 대 융통성 없는 사고방식
- 공동의 사고방식 대 단독적인 사고방식
- 적극적인 사고방식 대 소극적인 사고방식

적응의 사고방식(융통성 없지 않은)

드웩은 사고방식을 고정된 사고방식과 성장의 사고방식으로 구분하였다. 적응의 사고방식과 융통성 없는 사고방식은 아마 드웩의 원래 모델에 간단한 확장이 될 것이다. 디자이너를 위한 핵심적인 특징은 다음과 같다.

"적응의 사고방식을 가진 디자이너는 새롭고 특별한 환경을 수용하기 위해 자신의 접근법을 수정할 필요를 인정한다. "

디자이너는 적응의 사고방식으로 자신의 프로세스를 반드시 따라야 한다거나 좋아하는 도구와 기술에 집착하는 것에서 벗어난다. 적응의 사고방식은 다음과 같다.

"바바라는 샘에게 디자인에 들어가기에 앞서 비공식 사용자 조사를 부탁하지만 샘은 동료와 함께 공식적 계획에 의해 사용자 조사를 하는 것에 익숙하다."

- 인식: 샘은 공식적 사용자 조사에 대한 자신의 추정을 테스트할 기회라고 생각한다.
- 태도: 샘은 원래 해오던 공식적인 조사와 마찬가지로 비공식 사용자 조사로도 같은 목표를 성취할 수 있을 거라고 이해한다.
- 성격: 하나는 공식적 조사를 어떻게 할 것인지, 또 하나는 비공식적 방법의 조사를 어떻게 할 것인지에 대해 두 가지 계획을 세운 후 대조를 해보기로 한다.

한 가지 중요한 점은 적응의 사고방식은 원칙이 아닌 절차로 시작해서 절차로 끝난다는 것이다. 디자이너가 디자인 프로젝트에 접근할 때 절차를 구성하기 위해 몇 가지 원칙을 이용한다. 효과적인 디자인 절차를 위한 정확한 원칙은 책 한 권 분량의 주제다. 여기에서 핵심은 프로세스를 구성하는 데 있어 샘의 원칙들이 그에게 얼마간의 융통성을 준다는 것이다. 샘은 이 원칙의 틀 안에서 여전히 적응할 수 있다.

표 2.1에서는 적응의 사고방식과 융통성 없는 사고방식을 비교하고 있다.

표 2.1 실제적인 적응의 사고방식

	적응의 사고방식	융통성 없는 사고방식
인식	일반적인 디자인 원칙을 다양한 문제와 상황에 적용하기 위해 다른 방식으로 본다.	디자인 절차를 움직일 수 없는 것으로 본다.
태도	기존의 가정과 원칙의 힘을 테스트하는 데 관심이 있다.	프로세스에 방어적으로 느낀다.
성격	새로운 접근방법을 따르기로 한다.	새로운 환경을 피하거나 이전과 같은 방식의 절차를 적용할 것을 고집한다.

적응의 사고방식을 갖는다는 것이 흐름이 바뀔 때마다 항상 방향을 바꾼다는 의미는 아니다. 이것이 단순히 흐름에만 맡긴다는 것을 의미하지는 않는다. 적응의 사고방식에서 어려운 점은 적응이 단지 변화를 위한 변화를 의미하지 않는다는 것을 이해하는 것이다. 대신에 훌륭한 디자이너는 자신의 능력과 역량이 상황에 맞지 않을 때가 언제인지, 그리고 접근방식에 의미 있는 변화를 도입할 기회를 주는 상황이 언제인지를 알아낸다.

공동의 사고방식(단독이 아닌)

공동의 사고방식이란

"대조적인 의견, 대안적 관점, 추가적인 피드백이 더 강력한 디자인 작업을 만든다는 믿음이다."

근래 들어 '상아탑 디자인'이라고 부를 만한 혼자 일하는 디자이너를 장려하는 저서가 꽤 있다. 하지만 디자인 세계에서는 이것과 '브레인스토밍' 사이의 또 다른 반발이 일고 있다. 그들은 세계에서 가장 훌륭한 몇몇 아이디어는 단독적인 생각에서 만들어진 제품이었다고 주장한다. 드웩이 말한 것처럼

"능력과 업적에 관한 다양한 신화가 있는데, 그중에는 뛰어난 어떤 사람이 혼자서 갑자기 엄청난 물건을 만들어 냈다는 이야기가 많이 있다."

드웩은 찰스 다윈의 '종의 기원'이 사실은 수십 년의 노력과 조사, 협동작업으로 이루어졌다는 사실을 연관 지어 설명한다. 분명히 하자면 여기서 공동의 사고방식이란 모든 상황, 문제, 프로젝트 활동마다 항상 많은 사람이 모여서 토론을 해야 한다는 것을 의미하는 것이 아니다. 대신 공동의 사고방식을 가진 디자이너는 자신의 동료들이 신속한 피드백을 주고, 아이디어를 제공하고, 추정을 검증해주고, 과제를 명확하게 해주며, 새로운 관점을 제안하는 아주 열정적인 조력자라는 사실을 알고 있다.

예를 들어, 나는 디자인 콘셉트에 관해 작업할 때 종종 팀 구성원이나 동료에게 하루종일 스케치를 보여주면서 피드백을 부탁한다. '스케치 공유하기'가 새로운 아이디어는 아니지만, 이와 반대로 아이디어가 완전히 정해지기 전에는 어떤 것도 보여주려고 하지 않는 디자이너를 생각해보자. 복잡하고 팀 주도적인 환경에서 이 접근법은 위험투성이다.

공동의 사고방식은 다음과 같다.

"팀의 새로운 디자이너 프리디는 디자이너 소프트웨어 창의 빈 화면 앞에 앉아 있다. 프리디는 샘으로부터 받은 업무를 검토하면서 업무에 대한 몇 가지 모르는 것이 있다는 사실을 깨닫는다."

> 인식: 프리디는 모르는 것을 명확히 해야 할 필요가 있다고 생각한다.
>
> 태도: 프리디는 새로운 동료에게 자신을 증명하는 가장 좋은 방법은 참여하고 협업하는 것이라고 이해한다.
>
> 성격: 프리디는 몇 가지 아이디어를 간단히 종이에 스케치하고 샘과 공유해서 방향을 확인하기로 한다.

드웩은 고정된 사고방식을 가진 사람은 다른 사람을 볼 때 '협력자가 아닌 심판자'

로서 본다고 이야기한다. 자신의 팀에 속한 사람을 경쟁자나 심판자가 아니라 협력자나 지원자로 보는 것은 공동의 사고방식에서 가장 중요한 부분이다.

그러므로 디자이너는 백지장도 맞들면 낫다는 생각으로 디자인에 접근해야 한다. 공동의 사고방식은 어떻게 사람들이 함께 일하는지에 관해 규정하고 있지 않다. 대신에 선택에 직면했을 때 누군가 또 다른 사람의 의견을 듣고 싶어지는 것이다. 이것이 공동의 사고방식에서 가장 중요한 점이자 반대론자들이 이해하지 못하는 차이점이다. 공동의 사고방식을 갖는다는 것은 유용한 피드백과 대안적인 관점을 제공하는 동료를 신뢰하고 그들에게 의지하는 것이다.

표 2.2에서는 공동의 사고방식과 단독의 사고방식을 비교한다.

표 2.2 실전에서의 공동의 사고방식

	공동의 사고방식	단독의 사고방식
인식	다른 사람의 조언이 자신의 일을 진행하는 데 어떤 도움이 될지 본다.	다른 사람을 경쟁자나 침입자로 본다.
태도	팀 동료가 조언이나 피드백을 주면 좀 더 확신을 느낀다.	일이 마무리되기 전의 피드백에 대해 방어적으로 느낀다.
성격	팀 동료를 건설적인 방법으로 관여시키기로 한다.	절차상 따라야 하는 것이 아니라면 팀 동료와 접촉하는 것을 피한다.

공동의 사고방식으로 디자이너는 다소 지나친 집단사고에 빠지는 실수를 범할 수 있다. 그룹 브레인스토밍이 유용한 도구일 수 있지만, 너무 지나치다 보면 다수결 지상주의와 두려운 '위원회에 의한 디자인'이 될 수도 있다. 공동의 사고방식을 지닌 디자이너는 어려운 결정을 내려야 할 때와 같은 불확실성에서 벗어나고자 할 때 다른 사람에게 의지하지는 않지만, 대신 다른 사람의 지혜가 도움이 되는 의미 있는 기회는 구별해 낼 수 있다.

적극적인 사고방식(소극적이지 않은)

결국 디자이너는 스스로를 자신의 의견, 요구사항, 아이디어를 팀에 명확히 전달할 능력이 있는 사람으로 볼 필요가 있다. 적극적인 사고방식이란

"확신 있게 의견을 표현하고, 기대를 명확히 하며, 이해의 차를 좁히는 것이 성공적인 디자인 작업의 기본이라는 믿음이다."

다시 말해 디자이너는 디자인 결정에 대한 견해, 다른 작업이나 프로젝트와 연관된 요구사항, 명확히 하거나 추가 설명이 필요한 부분, 해결방안을 위한 아이디어를 주장할 수 있어야 한다.

사실 사람들은 자신을 표현하고 싶어 하는 만큼 자기 생각과 의견을 자신만 아는 채로 두고 싶어하는 것 같다. 어쩌면 자신의 무지를 인정하느니, 중요한 정보나 요구사항에 대해 알지 못한 채로 조용히 남고 싶어 할 수도 있다. 하지만 결국에는 더 많은 정보를 얻는 것이 더 낫다.

적극적인 사고방식의 예는 다음과 같다.

"새로운 디자이너 프리디는 샘에게 받은 업무에 대한 이해가 충분하지 않다는 것을 깨닫는다."

- 인식: 프리디는 이것이 그녀의 업무와 관련된 추정에 대한 의견을 주장하고 검증할 기회라고 본다.
- 태도: 프리디는 지금 바로 그녀의 추정을 명확히 하는 것이 나중에 재작업하는 시간을 절약하는 것이라고 믿는다.
- 성격: 프리디는 추정에 대한 목록을 만들고 그 내용을 샘에게 메일을 보내서 검증을 받기로 한다.

프로젝트를 진행하면서 디자이너가 스스로를 주장할 기회는 수없이 많다. 경험적으로 봤을 때 그들이 디자인 혹은 프로세스에 대한 강한 의견이 있다고 한다면 프로젝트를 위한 더 나은 기여자가 될 방법이 있다. 디자이너는 다음과 같은 것에 관한 의견을 제시할 수 있다.

- 다른 팀 구성원을 도울 수 있는 추가적인 시간적 여유
- 업무가 지나치게 과다할 경우 업무량을 줄일 필요성
- 특정 종류의 피드백에 대한 요구
- 특정 기술의 사용에 대한 염려

- 특정 프로세스나 접근법에 대한 혼란
- 어려운 상황을 처리하기 위한 도움의 필요성

적극적인 사고방식을 갖게 되면 불안, 무지, 부족 등을 인정하고 이러한 문제를 해결하기 위해 도움을 청하는 것을 편안하게 느낀다.

표 2.3에서는 적극적인 사고방식과 소극적인 사고방식을 비교한다.

표 2.3 실전에서의 적극적인 사고방식

	적극적인 사고방식	소극적인 사고방식
인식	견해를 표현하고 명확히 하는 것을 자신의 역할로 여긴다.	이해의 차이를 자신의 문제가 아니거나 중요하지 않다고 여긴다.
태도	이해나 기대에서의 차이가 빨리 좁혀져야 한다고 느낀다.	해결되지 않은 문제나 쟁점이 나중에 다루어질 거로 생각한다.
성격	적절한 상황에서 의견을 주장하거나 미결문제에 대한 질문을 하기로 한다.	문제제기를 피한다.

여기서 어려운 점은 언제 침묵을 지켜야 하는지를 아는 것이다. 부적절한 때에 의견을 피력해서 프로젝트의 방향성을 훼손하고, 프로젝트 리더에게서 권위를 빼앗으며, 팀을 혼란스럽게 하는 상황이나 환경을 만들 수 있다. 적극적인 사고방식은 디자이너가 적절할 때 자신의 목소리를 낼 수 있다고 느끼는 것을 의미한다. 다른 사고방식들의 성질을 다시 한 번 확인해보자.

- **적응하는 사고방식**: 새로운 접근법을 조사하고 새로운 기술을 적용할 기회를 찾는 경향이 있다. 하지만 모든 요구를 항상 받아들이는 것은 아니다.
- **공동의 사고방식**: 다른 관점을 수용할 기회를 찾는 경향이 있다. 함께 브레인스토밍하는 사람의 모든 의견을 수용하는 것은 아니다.
- **적극적인 사고방식**: 당면해 있는 문제에 대한 의견과 관점을 표현할 기회를 찾는 경향이 있다.

직장에서의 사고방식에 관해 마지막으로 한 가지 더 말하자면, 캐롤 드웩은 2000년대 이후 사회에 진출하는 세대를 '칭찬받고 자란 세대'로 지칭한다. 부모들이 자식들의 자부심을 북돋아 주기 위해 결과에 따른 칭찬을 아낌없이 해왔다. 드웩은 다음과 같이 말하고 있다.

"현재 우리 사회는 비판은 받아들이지 않고 끊임없이 안심시켜주는 말만 원하는 사람으로 가득 차 있다. 하지만 사회에서 성공하려면 도전을 받아들이고 끈기를 보이며 실수를 인정하고 고쳐나가는 것이 필수다."

이 내용을 읽으면서 특히 디자인 분야에서 이것이 얼마나 옳은 말인지 격하게 공감했다. 디자이너가 다른 대부분의 사람보다는 비판을 잘 받아들인다고 믿지만, 디자인 작업은 도전과제로 가득 차 있다. 디자인 프로세스를 이끄는 갈등과 협업에서 비롯되는 이러한 도전과제가 바로 이 책을 집필하게 된 계기다.

사고방식 바꾸기

모든 사람이 적응을 잘하고, 공동적이며, 적극적이지는 않다. 나조차도 단독적이고 소극적인 경향을 가진 사람이다. 많은 사람이 이 사고방식 중에 최소 한 가지는 자신의 성격에 맞지 않는다고 느낄 것이다. 다시 드웩의 모델과 사고방식의 개념으로 돌아가 성장의 사고방식을 기억해보자. 성장의 사고방식은 사람들이 자신의 주변 환경을 인지하고 다루는 방식을 변화시킬 수 있다고 믿는 사고방식이다. 드웩은 성장의 사고방식을 배울 수 있다고 했다. 성장의 사고방식에 따른 태도와 행동을 가르치면서 드웩의 팀은 성취도가 낮은 사람을 그 반대로 만들 수 있게 도왔다. 그들 중 한 명에 대해 드웩은 다음과 같이 썼다.

"그는 이제 열심히 일하는 것이 자신을 상처받게 하는 것이 아니라 자신을 더 똑똑하게 만들어주는 것이라는 믿음이 생겼다."

최고의 디자이너로 자부하는 사람은 자신의 사고방식을 바꿀 필요가 없다고 생각한다. 그들은 모든 사람은 자신만의 태도가 있고 변화가 자신의 프로세스나 창의성에 영향을 줄 것으로 생각한다.

그렇다. 훌륭한 팀은 팀 구성원의 약점과 단점을 잘 처리한다. 하지만 올바른 사고방식을 갖는 것은 단지 누군가의 단점을 보완하는 것에 대한 문제가 아니다. 이는 효과적인 기여자가 되는 것에 대한 문제이고 프로젝트를 위해 옳은 일을 하는 것에 대한 문제다.

새로운 업무 자격 요건

조나단 '요니' 놀 (Jonathan "Yoni" Knoll-@yoni)
InfinityPlusOne 수석 디자이너+설계자

재능이 있다는 것은 멋진 일이다. 하지만 무엇에 재능이 있다고 해서 그 일을 꼭 잘하는 것은 아니다. 이는 단지 재능 있는 사람이라는 뜻일 뿐이다. 나는 항상 무엇을 잘하려면 먼저 자신이 작업하는 문제 공간을 이해해야 하고 본인의 아이디어를 알맞은 미디어로 적절하게 전달할 수 있어야 하며 마침내 항상 기대대로 결과를 내놓아야 한다고 생각한다.

점점 더 나아짐에 따라서 더 많은 질문을 일찍 하는 것을 배우고, 종종 비합리적인 요구에 "아니오"라고 답함으로써 자신에 대한 합리적인 기대를 세우며, 분명한 의사소통과 자신의 능력을 향상시킴으로써 이러한 기대를 능가하게 된다. 그 기대가 타당하든 그렇지 않든 항상 자신이 동의한 기대에 따른 결과를 내놓아야 한다. 만약 사람들이 여러분의 일이나 말에 대한 기대를 바탕으로 결정을 내릴 수 없다면, 여러분은 간단히 말해 유능하지 않은 것이다. 재능은 있을지 모르겠지만, 확실히 잘하는 것은 아니다.

이 '업무자격요건'이란 기사는 내가 관리하기로 되어 있던 어느 재능 있는 디자이너와의 고생스런 경험 이후에 작성했다. 조금 가혹하긴 하지만 최소한 다르게 해석될 여지는 그리 많지 않을 것이다.

필요한 기술

1. **쓰기 능력.** 한 번에 두 줄 이상의 문장을 한꺼번에 작성할 수 있어야 한다. 특히, 단지 핵심만 나열하는 방식을 취하지 않고 제대로 의사소통하는 방법을 이해해야 한다.

2. **질문하는 능력.** 어떤 부분을 이해하지 못했다면 그것이 지금 논의 중인 문제이든 아니면 이미 알고 있을 것으로 기대되는 것이든 관계없이 물어본다!

3. **"아니오"라고 말하는 능력.** 우리는 모두 사람이고 사람은 모두 비이성적인 요구를 한다. 때때로 당신은 적당한 것 이상의 요구를 요청받을 것이다. 그런 경우에는 알려준다.

4. **기대를 설정하고 그 기대를 이루는 능력.** 여러분이 무언가 할 수 있다고 말하면 여러분이 할 수 없다고 하기 전까지 우리는 그대로 여러분의 말을 믿을 것이다. 그리고 나서 우리는 이에 대해 다시 걱정하지 않을 것이다.

3번과 4번에 따른 결과는 다음과 같다.

5. **어리석은 나머지 "아니오"라고 대답하지 못했거나 스스로 지나친 목표를 세웠을 때 죽을 때까지 일하려는 자발성.** 여러분의 문제는 우리의 문제가 아니고 우리의 문제가 되어서도 안 된다. 그러한 상황이 된다면 우리는 병원에 입원해야 할 정도의 부상이나 직계가족의 죽음이 발생하지 않는 이상 상관하지 않을 뿐 아니라 동정도 하지 않을 것이다.

노트:
책을 읽는 동안 당신을 불편하게 만들거나 당신의 생각에 반하는 행동을 기록해두자. 그리고 이들 중 하나나 둘을 뽑아서 다음번에 어려운 상황에 직면했을 때 시도해보자.

때때로 사고방식을 바꾸기 위해 그 사람의 성격과 반대될 수 있는 행동을 해야 한다. 이 책 전체에 걸쳐 이상하거나 불편하게 느껴질 수 있는 다양한 행동에 대해 언급할 것이다. 그 행동 중 어떤 것들은 나도 여전히 프로젝트팀과 소통하는 데 이용하려고 노력하고 있다. 하지만 이 행동을 사용하고 스스로 자신의 불안감과 마주하게 하는 것이 사고방식을 변화시키는 가장 효과적인 방법이다.

요약

사고방식은 환경에 대한 사람의 인식, 태도, 성격이다.

- 인식: 환경을 어떻게 인식하는가
- 태도: 환경의 인식에 대해 어떻게 반응하는가
- 성격: 자신의 태도에 따라 어떻게 행동하려고 하는가

성격은 드러나지 않을 수도 있다. 사람은 직감적인 반응을 수정하면서 사고방식에 변화를 가져오고 상황을 다르게 볼 수 있다.

사고방식에 대한 나의 개념은 다음 두 가지 사고방식을 정의한 캐롤 드웩의 작업에 기반한다.

- 고정된 사고방식: 사람은 특정방식으로 태어나며 어떤 노력으로도 변화시킬 수 없다는 신념
- 성장의 사고방식: 많은 노력으로 누군가의 능력과 기량을 변화시킬 수 있다는 신념

이러한 사고방식은 디자이너에 대해 생각할 때도 유용하다. 여기에 나는 다음과 같이 약간의 내용을 추가했다.

- 적응의 사고방식: 자신의 원칙을 굽히지 않더라도 새로운 상황에 잘 적응할 수 있다는 신념
- 공동의 사고방식: 다른 사람의 관점과 기여가 디자인 작업을 향상시킨다는 신념
- 적극적인 사고방식: 자신의 의견을 자신 있게 말하거나 서로 간의 이해 간격을 좁혀야 한다는 신념

3

경청:
필수 기술

경청은 소극적이지 않다. 경청에 관한 모든 책에서는 같은 이야기를 한다. 경청은 사람들을 대화에 적극적으로 참여시키는 활동이다. 상대방이 말하는 것을 이해하고 거기에 동의하며 그들이 생각을 더 다듬을 수 있게 격려한다. 또한, 그들이 자신감을 느낄 수 있게 하여 생각을 더 정교하게 만들 수 있게 돕는다.

하지만 디자인은 의제 즉, 목표와 목표를 이루기 위한 계획에 따라 운영된다. '혁신가'는 새로운 아이디어는 사람들을 탐구하도록 내버려 두는 것으로부터 나온다고 말할 것이다. 하지만 나는 좋은 아이디어는 계획을 따르는 것에서 나온다고 말한다. 계획을 통해 사람들은 효과적으로 협업할 수 있는 프레임워크를 확립하고 목표를 지원하는 아이디어에 기여하게 된다. 내게는 다른 사람의 아이디어를 듣거나 보는 것보다 더 큰 영감을 주는 것은 없다. 하지만 그런 아이디어는 현재의 작업과 관련이 있고 적절해야 한다. 경청은 단지 누군가가 이런저런 이야기를 하염없이 늘어놓게 두는 것이 아니다. 경청은 아이디어와 세부항목 그리고 요구사항을 한데 모아 완전한 그림으로 만드는 것이다.

그렇다. 여기서 혁신가들은 단지 만들어 낸 사람들이다. 솔직하게 말하자면 나는 여기에서 허수아비 논법을 사용하고 있다.

그런데 3장은 오로지 경청에만 초점을 맞춘다. 말하는 사람을 위한 조언에 대한 내용을 예상할 수도 있겠지만, 이 장의 의도는 그게 아니다. 대중 앞에서 말하기, 소통, 리더에 대한 책은 수십 권에 이르지만 경청에 관한 책은 많지 않다.

경청을 더 잘하기 위해서 디자이너가 익힐 수 있는 습관과 행동이 있다. 3장에서는 좋은 경청 예절을 설명하고 이를 네 개의 행동 유형으로 나눈다.

- **준비**: 상대가 얘기해야 할 것에 대해 들을 준비를 한다.
- **잠시 멈춤**: 다른 사람들이 말해야 하는 것을 말할 수 있게 간격을 둔다.
- **캐어묻기**: 상대가 상세히 말할 수 있게 격려한다.
- **부연해서 말하기**: 이야기한 것을 검증하는 차원에서 요약하고 반복한다.

하지만 대화를 중단시키거나 다른 사람이 말하고 있는 것을 듣기 어렵게 만드는 나쁜 습관도 있다.

상대방의 말을 잘 듣기 위한 체크리스트

듣기를 멈추기가 얼마나 쉬운지 생각해 보자. 상대방은 대부분 관련 없는 프로젝트의 세부사항에 대해 단조롭게 중얼거리고 있다. 이런 프로젝트 세부사항은 다음 미팅에도 항상 다시 나오기 마련이고 고양이 동영상, 소셜 네트워크 그리고 스포츠 뉴스 등 인터넷을 사용할 수 있는 환경이 바로 옆에 있다. 이렇게 집중을 방해하는 것은 항상 말하는 사람을 압도하게 마련이다. 경쟁이 안 된다.

그렇다. 때로는 마우스를 내려놓고 눈을 감은 채 대화를 따라갈 필요가 있다. 하지만 집중을 방해하는 것을 모두 없앴다고 해서 그게 전부는 아니다. 경청에는 올바른 방법과 잘못된 방법이 있다.

그림 3.1의 체크리스트는 대화를 시작하기 전, 누군가 이야기하는 동안, 누군가 생각을 정리하는 동안, 그리고 즉시 생각을 이어 갈 때에 취할 행동을 나타낸다. 경청은 다른 사람이 이야기하는 것을 듣고 이해하는 데 이용되는 기술도 포함한다.

듣기행동 체크리스트

준비
- 기록도구를 준비한다.
- 집중을 방해하는 요소를 제거한다.
- 다음 질문에 앞서 미리 생각한다.
- 논의를 위한 기본 구조를 세운다.
- 시각자료를 요청한다.

잠시 멈춤
- 전체 이야기를 요청한다.
- 들은 내용을 시각적으로 보여준다.
- 화자가 생각을 끝까지 이야기할 수 있게 해준다.

캐어묻기
- 어떠한 판단도 하지 않은 상태로 확인 질문을 한다.
- 상대가 상세히 말할 수 있게 격려한다.
- 화자가 주제에서 벗어났을 때 다시 주제로 되돌린다.

부연해서 말하기
- 들은 내용을 반복한다.
- 자신이 이해한 내용을 확인한다.

그림 3.1
좋은 청자 되기

경청은 공식, 비공식 회의를 위한 일련의 행동과 습관이다. 이런 회의는 직접 마주한 회의뿐만 아니라 전자미디어 또는 원거리 대화도 포함되고 실시간이나 이메일을 이용한 시간차 대화도 모두 포함된다. 체크리스트로 나타낸 것처럼 듣는 것이 항상 가능하지는 않겠지만 모든 디자이너는 이 습관이 어떤 상황에서든 자동으로 나올 수 있게 노력해야 한다.

준비

좋은 청자는 준비된 채로 대화에 임한다. 그들이 대화를 이끌 책임이 있든 없든 이미 물어볼 질문을 준비해 두었고 배경에 대한 조사도 해두었다. 하지만 '준비'는 대화를 하는 내내 이루어진다. 화자의 진술이나 아이디어를 통해서 질문 목록을 수정하고 다음을 준비한다.

준비는 무슨 이야기를 하는지 이해하고 의미 있는 질문을 하기 위해 사전조사를 하거나 충분한 배경지식과 전후 사정을 갖추는 것을 포함한다. 하지만 대화를 위해 다음과 같은 준비를 할 수도 있다.

- 기록도구 준비하기
- 집중에 방해되는 요소 제거하기
- 다음 질문에 앞서 미리 생각하기
- 논의를 위한 기본구조 세우기
- 시각자료 요청하기

기록도구 준비하기

들은 것을 기록하기 위한 구조화된 방법을 고안한다. 구조는 자유로워도 괜찮지만, 그 목적을 염두에 두어야 한다. 기록의 취지가 팀과 그 외의 사람들이 참고하도록 배포하는 것이라면 일반적인 텍스트 파일로도 충분하다. 대화를 위한 약간의 구조를 만들고 싶다면 텍스트 파일의 주제를 제목으로 사용한다.

메모하기는 다음과 같이 여러 가지 목적에 유용하다.

- 언급한 내용을 모든 사람이 동의했음을 확인해주는 대화 기록을 만들어준다.
- 여러분이 경청하고 있음을 화자에게 보여준다.
- 작성한 메모가 자신 앞에 없는 상황이라고 해도 메모를 기록한 사람이 회의의 내용을 기억하는 데 도움을 준다.
- 청자가 즉흥적인 질문을 생각해 낼 수 있게 해준다.
- 화자가 말한 것에 대해 답변을 하거나 적힌 내용에 대해서 대응할 수 있게 해준다.

집중에 방해되는 요소 제거하기

방해요소는 한없이 많으며 업무현장에서 골칫거리다. 다음은 직접 마주하는 회의나 전화 회의를 할 때 내 주의를 흐트러뜨리는 요소들이다.

- 이메일 알림
- 인스턴트 메신저 알림
- 캘린더의 일정 알림
- 걸려온 전화
- 전화 통화 중에 다른 프로젝트 업무를 동시에 진행하는 것
- 계획에 없던 조사를 하게 만드는 갑작스러운 생각
- 소셜 네트워크 어딘가에 무슨 일이 있다고 알리는 스마트폰 울림

온라인 회의와 같이 컴퓨터 앞에서 전화 회의로 진행하는 회의에는 회의 소프트웨어와 대화 입력 창 그리고 기록 도구만 열어둔다.

다음 질문에 앞서 미리 생각하기

다음 질문을 미리 생각하면서 정보를 기록하는 데 집중하기는 어려울 수 있다. 이것은 마치 사람의 뇌를 현재와 미래 양쪽에 존재하도록 강요하는 것과 같다. 질문이 과거 진술과 연관이 있다면 당신의 뇌는 과거, 현재, 그리고 미래에까지 관여해야 한다.

이를 성공적으로 해낼 수 있는 한 가지 방법은 화자가 말하고 있을 때 몇 가지 핵심 단어나 구절을 기록하는 것이다. 개념 중 하나에 우선순위에 두고 화자에게 구체적으로 설명해 달라고 부탁한다.

"콜센터가 현재의 프로세스와 씨름 중이라고 하셨는데 현재 프로세스에 대해서 좀 더 설명해 주실 수 있나요?"

'현재의'와 같이 비교나 '씨름 중'과 같이 갈등을 나타내는 단어는 이어질 질문의 연결고리가 될 수 있으므로 특별히 주의를 기울인다.

논의를 위한 기본구조 세우기

회의에서 다룰 주제목록을 정한다. 회의 의제는 아주 구조적으로 정의된 것일 수도 있고 단순히 몇 개의 핵심단어일 수도 있다. 어느 쪽이든 이런 구조는 회의가 주제에 집중되게 하고 청자가 다음 질문을 하기 수월하게 해준다.

청자는 체계를 잡아야 할 책임을 느끼지 못할 수도 있지만, 사실은 청자가 그 정보를 찾고 있는 사람들이다. 회의에서 다루려고 하는 주제 목록과 그 주제를 어떤 순서로 다룰지 정의함으로써 청자는 논의의 범위와 깊이를 예측할 수 있다. 또한, 이를 통해 주도면밀한 질문을 할 기회를 얻을 수도 있다.

내 경우에는 회의 초반에 참여자에게 논의될 만한 주제에 대한 개요를 나눠 주고 그들에게 주제를 더 추가하게 한다. 이렇게 함으로써 정보의 '소유자들'이 주제의 범위가 회의의 목적에 맞게 제대로 다뤄지는지 확인할 수 있다. 즉, 청자는 자신이 생각했던 틀 안에서 논의되지 않는다 하더라도 그 생각의 틀을 고집하지 말아야 한다. 또 화자는 자신의 이야기 중심으로만 논의를 이끌어서도 안 된다.

모든 회의의 마지막에 나는 이렇게 질문을 한다. "우리가 다뤄야 했는데 그렇지 못한 내용이 있나요?" 이런 식으로 화자에게 우리가 놓쳤을지 모를 주제를 덧붙일 기회를 준다.

논의 주제를 정리해 놓음으로써 회의가 순조롭게 진행될 수 있을 뿐만 아니라 회의의 맥락을 제공할 수 있다. 사람들이 각 주제에 관해 이야기할 때 전체 논의의 틀 안에서 이야기할 수 있게 된다.

시각자료 요청하기

토론에 참석할 것을 부탁받으면 화자가 눈으로 볼 수 있는 자료를 가져올 수 있게 부탁한다. 디자인 맥락에서 보면 아마도 큰 문제는 아닐 것이다. 디자인 콘셉트를 살펴보는 것이 아니라도 팀 구성원은 조사 보고서나 프로젝트 계획 또는 경쟁제품이나 비교제품을 볼 수 있다. 시각자료는 청자에게서 청각과 시각의 두 가지 감각을 사로잡을 수 있고 집중력 방해요소를 제압할 수 있다.

잠시 멈춤

좋은 경청자는 화자를 방해하는 것을 피하면서 이야기를 잠시 멈추게 할 수 있다. 그리고 화자가 계속 이야기할 수 있게 조용히 용기를 북돋을 줄 안다. 잠시 멈추게 함으로써 화자에게 생각을 정리할 여유를 주고 본인에게는 다음 질문을 준비할 시간을 준다. 잠시 멈추는 것은 단순히 아무것도 안 하는 것이 아니라 생각을 멈추게 하는 행동을 피함으로써 좀 더 상세하게 설명할 수 있게 하는 것이다. 너무 빨리 다음 주제로 넘어가면 화자 아이디어의 중요한 부분을 놓치게 될 수도 있다.

청자는 다음과 같은 행동을 사용해 잠시 멈출 수 있다.

- 전체 이야기를 요청하기
- 들은 내용을 시각적으로 보여주기
- 화자가 생각을 끝까지 정리할 수 있게 해주기

전체 이야기 요청하기

좋은 경청자는 화자가 아이디어의 전체 이야기(시작, 중간, 끝)를 제공할 수 있게 해준다. 중간에 중단시키는 일은 없을 테니 전체 콘셉트를 펼쳐 놓으라고 안심시킨다. 콘셉트는 디자인 아이디어, 프로젝트 계획, 조사 결과, 분석 결과 등 어떤 것도 될 수 있다.

전체 이야기를 계속해서 요구할 수 있는 여러 방법이 있다. 청자는 대화 중에 다음의 구절을 이용할 수 있다.

- "처음으로 되돌아가서…"
- "좀 더 뒤로 돌아가 봅시다. 어디서부터 이 모든 것이 시작하죠?"
- "그다음에 어떻게 되나요?"
- "이야기를 좀 연결해 볼까요? 방금 이야기가 앞서 말한 부분과 어떻게 연결이 되나요?"
- "끝이 어떻게 되나요?"
- "결론이나 목적부터 시작하시죠. 그다음 그것을 어떻게 달성할 수 있을지 보여주세요."

화자에게 생각을 이야기로 구성하도록 요청하면 청자는 그 아이디어들을 이야기의 맥락으로 이해할 수 있다. 이런 구조화로 듣는 사람은 아이디어를 좀 더 쉽게 따라갈 수 있고 이야기의 다른 부분에 대한 부연 설명도 요청할 수 있다. 어떤 의미에서 대화는 세부적인 내용의 살을 붙이는 구조화의 반복이라고 볼 수 있다. 이 접근방식은 이야기가 어떻게 끝나는지 미리 알지 못하면 어려울 것이다.

들은 내용을 시각적으로 보여주기

좋은 청자는 회의 참여자가 모두 볼 수 있는 기록 도구를 사용한다. 잠시 멈춤의 의미는 단순히 화자가 이야기로 채워야 할 시간에 공간을 남겨 준다는 의미가 아니라 계속 이어서 이야기할 수 있게 하는 긍정적인 격려다. 공개된 기록은 화자의 말을 듣고 있다는 것을 시각적으로 보여줄 뿐만 아니라 화자에게 자신감을 주고 화자가 어떤 오해들을 바로잡거나 우선순위를 재조정하거나 자세히 설명할 기회를 준다.

화자가 생각을 끝까지 정리할 수 있게 해주기

화자가 이야기하는 중이라면 다음 질문을 하기 전에 우선 이야기를 끝마칠 수 있게 해준다. 아무리 작은 방해도 화자의 접근법이나 태도에 부정적인 영향을 줄 수 있다.

방해는 은연중에 주도권 다툼을 동반한다. 보통 사람들은 단순히 열정 때문에 상대방의 말을 중단하는 게 아니라 우월감이나 계급체계를 보여주려는 의도로 그렇게 한다.

하지만 어떤 상황에서는 청자가 화자에게 도움을 주어야 할 때가 있다. 화자가 생각의 흐름이 끊어졌거나 개념상의 궁지에 몰렸을 때가 그런 경우다. 화자가 머뭇거리거나 더듬거리며 이야기할 때 청자는 다음과 같이 부드럽게 방향을 전환해줄 수 있다.

- "...에 대해 얘기하던 중이었습니다만..."
- "...로 돌아가 볼까요?"
- "이제 이해한 것 같아요. 그런데, ...에 대해 더 하고 싶은 이야기가 있으세요?"

캐어묻기

잠시 멈춤을 통해 완전한 아이디어를 만들어 낼 수도 있지만, 화자가 완전한 이야기를 제공하기를 꺼리거나 제공하지 못할 수도 있다. 화자가 엉뚱한 곳에 집중하는 경우도 있다. 캐묻는 행동은 사람들이 상세히 설명하고 집중하게 한다.

캐묻는 행동은 어려울 수 있다. 종종 이 행동은 잠시 멈추는 행동과 충돌할 수 있는데, 캐묻는 행동은 화자가 말할 수 있게 하려고 청자가 좀 더 적극적으로 다가가야 하기 때문이다. 화자가 상세히 설명하는 데 어려움을 겪을 때는 이를 도와주는 역할도 해야 한다. 좋은 청자는 화자가 소외감을 느끼지 않게 하면서 전체 이야기를 얻기 위해 이러한 행동 사이에서 균형을 유지해야 한다는 것을 잘 알고 있다. 캐묻는 행동은 다음과 같은 행동이다.

- 어떤 판단도 하지 않은 상태로 확인 질문하기
- 상대가 상세히 말할 수 있게 격려하기 위한 신호 사용하기
- 화자가 주제에서 벗어났을 때 다시 주제로 되돌리기

어떤 판단도 하지 않은 상태로 확인 질문하기

비평하고 판단하고 틀렸음을 입증할 시간은 충분히 있다. 듣는 동안에 팀 구성원은 동료를 묵살하지 않고 동료가 상세히 설명하거나 명확히 할 수 있게 도와야 한다. 문제를 명확히 하는 것은 다음과 같은 구절로 시작한다.

- "...에 대해 더 자세히 말해 주세요."
- "...에 대해 설명해 주시겠어요?"
- "...가 무슨 뜻인지 설명해 주시겠어요?"

상대가 상세히 말할 수 있게 격려하기 위한 신호 사용하기

동의하는 의미로 고개를 끄덕이거나 미팅에 참석하는 모든 사람이 볼 수 있게 메모하는 등의 시각적인 단서뿐 아니라 음성신호를 사용할 수도 있다. 전화상으로 말할 때 "아…네" 혹은 "그렇죠" 혹은 "음"이라고 하는 것은 "내가 지금 듣고 있으니 계속하세요"라는 충분한 신호가 된다.

음성신호는 전화나 직접 만나서 하는 대화 이외에서는 어려울 수 있다. 요즘 많은 회의가 Skype, WebEx, GotoMeeting과 같은 소프트웨어를 이용한 인터넷 전화통화(VoIP)로 이루어진다. 여기서는 통신지연 때문에 이런 짧은 음성신호가 전달되지 않거나 심지어는 방해가 되는 경우도 있다. 이런 음성신호를 상대방이 뭔가 이야기하려고 했다고 생각할 수도 있다. 따라서 대부분 경험 있는 사람들은 인터넷 전화통화를 이용할 때 이런 음성신호를 대화에서 빼버린다.

대신 멈춤 시간이 길 때에는 이런 말을 할 수 있다.

- "잘하고 계시네요."
- "계속하세요. 당신의 의견이 마음에 드네요."
- "다음 주제로 넘어갈 준비가 됐나요?"

화자가 주제에서 벗어났을 때 다시 주제로 되돌리기

훌륭한 화자라도 이야기가 갑자기 주제를 벗어나 옆길로 샐 수 있다. 좋은 청자는 명료한 질문으로 앞서 나왔던 관련 사항을 언급함으로써 화자를 제자리로 되돌린다.

부연해서 말하기

좋은 청자는 자신이 들은 내용이 정확한지 확인한다. 부연해서 말하는 것은 청자가 화자를 이해했으며 화자는 자신이 말하려고 했던 것을 말했다는 것을 확실히 해준다. 듣기에는 화자가 말한 것을 들었는지 보여주는 것도 포함된다. 물론 말을 가로막지 않는 것도 포함된다.

좋은 청자는 부연해서 말하기 행동을 대화 중 다음과 같은 순간에 적절히 이용한다.

- 새로운 화제로 바꾸기 전
- 특히 복잡한 아이디어를 공유한 후
- 중요한 아이디어가 공유된 후(이 아이디어가 회의의 목적과 관련되거나 프로젝트에 큰 영향을 미칠 때)

부연해서 말하기에는 다음과 같은 행동이 있다.

- 들은 내용 반복하기
- 이해 내용 검증하기

들은 내용 반복하기

화자의 설명을 말한 그대로 다시 표현하는 것은 청자가 자신이 들은 내용을 정확하게 확인할 수 있게 해주고 화자에게는 자신감을 심어준다.

화자에게 들은 내용을 반복할 때는 다음과 같은 표현을 사용한다.

- "제가 정확히 이해했는지 확인해 볼게요. 그러니까 말씀하신 내용이…"
- "…라고 하셨는데 제가 잘 이해했나요?"
- "마지막 부분을 다시 한 번 말씀해주시겠어요?"

이해 내용 검증하기

듣기에 대한 여러 안내서에서는 설명을 듣는 것과 그것을 분석하고 검증하는 것을 함께 하지 말라고 조언한다. 물론 이러한 구분이 가치가 있다고 생각하기는 하지만 이 조언은 부정적이고 극적인 갈등을 겪고 있는 사람을 위한 충고이고 일반적으로 디자인 회의에는 적용되지 않는다.

디자인 대화에서 청자는 메시지를 듣고 즉시 그 의미를 이해하고 내면화해야 한다. 여기서 얻은 정보를 작업에 적용해야 하기 때문이다. 따라서 의미가 명확해 보여도 화자에게 그들이 설명한 내용을 자신이 정확하게 해석했는지 확인하는 것이 좋다.

이때 다음과 같은 표현을 이용한다.

- "예, ...라고 말씀하셨죠. ...라고 이해해도 되겠습니까?"
- "...라고 말씀하신 것에 대한 제 해석은 ...입니다."
- "제가 이해한 것이 맞다면 우리는 ...."
- "그렇군요. 당신이 말씀하신 것에 따르면 [프로젝트, 디자인, 팀]에 대한 영향은..."

규칙을 깨야 할 때

심지어 좋은 청자도 때때로 이러한 규칙을 어길 때가 있다. 화자가 언제나 유용하고 가치 있고 관련 있는 내용만 이야기하는 것은 아니기 때문이다. 화자가 회의에 준비되지 않은 채로 왔거나 권한이 없는 내용에 대해 이야기하거나 관련 없는 자신의 이야기가 주를 이루는 등 어떤 화자의 이야기는 들을 가치가 없을 때도 있다.

어떤 회의에 참석했을 때 나는 항상 스스로에게 묻곤 한다. "이 회의는 듣기 훈련인가 아니면 촉진 훈련인가?" 아마도 두 개의 차이는 아주 의미론적이거나 철학적일 것이다. 듣기를 하는 상황은 화자가 내가 필요로 하는 정보를 가지고 있고 나는 약간의 주의를 환기시키는 정도만 하면 되는 경우이고, 촉진하는 상황은 내가 참여자들을 참여시키기 위해 좀 더 적극적인 역할을 해야 하는 경우다. 듣기의 규칙을 깬다는 것은 부드럽게 주위를 환기시키는 것에서 적극적으로 관여하는 것으로 태도를 바꾸는 것을 의미한다.

경청의 장애물

경청의 가치에도 불구하고 사람들은 이를 어렵게 생각한다. 나도 그렇게 생각한다. 심지어 최고의 청자도 몇 가지 나쁜 습관이 있다. 청자의 이런 나쁜 습관은 화자가 생각을 충분히 설명하거나 의미를 명확히 하거나 의미 있는 기여를 하는 데 방해가 된다. 경청의 장애물에는 다음과 같은 것들이 있다.

- **합선**: 화자가 설명하는 것을 방해하는 행동
- **폐쇄**: 화자가 기여할 의욕을 꺾는 행동
- **전투적인 자아**: 청자에게로 주의를 돌리는 행동

합선

합선의 행동으로 청자나 청자여야 하는 사람은 화자가 그대로 결론에 이르는 것을 방해한다. 이러한 행동을 보일 때 소위 청자는 들은 내용에 대해 추정을 하는 것이다.

청자는 다음과 같은 방법으로 합선의 행동을 피할 수 있다.

- 명확하지 않은 내용을 강조한다: "'사용자 요구'가 무엇인지 알 것 같긴 한데 우리가 서로 이해하고 있는 내용이 같은지 다시 한 번 확인해보죠." 이는 청자가 화자와 같은 의미를 공유하고 있다고 추정하는 것을 막아준다.
- 회의의 마지막에 회의에서 중요했던 부분을 다시 한 번 반복하고 '조치항목'을 만든다. 이는 화자에게 상세하게 설명할 기회를 제공한다.
- "제가 질문했어야 했는데 하지 않았던 것이 있나요?"라고 묻는다. 이를 통해 화자에게 불완전한 아이디어에 살을 붙이거나 혹시 빼먹었을지 모를 주제를 확인하는 기회를 준다.

성급한 결론

청자가 화자에게 모호한 아이디어를 명확히 설명해달라고 부탁하는 대신 자신이 개념이나 의미를 이해했다고 잘못 추측하며 대충 얼버무리고 넘어갈 수 있다. 청자가 화자의 의도나 속뜻에 대해 추정하는 것이다. 대부분 이런 일이 발생하는 것을 청자는 깨닫지 못한다. 그들은 결론과 의미를 이해했다고 생각하지만, 사실은 그렇지 않다.

더 잘 듣기 위해서 같은 언어로 얘기하라

데이비드 벨먼(David Belman)
쓰리스팟미디어(Threespot)

여러분이 이 책을 읽고 있다면 우리는 같은 언어를 공유하고 있을 것이다. 그것을 무엇으로 불러야 할지는 모르겠다. "디자인 언어?" 그 이름은 모르겠지만, 그 용어는 알고 있다. 우리는 이를 UX, 와이어프레임(wireframes), 택소노미(taxonomies), 모듈, 템플릿, 경험 디자인, 브랜드, IA, 반응형(responsive), 적응형(adaptive)이라 한다.

이 언어는 우리가 익히려고 부단히 노력했던 것이고 이렇게 고생해서 얻은 지식은 스스로 자랑스럽게 생각하고 자신의 자아와 정체성을 만드는 성취물이다. 학위나 배지는 아니지만, 어느 수준의 헌신, 경험, 지식을 분명히 나타낸다. 또한, 마치 신임장처럼 자신이 가치 있다고 생각하고 자신의 가치를 인정하는 공동체에 소속시켜준다. 회사나 가게, 혹은 팀에서 이 언어는 의사소통을 간편하고 효율적으로 만들어 준다. 이 언어는 함께 일할 수 있게 해주는 다리이자 비밀신호다.

또한, 우리가 공유하는 이 언어는 지난 10년 이상 우리가 협력하여 구축한 어휘들이며 거래의 도구가 되는 용어이고, 우리의 정체성을 만들어주는 제작자이면서 공동창작의 핵심요소이지만 가장 중요한 협업, 바로 고객과의 협업에는 적이다.

우리 회사는 초기 5, 6년 동안 프로젝트를 킥오프 미팅으로 시작했다. 물론, 프로젝트의 제안 및 초기 단계에서 얼마간의 조사와 상당량의 작업도 했지만, 이 킥오프 미팅이야말로 진정한 출발선이었다. 킥오프 미팅으로 팀이 만들어지고 프로젝트에 시간을 투자하기 시작했다.

관련자들이 직접 만나 목표에 관해 이야기 나눴고 대상에 대해 간단히 언급하였다. 회의는 그런대로 잘 진행되었지만 그다지 훌륭하지는 않았다. 우리는 우리의 언어를 회의에서 사용했고 그들은 그들의 언어를 사용했다. 그리고 가끔은 그 혼란을 극복해 낸 적도 있기는 했다.

그리고 나서 우리는 출발선을 앞으로 당겼다. 고객을 만나기 전에 이미 해당 프로젝트에 대한 작업을 시작했다. 며칠 전이 아니라 몇 주 전 혹은 몇 달 전에 시작했다. 우리는 고객의 책을 읽고 그들의 보고서를 내려받았으며 강연을 재생해 들었다. 그들의 사업을 배웠다. 하지만 더 중요한 것은 그들의 용어를 익혔다는 것이다. 그리고 나니 재미있는 일이 벌어졌다. '킥오프 미팅'에 그들의 언어로 무장하고 들어갔다. 고객들이 그저 듣기만 하는 것이 아니라 대부분 말을 하게 되었고 미팅 초반부터 머리를 끄덕이기 시작했다. 아이디어와 정보가 흘러나오기 시작했다. 그리고 더 많은 일이 더 빨리 더 잘 진행되기 시작했다.

고객의 언어를 배우는 것은 많은 의미가 있다.

- 존중을 표현한다. 클라이언트의 언어를 배운다는 것은 그들의 일과 세계를 존중하며 여러분이 노력했다는 것을 보여준다. 존중은 어떤 협업에서도 매우 중요한 요소다. 존중한다는 것을 보여주자. 프로젝트를 진행하면서 반드시 필요할 것이다.

- 신뢰를 구축하기 시작한다. 생소한 언어와 프로세스로 무장한 컨설턴트와 회의를 하게 되면 그들을 깎아내리고 신뢰하지 않고 좋아하지 않게 되기 쉽다. 하지만 고객의 일에 대해 잘 알고 그들의 언어에 편안한 상태로 회의에 참석하면 고객과의 신뢰가 구축되는 것을 느낄 수 있을 것이다. 여러분은 그들의 세계에 있는 사람이지 외계의 침입자가 아니다.

- 고객과의 의사소통 문제나 그들의 디자인 문제를 이해하는 것만이 아닌 그들의 사업상의 문제에 참여할 수 있게 해준다. 그리고 그것이 여러분의 진짜 가치를 알리기 시작하는 때다.

- 고객이 자연스럽게 우리의 용어를 배우기 시작하는 환경을 만들어주고 팀을 위한 공용 용어를 만들 수 있게 된다.

존중. 신뢰. 참여. 배움. 이들은 협업의 주춧돌이다. 그리고 여러분은 고객과 공동의 언어를 구축함으로써 즉시 이 주춧돌들을 견고하게 만들 수 있다. 이 언어는 회사와 고객에게서 온 용어이며 여러분이 핵심 문제에 대한 디자인적 해결책을 찾아내는 진정한 파트너가 되게 해준다.

검증 없는 해석

또 다른 함선은 화자의 해석 방법에 대한 검증 없이 설명을 해석하는 것이다. 여기서 '해석한다'는 것은 청자의 맥락에 더 의미가 있는 방식으로 아이디어를 표현한다는 의미다.

예를 들어, 복잡한 애플리케이션의 화면 설계를 설명하는 웹디자이너를 상상해보자. 디자이너가 다음과 같이 이야기한다.

"우리는 이 폼의 필드를 가장 중요한 것부터 덜 중요한 순서대로 나열했습니다. 사용자가 모든 필드를 작성하고 싶지 않다면 위쪽에 있는 부분에만 집중해도 될 것입니다."

이 설명을 해석한 프로젝트 매니저가 이렇게 말한다,

"입력 필드가 우선순위에 맞춰 배열됐으니 이 입력 필드의 우선순위를 확인할 필요가 있겠네요. 제가 맞게 이해했나요?"

디자이너에게 자신이 한 설명의 의미를 이해할 기회를 줌으로써 프로젝트 매니저는 자신의 다음 단계를 자연스럽게 이끌어 낼 수 있다.

폐쇄

> **노트:**
> 무언의 행동이 청자가 말하는 것 이상으로 비춰질 수 있다. "좀 더 자세히 설명해주세요."와 같은 격려의 말은 핸드폰을 힐끗 쳐다보는 행동으로 무색해진다.

청자의 폐쇄적인 행동은 화자가 자기 생각을 상세히 설명하고자 하는 의욕을 꺾는다. 이런 청자는 자신의 말이나 행동으로 화자가 해야 하는 이야기에 관심이 없다는 모습을 내비친다.

청자는 앞에서 설명한 '준비'의 행동으로 폐쇄적인 행동을 피해갈 수 있다. 또한, 다음과 같은 방법으로도 피할 수 있다.

- 회의를 시작할 때 화자에게 관심의 주제에 대해 다시 한 번 상기시켜 준다.
- 방해에 대해서 인지하고 그런 방해 행동이 발생하는 순간을 포착한다. "제가 방해를 했네요. 제 의견을 말하기 전에 처음부터 시작해서 전체 내용을 제가 제대로 이해하고 있는지 다시 한 번 확인해보죠."

화자를 방어태세에 빠뜨리기

누군가의 마음의 문을 닫는 한 가지 방법은 그를 방어적으로 만드는 것이다. 이러한 행동은 아이디어를 깊이 있게 검증하는 좋은 토론을 큰 시련으로 바꾸어 놓는다. 좋은 아이디어는 시험받고 검증되고 변호받아야 하지만 결코 화자가 방어태세를 취해야 하는 것은 아니다. 방어태세는 화자로 하여금 중요한 문제가 아닌 개인적인 측면에 집중하면서 물러서게 만듦으로써 논의를 정지시킨다.

생각을 마무리하지 못하게 하기

좋은 의도를 가진 청자도 화자가 자신의 생각을 완전히 표현하는 것을 막을 수 있다. 청자는 다음과 같이 행동할 수 있다.

- 화자가 각 질문에 제대로 설명할 기회를 주지 않고 동시에 여러 질문을 한다.
- 화자가 말을 마치기도 전에 다음 주제로 넘어가면서 내용보다는 시간에 우선순위를 둔다.

전투적인 자아

청자가 경쟁적이 되면 결코 들으려고 하지 않는다. 자신 쪽으로 주의를 돌릴 방법을 찾거나 자신의 아이디어가 틀리지 않았음을 보이려고 한다. 화자와 경쟁하는 청자는 자신의 일, 자아, 혹은 자신의 '영역'을 협업의 가치보다 우위에 둔다.

청자는 다음과 같은 행동으로 경쟁적인 태도를 피할 수 있다.

- **의제와 목표에 정직한다.** 토론에 앞서 자신의 목표를 직접 써 봄으로써 스스로 편견을 인지할 수 있다.
- **청자가 화자가 될 수 있는 시간을 마련한다.** 토론의 마지막에 자신들의 문제를 털어 놓을 기회가 있다는 것을 알게 되면 청자는 듣기에 열중할 수 있게 된다.

자신의 의제 주입하기

너무 과장하는 것일지 모르겠지만 어떤 청자는 좋은 경청 행동을 사악한 도구로 바꾸어 화자의 주제나 아이디어를 청자 자신의 목표를 지지하는 쪽으로 향하게 하기도 한다. 그러한 '유도심문'은 마치 좋은 경청처럼 보이지만(표 3.1), 실제로는 다른 사람들이 아이디어나 견해를 기여하지 못하도록 방해하므로 대화와 협업을 약화시킨다.

표 3.1 좋은 행동이 나빠지는 예

행동	좋은 형태	나쁜 형태
논의를 위한 기본구조를 세운다. (준비)	의제가 프로젝트에 적합한 다양한 주제를 포함한다. 모든 참가자에게 다른 의제 아이템을 요청했다.	의제가 다뤄야 할 다양한 주제를 모두 포함하지 않는다. 다른 사람들과 상의하지 않는다.
화자가 생각을 끝까지 이야기할 수 있게 해준다. (잠시 멈춤)	부드러운 암시로 화자가 생각을 상세히 이야기할 수 있게 격려한다.	자세한 설명 없이 불분명한 아이디어가 난무하게 둔다.
화자가 주제에서 벗어났을 때 다시 주제로 되돌린다. (캐어묻기)	좀 더 논의해야 할 핵심주제로 돌아올 것을 화자에게 요청한다.	주제에서 벗어난 것을 다음으로 넘어가는 구실로 삼는다.
자신이 이해한 내용을 확인한다. (바꾸어 말하기)	화자에게 자신의 해석을 제공한 후 잘못 이해한 부분을 바로잡을 수 있게 한다.	자신의 해석을 제공한 후 주제를 변경한다.

새로운 아이디어 거부하기

청자가 자신의 사악한 목적을 위해 대화의 방향을 바꾸는 것만큼이나 나쁜 행동이 화자의 말을 전혀 듣지 않는 것이다. 청자는 '성실하게' 새로운 아이디어와 시각을 듣긴 하지만 이런 관심 없는 회의에 들어가기 전에 마음은 이미 결정이 되었다. 이는 마치 이미 싫어하기로 한 영화를 보러 가는 것과 같다. 실제 영화의 질과 상관없이 그 영화를 싫어할 것이다.

편협한 사고방식은 다양한 것에서 비롯될 수 있다.

- **경쟁**: 신선한 시각과 아이디어는 사람들이 부족하고 무능하다고 느끼게 함으로써 자존심을 짓밟을 수 있다. 그들은 왜 그러한 것을 스스로는 생각하지 못했는지 곱씹어 생각한다.
- **두려움**: 어떤 이들은 현재 상황을 옹호해야 한다는 부담감 때문에 새로운 아이디어를 고려하는 것에 두려움을 느낀다. 디자인 프로젝트에서 현재 상황이란 기존에 내린 디자인 결정을 의미한다. 사람들은 이미 편안하게 느끼고 있는 디자인 결정사항을 다시 논의해야 하는 것에 두려움을 느낀다.
- **나태함**: 새로운 시각이나 아이디어로 일이 더 늘어난다는 것을 알게 되면 사람들은 자신을 방해하는 모든 것을 비난하게 될 수 있다. 이러한 추가적인 일은 회의 밖에서의 조치항목을 수반하기도 하고 새로운 아이디어와 기존의 아이디어를 조정하기 위해 시간을 좀 더 투자하는 것뿐일 수도 있다.

요약

3장의 시작 부분에 나온 좋은 청자의 체크리스트가 모든 것을 말해준다. 체크리스트에는 효과적인 듣기를 위한 13가지 행동방식이 있다. 이 행동들은 네 개의 카테고리로 나뉘는데 쉽게 기억할 수 있게 모두 영어 알파벳 P로 시작하는 단어를 사용했다.

- **준비(Prepare)**: 주제, 질문 및 답변에 대한 기록 방법을 잘 준비하여 회의에 참석한다.
- **잠시 멈춤(Pause)**: 화자가 생각을 끝마칠 수 있게 잠시 시간을 준다.
- **캐어묻기(Probe)**: 직접적인 질문으로 화자가 자신의 아이디어를 자세히 설명할 수 있게 격려한다.
- **바꾸어 말하기(Paraphrase)**: 핵심 아이디어를 다시 한 번 바꾸어 말하면서 정확히 알아들었는지 확인한다.

듣기에는 몇 가지 일반적인 방해요소가 있다. 의도했든 하지 않았든 이런 행동은 청자가 전체 이야기를 이해하는 것을 방해한다. 다음은 이런 방해요소의 세 가지 분류다.

- **합선**: 자신이 이해한 내용을 충분히 검증하지 않고 화자의 결론이나 해석을 추정하는 행동.
- **폐쇄**: 화자가 자신의 아이디어를 자세히 설명하지 못하게 방해하는 행동.
- **전투적인 자아**: 화자에게 경쟁심을 느끼거나 자신의 아이디어에 대한 방어태세로 화자가 설명하는 내용을 듣지 않는 행동.

4

디자인에서
갈등의 역할

이것은 갈등에 대한 나의 정의다.

"갈등은 디자인팀이 디자인 프로세스에서 정해진 각 결정에 대해 공감대를 형성하는 방식이다."

4장 전체에 걸쳐 위 정의에 대해, 특히 '공감대'와 '정해진 결정'이란 구절에 초점을 맞춰 자세히 살펴보고자 한다.

갈등은 디자인의 엔진이다. 디자이너가 초기에 아이디어를 제시하고 그 아이디어가 디자인 문제를 제대로 해결하는지 확인하기 위해 계속해서 돌려보며 검증을 한다. 이러한 프로세스에 박차를 가하는 것이 바로 갈등이다. 디자이너가 아이디어를 선택하여 세부사항을 구체적으로 정리하고 디자인의 기본 콘셉트를 잡으면서 그려내고 거기서 설계명세서까지 만들게 되는데 이러한 성장을 견인하는 것이 바로 갈등이다.

이런 회의가 분명히 힘들기는 하지만
마지막 결과물에 아주 큰 영향을 미친다.

수많은 디자인 리뷰에서 진땀을 흘려봤지만 가장 훌륭한 것이 역시 가장 어려운 법이다. 멍하니 바라보며 공허하게 고개를 끄덕이는 이해관계자로 가득 찬 회의실에서 디자인 콘셉트를 설명하는 일은 내 직업에서 가장 골치 아픈 일이다. 반대로 모든 디자인 결정에서 나를 불러대고, 모든 글자체나 화면구성에 대한 합리적인 선택을 요구하고, 수많은 새로운 아이디어를 쏟아내는 동료들과 회의도 하게 된다. 이런 회의가 분명히 힘들기는 하지만 마지막 결과물에 아주 큰 영향을 미친다.

갈등은 아이디어를 검증하고 자세히 검토하는 과정이다. 갈등을 통해서 아이디어가 작은 불똥에서 완전히 갖춰진 디자인으로 발전하는 이유는 다음과 같다.

- **갈등은 아이디어를 검증하게 한다**: 함께 작업하는 디자이너는 한 아이디어를 완전히 이해하려고 노력하므로 모든 결정에 대한 정당성을 증명하려고 스스로 강요하면서 서로 대치한다. 이들은 서로 아이디어의 기반을 다지기 위해 이의를 제기한다.

- **갈등은 아이디어를 자세히 검토하게 한다**: 어떤 아이디어에 대해 논의하고 아이디어에 동의하지 않아 재논의하는 과정에서 빠져있는 세부사항을 채우게 된다.

아이디어가 검증되고 모든 관계자가 만족하게 되는 순간이 바로 갈등이 올바르게 작동한 것이다. 하지만 때때로 디자인팀은 프로젝트가 진행되는 것을 막는 갈등에 빠지기도 한다. 갈등이 잘못 작동하는 상황을 설명하기 전에 디자인에서 갈등의 중요한 역할에 대해 먼저 설명하려고 한다.

갈등의 가치

갈등의 가치를 명확히 보여주기 위해 디자인 프로세스를 매우 단순화해 보려고 한다. 이렇게 아주 단순화된 디자인은 단지 결정의 연속일 뿐이다(그림 4.1).

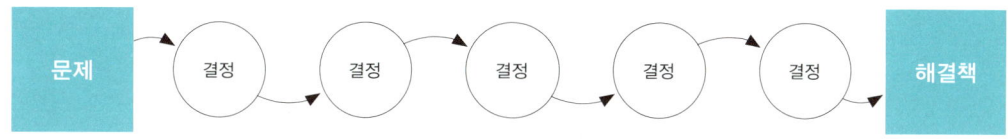

그림 4.1 디자인 프로세스를 아주 단순화하면 디자인은 단지 결정의 연속이다.

결정은 광범위할 수 있다. 예를 들어 다음은 범위에 대한 결정이다.

"사용자가 제품 카테고리를 어떻게 이동해 다닐지에 집중할 것입니다."

혹은 제품의 세부적인 모양과 같은 작은 결정도 있다.

"이 버튼은 '시작'이라고 표시해야 합니다."

하나의 결정을 내리면 디자인팀은 다음 결정을 내릴 수 있게 된다. 즉, 다음 단계의 세부사항, 제품의 다음 요소, 프로젝트가 직면한 다음 문제와 씨름할 수 있다. 하나의 결정은 그다음 단계로 이끌어 준다.

하지만 대부분 디자이너가 알고 있는 것처럼 한 번의 잘못된 결정은 후에 프로젝트에 치명적인 결과를 가져올 수 있다. 간단한 예로 "모든 버튼은 주황색 바탕에 흰색 글씨를 사용합니다."와 같이 제품 디자인의 규칙을 내포하는 결정이 있다. 눈에 보이는 버튼이 단 한 개일 때 이런 결정을 내린다면 그 디자인팀은 모든 것이 잘 어울린다고 생각할 수 있다. 하지만 후에 십여 개의 버튼을 포함한 화면을 디자인해야 한다는 것을 깨닫고는 이전 결정을 후회할 수도 있다. 이제 이 팀은 새로운 문제에 직면하게 된다. 규칙을 바꿔야 할까? 아니면 이 환경을 위한 새로운 규칙을 설정해야 할까?

디자인 프로세스는 제품을 정의하기 위한 충분한 결정을 내렸을 때 끝난다. 제품에 대한 정의는 설정한 모든 목표 즉, 프로젝트 초기의 결정들에 부합하고 프로젝트 후반에는 모든 기술적 제약을 만족시켜야 한다. 이러한 정의는 생산팀이 제품을 구현할 수 있게 충분히 문서화한다. 따라서 디자인은 두 가지 차원에서 측정되는데 그중 하나가 품질이고 나머지 하나는 프로젝트가 앞으로 나아가는 것으로 나는 이를 진전이라고 명명하겠다(그림 4.2).

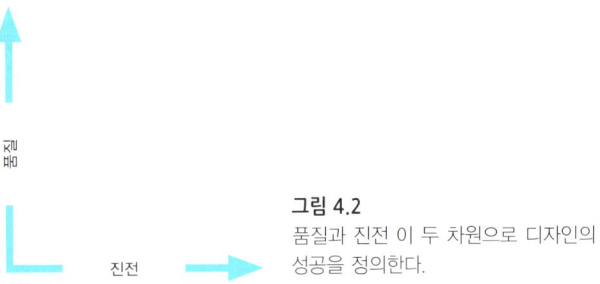

그림 4.2
품질과 진전 이 두 차원으로 디자인의 성공을 정의한다.

그러므로 디자인팀이 내리는 결정은 이 두 가지를 만족시켜야 한다. 디자인 결정은

- **적절해야 한다.** 예를 들어, 디자인 결정은 프로젝트의 목표에 부합해야 한다.
- **프로젝트를 앞으로 전진시켜야 한다.** 디자인 결정은 프로젝트를 다음 목표로 포커스가 맞춰지게 하고, 나아가 제품 정의가 좀 더 명확해지게 해야 한다.

따라서 디자인 프로세스는 제품을 조금 더 정의하고 좋은 제품을 만드는 결정의 연속이다. 이러한 결정은 디자인팀이 모두 함께 내리고 팀은 결정을 내리기 위해 협력한다고 생각한다.

하지만 사실은 그렇지 않다.

팀의 모든 구성원이 모든 결정에 기여하는 것은 아니다. 또한, 팀의 모든 구성원이 모든 결정에 동의하는 것도 아니다. 하지만 프로젝트를 진전시키려면 디자인팀의

모든 구성원은 그 결정을 이해해야 한다. 다시 말해, 그들은 다음 사항을 알고 있어야 한다.

- 그 결정이 내려진 이유
- 그 결정이 자신의 기여에 미치는 영향
- 그 결정을 자신의 작업에 결합하는 방법

갈등이 시작된다. 디자인 결정에 대한 공감대를 이루기 위해 노력하면서 팀 구성원은 갈등을 일으킨다. 결정을 둘러싼 공감대를 형성하면서 갈등이 드러난다. 즉, 팀 구성원은 디자인 결정이 어떻게 더 좋은 제품을 만들고 프로젝트를 앞으로 전진시키는지 이해해야 한다.

예를 들어, 갈등을 해결한 디자인팀은 다음의 모든 질문에 같은 답변을 할 수 있다 (표 4.1).

표 4.1 품질과 진전에 관한 질문

품질에 관한 질문	진전에 관한 질문
이 결정이 어떻게 프로젝트 목표를 만족시키는지 알고 있습니까?	이 결정이 어떻게 프로젝트를 진전시키는지 알고 있습니까?
이 결정이 어떻게 디자인의 향상을 도울 수 있을지 알고 있습니까?	다음에 무엇을 해야 하는지 알고 있습니까?
이 결정이 왜 프로젝트에 적합한지 설명할 수 있습니까?	이 디자인 결정이 어떻게 당신의 다음 업무를 가능하게 하거나 지연시키는지 알고 있습니까?
이 결정이 디자인을 프로젝트의 범위나 제약사항에서 벗어나게 합니까?	이 결정이 어떻게 프로젝트를 성공에 다가가게 하는지 알고 있습니까?

공감대는 디자인의 품질과 디자인 프로세스의 진전 양쪽 모두에 중요하다. 이 답변들을 일치시키기 위해서 팀 구성원들은 갈등한다. 그들이 서로 일치되지 않음을 알게 해주고 공감대를 형성하기 위해 함께 일할 수 있게 해주는 것이 바로 갈등이다.

팀 구성원이 연합하지 않거나 공감대를 갖지 못했을 때 그들은 프로젝트를 진전시키거나 프로젝트를 성공적으로 완수할 수 없다. 팀은 이런 갈등을 대충 넘어갈 수도 있지만(종종 실제로 그렇게 한다) 결정사항에 대한 공감대가 부족하면 나중에 그들에게 부정적인 영향을 준다. 반면에 디자인 결정에 대한 이해를 서로 일치시키는 데 충분한 시간을 투자한 팀은 결국 프로젝트를 성공적인 결말로 이끈다.

디자인 결정과 공감대

어느 디자인 결정이든 두 가지 부분이 있다. 하나는 결정의 내용이고, 다른 하나는 결정을 내릴 때 사용하는 방법이다. 내용은 결정된 것 즉, 일반적으로 제품의 디자인 그 자체에 관한 결정이다. 방법은 기술이나 논리적 근거다. 이는 "우리가 어떻게 이 결정을 내렸을까?"라는 물음의 답변이 된다.

다음의 각 예로 든 결정에서 내용은 이탤릭체로 표시하였고, 방법은 밑줄을 그어 두었다.

- 우리는 이 웹 애플리케이션에서 *탭 기반 내비게이션을 사용하지 않을 것이다*. 이 내비게이션 메뉴가 늘어날 것으로 예상되지만, 탭은 확장하기 어렵기 때문이다.
- 모든 사용자가 이 프로세스에 전문가는 아닐 것이므로 우리는 키오스크에 *상황에 따라 적절히 변경되는 도움말을 포함할 것*이다.
- 사용성 테스트에서 여행 조건에 관한 정보가 가장 중요하다고 보여주고 있으므로 *여행 조건에 대한 정보를 가장 중시할 것이다*.

마지막 예에서는 여행조건 정보 사이의 우선순위를 정할 수 있는 많은 이유가 있을 수 있지만, 이 디자인팀이 선택한 방법은 사용성 테스트였다.

이 구조는 결정을 매우 단순화한 것이다. 결정의 근본적인 구조를 좀 더 파고들어 가면 내용과 방법 두 가지 사이에 닭이 먼저인지 달걀이 먼저인지의 문제가 존재한다. 한편으로 내용이 아직 정의되지 않았지만, 디자이너는 무엇이 필요한지 알아야 하는 것이다. 즉, 디자이너는 "이 키오스크에서 어떤 정보를 우선으로 처리해야 할까?"라는 질문을 알고 있다. 그리고는 그 질문에 답하는 방법을 결정한다. 내용이 방법보다 먼저 나타난다. 일단 디자이너가 답을 결정하면 그것이 결정의 내용이 되고 방법은 그 결정을 만들어 낸 것이 된다(그림 4.3).

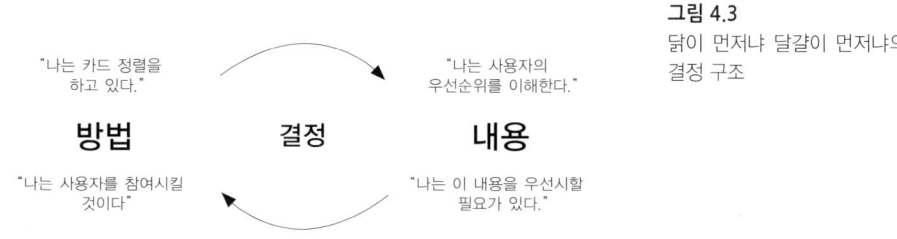

그림 4.3
닭이 먼저냐 달걀이 먼저냐의 결정 구조

팀의 공감대는 결정의 내용과 결정에 이르는 데 사용한 방법을 모두가 다 이해하느냐에 달려있다. 팀 구성원은 결정에 대해서는 확실히 이해해야 하고 그 결정에 이르기 위한 행동에 대해서 협력해야 한다(표 4.2).

표 4.2 결정을 내리는 데 있어서의 공감대

결정의 측면	요구되는 이해	영향
내용	명료성	모든 사람이 모든 결정에 동의하는 것은 아니지만('창의적인 다양성') 결정의 내용을 확실히 알고 있어야 한다.
방법	협력	그 결정이 어떻게 내려질지 모든 사람이 동의할 필요는 없지만, 결정을 내릴 때 사용하는 방법을 이해하고 자신이 어떻게 거기에 기여할지 알아야 한다.

명료성과 협력이 반드시 동의를 의미하지는 않는다는 것에 주의하자. 프로젝트팀에서 일하고 있는 사람들은 리더나 매니저가 설정한 방향에 동의하지 않을 수도 있다. 그들은 결정을 내린 방법에 동의하지 않을 수도 있다. 디자이너는 불합리한 생산과정의 제약사항이나 이상하게 일상화된 사업규칙 등 일방적인 결정에 화가 날 수도 있지만, 그 결정이 명확하고 그들에게 어떤 영향을 끼칠지 이해하게 되면 보통 그 결정을 지지할 수 있다.

자, 이제 갈등의 정의로 다시 돌아가 보자. 갈등은 디자인 프로세스에서 디자인팀이 각 결정에 대해 공감대를 형성하는 방법이다. 디자인에서 갈등이 항상 부정적인 감정, 적대감 혹은 극적인 사건을 동반하는 것은 아니다. 갈등은 또한 항상 의견충돌을 가져오는 것도 아니다. 갈등은 두 명 이상의 사람들이 서로 이해하려고 노력하는 것이며 앞으로의 또 다른 결정과 궁극적으로 프로젝트의 결과를 위한 길을 닦는 것이다.

공감대가 없으면 무슨 일이 발생할까

팀이 서로 전혀 다른 이해 속에서 작업했을 때 프로젝트가 진행됨에 따라 팀은 점점 더 멀어질 위험이 있다. 그들은 각자 잘못된 정보를 바탕으로 결정을 내리거나 팀의 나머지 사람들과 어긋난 결정을 내리게 된다. 만일 팀이 디자인 프로젝트의 범위를 이해하지 못하면 비현실적이거나 문제 해결에 도움이 안 되는 콘셉트를 만들게 된다.

좋은 디자이너는 관례에 도전하고 새로운 아이디어를 내면서 의도적으로 경계를 허문다. 하지만 할당된 작업에 대한 공감대를 형성하지 못한 상태이거나 잘 모르는 상태로 경계를 허무는 것은 오히려 역효과를 낳는다. 경계를 허무는 것에 대해 제대로 설명하지 않고서는 팀이나 이해관계자에게 디자인 콘셉트의 스토리를 이야기할 수가 없다. 디자인 결정이 정당하지 않으면 프로젝트를 제대로 진전시킬 수 없게 된다.

오해는 디자인 방향과 디자인 범위와 관련해서 가장 자주 발생한다.

디자인 방향의 결여

디자이너가 방향을 이해하지 못한다면 디자인을 이끌어가는 근본 원칙에 대한 이해가 명확하지 않은 것이다. 모든 디자인 프로세스가 이러한 원칙을 명확하게 표현하지는 않지만 프로젝트의 리더는 디자이너가 그 원칙을 반드시 이해하게 할 필요가 있다. 좋은 리더는 디자인팀이 원칙을 내면화할 수 있게 도와서 디자이너가 원칙에 기반해서 결정을 내릴 수 있게 한다.

예를 들어, 한 디자이너가 프로젝트의 초기에 결정된 원칙을 따르지 않는 웹사이트의 화면을 구성하면서 시간(즉, 돈)을 낭비하고 있다. 이런 공감대 부족은 다음에서 비롯됐을 것이다.

- **디자인 방향에 대한 오해**: 크리에이티브 디렉터가 디자인을 이끄는 명확한 원칙을 제공하지 않았다.
- **제약사항에 대한 오해**: 디자인팀이 프로젝트나 디자인 문제의 범위를 명확히 하지 않아서 디자이너가 전혀 비현실적인 것을 구상했다.

디자인 범위의 부족

디자이너는 엉뚱한 것을 디자인하면서 시간을 허비할 수 있다. 디자인팀은 어떤 첨단기술 제품 회사의 마케팅 사이트를 디자인하는 임무를 쉽게 이해할 수는 있다. 하지만 특정 페이지에 초점을 맞춰야 한다거나 사이트의 기본 내비게이션은 건드리지 말아야 한다는 것, 혹은 출시될 특정 제품 정보에 의존해서는 안 된다는 것까지 완전히 인지하지는 못할 수 있다.

어떤 사람들에게는 갈등이 불편할 수 있겠지만, 갈등이 디자인에 도움이 된다는 것을 기억하자. 갈등은 디자인을 생산적으로 만드는 엔진이다. 프로젝트의 목표나 방향에 대한 이해가 분산될수록 그러한 불편은 점점 더 뚜렷해진다. 좋은 팀은 갈등이 일어날 때 그것을 바로 감지하고 해결한다. 물론 좋은 팀은 갈등을 해결하지 않았을 때 발생할 위험에 대해서도 알고 있지만, 그보다 중요한 것은 그러한 갈등이 제품에 도움이 된다는 것을 알고 있다는 점이다.

공감대의 장애물

어떤 디자인팀은 공감대를 형성하는 데 필요한 혼란스런 상황에 익숙하여 이를 거의 갈등으로 생각하지 않는다. 관계가 좋은 연륜 있는 팀은 이 공감대가 충분한지 혹은 부족한지를 감지할 수 있고 그 문제를 해결하는 데 무엇이 필요한지 거의 근본적인 수준으로 알고 있다.

디자이너가 지속해서 그와 같은 환경에서 일할 기회를 얻는다는 것은 드문 일이다. 대신 새로운 사람과 새로운 과제가 항상 디자인 업무에 투입된다. 이러한 상황에서 갈등은 그 중심에 놓인다. 연륜 있는 디자이너는 처음에 학습 과정을 거쳐야 한다는 것을 알고 있다. 즉, 이 새로운 사람들과 일하는 방법을 익힐 필요가 있는 것이다.

하지만 친밀한 관계와 공감을 구축하는 데에는 시간이 걸린다. 그때까지는 생산적인 갈등을 방해하는 장애물들을 만날 수 있다.

함께 디자인하려면 공감대와 공동목적이 필요하다

마크 레티그(Marc Rettig)
Fit Associates

내 경험을 따르면 성공적으로 함께 디자인하려면 모든 사람이 일의 핵심에 관심을 두어야 한다. 디자인은 이해에서 시작되며 디자인의 핵심은 그 의도다. 아이디어와 표현 또는 실제 작업에 신경 쓰기 전에 우선 공감대와 의도에 주목한다.

디자인은 이해와 창작의 만남이다.

유감스럽게 '이해하는 것'은 '설명하는 것'과 너무나 자주 혼동된다. 합동 디자인에서 엄청난 양의 시간과 돈이 판단의 근거를 만들기 위한 조사와 테스트에 들어간다. 이러한 설명은 디자인 결정에 대한 명확한 논거와 타당한 이유를 제공함으로써 모든 사람에게 원칙에 따라 철저한 작업을 하고 있다는 느낌을 준다. 여기에는 아무런 문제가 없다. 사실 이것은 합동 디자인에서 겪는 복잡성에 매우 유용하다.

하지만 이것은 피상적이고 누구에게도 좀처럼 창의적인 흥분을 가져다 주지는 않는다. 설명은 팀에게 지적인 도움을 줄 수 있을지는 몰라도 열정을 주지는 않는다.

만약 사람이 다른 주파수의 빛을 다른 색으로 인식한다는 사실을 알고 있다면 여러분은 색상에 대한 설명을 알고 있는 것이다. 만약 여러분이 프리즘으로 세상을 좀 더 개인적으로 바라보면서 다른 색상을 이용해 색다른 분위기를 만들어 내는 곳을 방문하고, 사람들이 자기 인생의 색에 관해 이야기하고 색상이 그들의 기억을 자극하며 '고향'과 같은 깊고 근원적인 수준의 생각과 연결되어 있다고 말하는 것을 듣게 되면 여러분은 드디어 색상을 이해하기 시작하는 것이다.

그리고 장담하건대 여러분은 흥분하기 시작할 것이다. 색상에 대한 관심이 어떻게 바뀌었는지 세상을 바라보고 관여하는 새로운 방식에 대해 모두 설명하지는 못할 수도 있지만, 여러분은 여러분 내부에서 뭔가 정말 중요한 일이 발생했음을 알게 될 것이다. 바로 색상에 대한 새로운 이해다.

이제, 그 이해를 팀에게 나눠주자. 그리고 '함께하는 디자인'을 같이 수행하는 주위의 많은 사람, 디자인 결과가 세상으로 나가기 위해서 의지해야 하는 다양한 사람들에게 나눠주자. 사람들에게 개인적인 경험을 공유함으로써 이해를 나눠주자. '조사'를 외부에 위탁하지 말고 직접 함께 밖으로 나가라! 당신의 결정이 영향을 미치게 될 삶, 사람, 상황, 활동 등에 대한 공감대를 형성할 수 있는 일이라면 무엇이든 하라. 당신의 팀과 당신의 팀이 영향을 미치게 될 사람들 간의 어울림의 정도가 둘 사이의 공동 이해의 깊이를 결정하게 되고 이에 따라 팀의 열정과 명확한 목적의식에 대한 이해 정도가 결정되며 이것이 바로 작업 품질의 핵심 열쇠가 된다.

퓨쳐 파트너스(Future Partners)의 존 빌렌버그(John Bielenberg)는 다음과 같은 활동을 제안한다. "일명 10 x 10 x 10 활동으로 그날의 업무 마감 시간까지 모든 사람이 10곳을 방문해서 10사람과 이야기를 나누고 10가지 이야기를 가지고 돌아온다는 것이다." 많은 민족지학적 디자인 연구 프로젝트에 참여했던 사람으로서 나는 팀과 팀에 관련된 사람들이 10 x 10 x 10 활동에 참여함으로써 많은 도움을 받았을 거라고 믿는다.

함께 디자인한다는 것은 함께 이해하는 것에서 시작되며 그 중심에는 공동의 의도가 놓여있다. 성공적으로 함께 디자인하기 위한 두 번째 핵심은 공동의 목적을 가지고 일하는 것이다.

목적은 목표, 임무, 디자인 업무 혹은 업무 권한과는 다르다. 목적은 자신이 함께하고 있는 일로 인해 세상이 얼마나 발전할 것인가에 관한 표현이다. 나는 그것을 질문의 형태로 써볼 것을 권장한다. "우리가 어떻게 …할 수 있을까?" 하지만 그것을 꼭 적어놓을 필요는 없다. 모두가 동의하기만 하면 되고 공감대를 바탕으로 해야 한다.

일단 거기에 도달하게 되면, 색상의 예에서 설명했던 그러한 흥분과 달라진 시야를 모두가 얻고 나면, 무엇이 진정으로 중요한지를 사람들과 모여서 이야기하라. 이것은 팀을 모아주는 질문이나 선언문과는 다를 수 있지만 뭔가 가치 있는 것을 위해 싸우는 것과 같은 느낌을 받을 것이다. 대담해지자. 자신이 소속된 조직이나 다루고 있는 상황의 복잡성에 비해 '작게만' 느껴지는 자신의 한계를 벗어버리자. 가슴속 깊은 곳에서 흥분을 느낀다면, 스스로 경계에 있다는, 싸우고 있다는, 연인의 기분을 느끼고 있다면 프로젝트 동안 팀을 지탱할 수 있는 목적을 발견하고 있는 것이다. 일단 이렇게 모두가 '예스'라고 말하고 싶은 목적을 찾아냈다면 이제 남은 것은 '어떻게'뿐이다.

이제 당신은 무언가를 얻었다. 세상의 작은 조각, 인생의 조각에 대해 함께 공감하는 사람들을 보유한 것이다. 그들은 자신들을 밝혀줄 목적을 위해서 함께 일하고 싶어하는 사람들이다. 당신은 디자인을 시작한 것이며 디자인의 핵심을 가진 것이고 이미 함께 일하기 시작한 것이다.

- **오해**: 사람들은 자신이 이해한다고 생각할 수 있지만 실제로는 그렇지 않다. 즉, 그들은 자신이 공감대를 형성했다고 믿고 있을 뿐이다. 그들이 알고 있는 것을 테스트하는 식으로 확인해 보기 전에는 분명히 알 수 없다.
- **자존심**: 사람들은 자신이 이해하지 못하는 것을 인정하려 들지 않는다. 완고함, 자존심 혹은 단지 낡고 순진한 낙천주의라고 부를 수도 있을 것이다. 어떤 사람은 성격적으로 자신이 잘못 이해했음을 인정하지 못하는 경우도 있다.
- **무관심**: 사람들은 이를 해결하려고 충분히 노력하지 않는다. 우리는 모두 "나는 다른 곳에 있어야 할 사람인데."라는 상투적인 말을 해대는 동료를 만난 적이 있을 것이다. 그들은 이해가 부족한지 아닌지에 대해서 스스로 명확히 하려고 하지 않는다.

공감대에 도달한다는 것은 우선 이러한 장애들을 극복한 후에 의미 있는 갈등 즉, 유용한 결정을 생산하는 갈등에 참여한다는 것을 의미한다. 하지만 이러한 장애들이 그 자체로 갈등의 한 유형(소위 '해로운 갈등')을 만들어 낸다.

건강한 갈등 대 해로운 갈등

갈등은 여러 가지 의미를 가진 말이다. 여러 그룹에 갈등 없이 성공적으로 디자인할 수 있는지를 물어보면 그들은 아마도 갈등에 빠질 것이다. 단순히 '협력과 명확성의 부족'을 넘어서 갈등은 또한 부정적인 의미를 내포한다. 갈등은 종종 격렬한 감정, 극적 사건 그리고 동의하고 싶어 하지 않음 등과 관련이 있다.

이런 의미의 갈등은 극복해야 할 장애물, 우리의 영웅(물론, 당신)이 물리쳐야 할 어떤 것을 포함하는 단어다. 이런 의미의 갈등에는 승자와 패자가 있다. 갈등을 이런 승패의 방식으로만 보려는 사람은 자신의 디자인을 통과시켜서 자신에게 반대했던 주위의 모든 사람을 열 받게 하려고만 한다.

그러므로 디자인의 엔진이 되는 갈등은 이런 종류의 갈등이 아니다. 이것은 반사회적 태도의 엔진이다.

유감스럽게도 이 두 가지 버전의 갈등은 겉보기에 매우 유사해 보일 수 있다. 논거와 심지어는 감정도 두 종류의 갈등 모두에서 중요한 역할을 할 수 있다. 핵심적인 차이는 참여자의 의도다. 참여자는 디자인을 발전시키려고 노력하고 있는가? 참여자는 프로젝트를 위해 논쟁하고 있는가? 아니면 단지 이기려고 애쓰는 것인가?

나는 이 두 가지의 갈등을 건강한 갈등과 해로운 갈등으로 구분한다. 건강한 갈등은 추진력을 형성하거나 품질에 기여하거나 혹은 양쪽 모두에 기여하면서 프로젝트가 전진하도록 한다. 해로운 갈등은 프로젝트의 진전이나 더 나은 디자인 솔루션 그 어떤 것도 가져오지 못한다.

건강한 갈등과 해로운 갈등 구별하기

해로운 갈등은 팀이 중요한 의견충돌에 관해 이야기하는 것을 막는 장애물을 만든다. 다시 말해, 한 사람의 개인적이거나 특징적인 문제는 팀이 의미 있는 토론을 성공적으로 할 수 없게 막는다. 그러므로 디자이너는 건강한 갈등과 해로운 갈등의 차이를 인지하여 해로운 갈등의 원인을 제공하지 않도록 노력해야 한다.

어쩌면 이것이 디자이너의 가장 큰 도전과제일지도 모른다. 갈등은 디자인에 좋지만 무의미한 논쟁은 역효과를 낳는다. 따라서 때와 장소를 불문한 논쟁은 안전한 도박이 아니다. 생산적인 논의를 할 수 있는 능력이 있더라도 아무도 함께 일하고 싶어 하지 않는다면 가치가 없어진다.

해로운 갈등은 인신공격적이므로 인지하기가 쉽다. 내게 "이건 몽땅 잘못됐어요. 당신이 완전히 망쳐놨군요."라고 했던 클라이언트가 있었다. 그것이 마땅하든 그렇지 않든 간에 누군가의 얼굴을 보면서 면박을 주는 것은 대화를 전혀 다른 방향으로 돌리는 가장 빠른 방법이다. 내 즉각적인 반응은 방어적이 되는 것이었다. 그 상황에서 방어기제는 책임을 전가하는 것으로 나타났다. 나는 그 사람이 계속해서 프로젝트 목표를 바꿨기 때문에 실패했다고 주장했으며 상대의 반응은 오직 그것을 부정하는 것이었다. 결국, 우리는 아무런 성과도 얻지 못했다.

다음과 같은 행동이 나타날 때 해로운 갈등을 인지할 수 있다.

- 합리적인 이유 없이 디자인을 비난한다. "이건 정말 형편없네요."
- 건설적인 비평 없이 팀 구성원의 창의적인 기량을 깎아내리려고 한다. "이건 아무래도 당신에게는 무리군요."
- 디자이너의 스타일이나 접근법의 다른 측면을 공격한다. "당신은 정말 체계가 없군요."
- 자신의 행동을 방어한다. "요구사항의 우선순위를 어떻게 할지 알려줬잖아요."

이와 같은 표현은 실제 상황을 나타내고 있다. 그 메시지는 중요하지만, 그 표현방식은 다분히 의도적으로 적대적이다. 개인적인 이기심이 아니라 프로젝트를 마음속 깊이 위하는 사람은 이러한 메시지를 다르게 표현할 것이다(표 4.3).

표 4.3 해로운 갈등 인식하기

표현	부작용	바람직한 방향	바람직한 표현
"이건 정말 형편없네요."	디자이너의 자신감을 깎아내리려 한다.	디자인 방향에 집중하도록 팀을 돕는다.	"당신이 내린 결정을 이해할 수 있게 도와주세요."
"이건 아무래도 당신에게 무리군요."	화자를 팀의 다른 구성원보다 위에 두려고 한다.	작업이나 일의 범위를 단순화한다.	"진전이 없어 보이는데 내가 어떤 부분을 도울 수 있을까요?"
"당신은 정말 체계가 없군요."	관심이 디자인 문제로부터 벗어난다.	팀이 작업의 우선순위를 정할 수 있게 돕는다.	"우선순위를 정하는 데 고생하고 있나요?"
"요구사항의 우선순위를 어떻게 할지 알려줬잖아요."	화자의 부족한 점으로부터 주의를 돌린다.	디자인 문제에 대한 팀의 이해를 조정한다.	"알려드렸던 우선순위를 어떻게 이해했나요? 우리가 똑같이 이해하고 있는지 확인해봅시다."

위장한 해로운 갈등

건강한 갈등이 이해를 통한 공감대 형성을 목표로 한다면 해로운 갈등은 이러한 이해의 과정과는 전혀 관련이 없다.

실제로 해로운 갈등도 잠재적으로 건강한 갈등으로 보이기 위한 연막일 수 있다. 즉, 디자인 결정을 둘러싼 명확성의 결여와 불일치는 건강한 갈등의 양분이 되지만 마찬가지로 해로운 갈등에도 양분이 되기 때문이다. 둘 사이의 차이는 참여자의 반응방식에 있다. 두 가지 방식으로 나타날 수 있는데 양쪽 모두 자기방어라는 같은 결과를 보인다.

- 참여자들이 그 결정에 대해 이해하지 못한 것을 불안해 한다. 그들은 그 결정을 이해하지 못한다는 것을 깨닫는다. 그래서 스스로 보호하고 다른 이들이 자신이 이해하지 못했다는 것을 깨닫지 못하도록 방해하기 위해 비난한다.

- 참여자들이 결정 자체를 불안해 한다. 그들은 결정을 이해했든 하지 못했든 이런저런 이유로 내려진 결정을 좋아하지 않으며, 스스로 보호하기 위해 비난한다.

부족한 이해에 따른 불안

무지의 인정은 갈등 해결의 중심이 되는 원리 중 하나다. 모른다는 것을 인정함으로써 자신의 이해를 도와줄 누군가를 찾을 기회를 만들 수 있다. 사람들은 여전히 이 문제로 고생하고 있다. 사람들은 자신이 무엇을 알고 있는지 그리고 알고 있다는 것을 증명하는 것으로 평가받는다고 믿는다. 이것을 갈등의 '해로운' 관점 즉, 모든 갈등에는 승자와 패자가 있다는 관점과 결합하면 사람들은 비생산적이 될 수밖에 없다.

결정 자체에 대한 불안

결정은 결과를 동반한다. 그 결과들은 완수해야 할 작업, 맞추어야 할 중요한 시점, 수행해야 할 활동 등이다. 사람들은 결정이 그들의 책임과 기대에 어떤 영향을 미칠지 알게 될 때 만약 그 결과에 의해 약점이 노출된다면 자기방어를 작동시키게 될 수 있다.

해로운 갈등을 건강한 갈등으로 전환하기

디자이너는 자신이 직업적으로 만나는 모든 바보를 상대하는 것이 본인의 책무는 아니라고 생각할 수 있다. 실제로 모든 사람에게 '또라이 금지 규칙'이 적용될 리도 없다. 그렇다고 해서 디자이너가 항상 함께 일할 사람을 자유롭게 선택할 수 있는 것도 아니다.

내가 만났던 모든 바보들은 상대방의 반응을 즐겼다. 감정이 그들의 불안을 해소해 준다. 그들은 모든 책임을 상대방에게 돌리면서 자신의 부족함이나 무지를 감추려고 했다. 이런 바보를 생산적인 방식으로 스스로 표현할 줄 모르는 사람 즉, 말 그대로 뇌에 그러한 방법이 아예 존재하지 않는 사람으로 생각하면 상황이 좀 달라 보인다.

여러분이 일단 이 사람의 공격을 객관화하면 그것이 바로 실제 대화의 출발점이 된다. 생산적인 대화로 쉽게 전환하기 위해 현재 주제의 방향을 바꿔보자(표 4.4).

표 4.4 어리석은 말에 대한 짧고 분명한 대답

해로운 표현	건설적인 대답
"이건 정말 형편없네요."	"맨 윗부분부터 살펴봅시다. 헤더에서 문제가 되는 게 뭘까요? 너무 많은 정보가 들어있는 건가요?"
"이건 아무래도 당신에게 무리군요."	"제가 내린 결정을 이해하실 수 있게 디자인을 차근차근 살펴봅시다."
"당신은 정말 체계가 없군요."	"프로세스를 보여드릴게요. 그러면 제가 지금 무엇을 하고 있고 무엇을 할 예정인지 알 수 있으실 겁니다."
"요구사항의 우선순위를 어떻게 할지 알려줬잖아요."	"그 논의에서 이해한 것은 요구사항 2, 5, 9가 가장 중요하다는 사실입니다. 그래서 그것에 바탕을 두고 디자인 했습니다. 어떻게 했는지에 대해서는 설명해 드리겠습니다. 그 전에 혹시 우선순위가 바뀌었다면 그것에 대해서 먼저 이야기해 봅시다."

해결방안의 본질

이후에 나오는 두 개의 장에서는 어려운 상황을 평가하고 공감대를 이루는 기술에 대해 논의한다. 이 두 가지 즉, 무엇을 할지 알아내고 그것을 실천하는 것의 결론은 결국 해결책을 찾는 것이다.

'공감대'의 정의를 놓고 볼 때 갈등을 해결한다는 것은 공감대를 형성하는 것이다. 창의적인 갈등에는 다섯 가지 해결방안이 있다. 즉, 갈등을 겪은 후에 사람들이 공감대에 이르는 다섯 가지 방식이다.

- 설득
- 반복
- 관점의 변화
- 결정의 연기
- 공통 기반

어느 한 가지 해결방안이 다른 것보다 더 좋다고 말할 수는 없다. 설득이 항상 최고의 디자인을 이끈다거나 결정을 연기하는 것은 언제나 나쁘다고 말할 수는 없다. 해결방안의 가치는 상황과 최종 결과에 따라 결정된다.

위 유형들은 팀이 해결책을 찾는 데 도움이 될 수 있게 나열한 것이다. 상황을 이해하고 갈등의 우선순위를 매기면서 팀 구성원은 특정한 해결방안을 찾는 행동을 할 수 있다.

이런 다양한 종류의 해결방안을 설명하기 위해서 예제 시나리오를 이용할 것이며 여러 결정이 어떻게 해결되는지 보여주려고 한다.

"댄과 나단은 거대 출판사를 위한 웹 디자인 프로젝트에서 함께 작업 중이다. 출판사는 온라인 웹사이트 세 곳에 이미 게재된 수천 개의 기사를 보유하고 있다. 표면상으로 이들 사이트는 다양한 독자층을 대상으로 하고 있다. 작업의 범위는 굉장히 넓다. 출판사에서는 사용자 경험을 새롭게 다시 디자인해서 이 사이트들과 통합해 달라고 요청했다."

설득: 한 사람이 다른 사람의 의견을 받아들이다

설득은 한 사람이 자신의 의견을 다른 사람이 받아들이도록 이해시키는 것이다.

예: 댄과 나단은 출판사가 어떻게 조직되어 나아가야 하는지 서로 다른 두 개의 아이디어가 있다. 댄은 출판사가 세 가지 분리된 웹사이트를 제거해야 한다고 생각한다. 나단은 출판사가 그러한 구분을 지켜야 한다고 생각한다. 토론을 나눈 후 나단은 구분된 웹사이트를 보존하는 것이 주어진 프로젝트 제약조건을 놓고 봤을 때 가장 적절하다는 것을 댄에게 이해시킨다.

반복: 타협에 이르다

반복은 참여자가 자신의 아이디어를 변경하고 개선하면서 새로운 아이디어가 나타날 때까지 토론하는 것을 의미한다.

예: 댄과 나단은 새로운 사이트를 조직하는 방법에 대해 서로 확고한 의견이 있다. 서로를 설득하려고 노력한 후에 다른 아이디어를 구상하면서 반나절을 보낸다(조디와 베로니카도 불러들인다). 여러 번에 걸친 구상 후에 새로운 콘셉트가 나타난다. 댄의 본래 아이디어도 포함되고 나단의 본래 아이디어도 포함되지만 전체적으로 새로운 아이디어다.

관점의 변화: 누군가는 그것을 다른 관점으로 본다

한 사람이 자신의 관점을 바꾸었을 때 그 사람은 상황을 다르게 보려고 하는 것이다. 상황을 다르게 봄으로써 그 사람은 다른 사람의 입장을 좀 더 흔쾌히 받아들이게 된다. 이는 이 사람이 상대방의 의견이 반드시 타당하다고 확신하는 것은 아니므로 설득이라기보다는 프로세스가 계속 진행되게 하는 것이라 할 수 있다.

예: 나단은 프로젝트의 초반에 몇 가지 아이디어를 구상해두었고 그것을 고객에게 보여주고 싶어한다. 댄은 고객에게 너무 일찍 너무 많은 것을 보여주는 것은 디자인 프로세스에 해로울 수 있으므로 이에 대해 염려한다. 댄은 화면디자인 아이디어를 고객에게 노출하기 전에 기본 구조를 좀 더 잡을 필요가 있다고 생각한다. 나단은 웹사이트 구조의 추상적인 그림을 고객에게 보여주는 것은 쓸데없이 고객을 '골치 아프게' 만들 것이라고 걱정한다. 나단은 댄의 방식이 프로세스를 더 잘 작동하게 할 것이라고 믿진 않지만 댄에게 웹사이트 구조에 대한 그림을 공유할 기회를 주는 것이 그가 고객에 대해 좀 더 익히는 데 도움이 될 것으로 판단한다.

결정의 연기: 미루기로 결정하다

참여자들이 결정을 내리지 않기로 했을 때 결정을 미루게 된다. 손쉬운 방법처럼 보이지만 책임감 있는 팀은 연기한 결정이 나중에는 어려운 문제로 변한다는 사실을 알고 있다. 또한, 책임감 있는 팀은 결정을 내릴 충분한 정보가 없는 경우를 알고 있다. 결정을 연기하는 것은 팀이 좀 더 많은 자료가 필요하다고 인식했을 때 타당한 방법이다.

팀이 결정을 내릴 능력이 없으므로 결정을 연기하는 것은 오히려 독이 된다. 연기된 결정을 모든 참여자가 기꺼이 '신중하게 검토하기로' 결정했고 그에 대한 합리적인 이유가 있을 때 결정을 연기하는 것은 생산적이다.

예: 사이트의 전체구조에 집중하게 되자 디자인팀은 기본 내비게이션에 대한 결정이 필요하게 된다. 사용자는 물론 여러 방법으로 기사를 분류할 수 있게 되겠지만 그중에 하나를 기본 분류방식으로 정할 필요가 있다. 그들은 기사 종류에 따른 분류(예를 들면, 긴 기사와 짧은 기사)와 주제에 따른 분류(예를 들면, 환경뉴스와 의학뉴스) 두 가지를 놓고 의견이 갈렸다. 댄과 나단은 여러 해결방안을 비교하고는 최종결정을 내릴 만한 근거가 충분치 않다는 것을 알게 된다. 그들은 이를 미루기로 하고 논의의 근거로 사용할 자료를 만들기 위해 댄은 사용자 조사를 자세히 검토해 보기로 한다.

공통 기반: 무언가에 합의하다

공통 기반으로 돌아간다는 것은 모든 이가 동의하는 기본원칙으로 되돌아간다는 의미다. 모든 사람이 공통으로 생각하는 기반을 꺼냄으로써 디자인팀이 다시 한 번 결정을 자세히 검토할 수 있는 환경을 마련해준다.

즉, 어떤 면에서는 결정연기의 한 형태라고 볼 수 있다. 추가 정보에 대한 필요성을 느끼는 대신 팀은 그들이 어떤 것에도 동의할 수 없는 교착상태에 빠졌음을 인정한다. 어느 정도 서로가 동의할 수 있는 출발점을 찾음으로써 팀은 해결책을 찾기 위한 적절한 마음가짐을 가질 수 있다. 잘되면 함께 만들어갈 발판을 마련할 수 있고 최악의 경우라도 어디에서 그들의 의견이 갈리는지를 찾아내는 데 도움이 된다.

예: 댄과 나단은 갈등을 해결할 수 없다고 판단하고 문제가 어쩌면 좀 더 근본적일지도 모른다고 생각하게 된다. 두 사람은 프로젝트 계약을 설명한 문서를 열어 놓고 논의를 계속 해나간다. 프로젝트의 목표, 디자인 원칙, 상위 수준의 요구사항을 검토하면서 그 내용과 각 우선순위에 대한 동의를 다시 확인한다.

해결방안의 평가

해결방안의 본질을 설명하는 것은 갈등에 대한 반응을 계획하는 데 도움이 된다. 하지만 이 설명 중 어떤 것도 가치판단을 제공하지는 않는다. 어떤 해결방안이 좋은지 어떻게 알 수 있을까?

이 장의 초반에 디자인 결정에 대한 판단 기준에 대해서 정의를 내렸다. 좋은 디자인 결정은 결정 자체가 좋아야 하고 프로젝트를 앞으로 나아가게 해야 한다.

갈등을 해결하는 것은 결정을 내리는 한 가지 방식이다. 따라서 해결방안을 이러한 판단 기준에 따라 평가할 수 있다. 이 두 가지 판단 기준에 가능한 해결방안을 연결하면 다음과 같은 네 가지 결과가 나온다(표 4.5).

표 4.5 해결방안 결과의 조합

	진전	
품질	**좋은 디자인, 미흡한 진전** 어떤 해결방안은 좋은 디자인 아이디어를 이끌지만 실제로 프로젝트는 진전되지 않는다. 완벽한 기능을 만들기 위해 계속 구상만 하면서 예산과 시간을 낭비하는 경우를 생각해 볼 수 있다.	**좋은 디자인, 좋은 진전** 이러한 해결방안은 프로젝트의 목표에 맞는 좋은 디자인 아이디어를 만들고 프로젝트도 점점 완성해 나간다. 디자인 문제의 해결과 진전을 위해 무엇이 필요한지 알고 있는 팀을 생각해 볼 수 있다.
	미흡한 디자인, 미흡한 진전 이 해결방안은 디자인 문제도 풀지 못할뿐더러 프로젝트 결론을 향한 의미 있는 발자국도 내딛지 못한다. 쓸모없는 것들만 생산하며 프로젝트를 진전시킬 어떠한 단서도 찾지 못하는 경우를 생각해 볼 수 있다.	**미흡한 디자인, 좋은 진전** 어떤 해결방안은 미흡한 디자인 결정을 만들어내지만 프로젝트의 몇몇 '관문'을 통과함으로써 프로젝트를 성공적으로 진전시킨다. 완전히 쓸모없는 디자인을 설명하는 상세한 명세서를 제작하고 있는 경우를 생각해 볼 수 있다.

이들은 결정에 대한 결과를 판단하는 평가의 기준이다. 몇 가지 예를 다시 논의하면서 그 결정이 왜 좋은 결정인지 자세히 설명하려고 한다(표 4.6).

표 4.6 해결방안의 예

해결방안	좋은 결정인가?
나단은 기사들을 세 가지 분리된 사이트에 올리는 것에 대해 댄을 **설득한다**.	품질? 이 결정은 프로젝트의 목표와 요구사항을 충실히 따른다.
	앞으로 전진? 이 결정은 팀이 디자인을 한층 더 다듬을 수 있게 한다.
나단은 **관점을 바꾸어** 댄이 설계 구조를 고객과 공유하는 것에 동의한다.	품질? 이는 프로세스에 대한 해결방안이다. 이 결정은 고객의 기대에 부합할 것이므로 적합하다. 이 방안을 통해 고객의 혼란을 피할 수 있다.
	앞으로 전진? 이 방안은 프로젝트가 빨리 앞으로 나아가게 하지는 않지만(나단의 반대가 있으므로), 고객으로부터 피드백을 받음으로써 어느 특정한 형태의 디자인 논의에 대한 고객의 성향을 파악하는 데 도움이 될 것이다.
댄과 나단은 기본 내비게이션에 관한 **결정을 미루기로 한다**.	품질? 이에 대해 아직 판단하기는 너무 이르다. 하지만 이들은 결정하기 전에 정보를 더 모으기로 한다. 더 많은 정보는 무엇이 좋을지에 대한 이들의 결정에 도움이 될 것이다.
	앞으로 전진? 결정을 연기함으로써 이들은 프로젝트의 정체를 가져왔다고 할 수도 있다. 하지만 이들은 결정에 따른 위험을 이해하고 다시 되돌리기 힘든 결정을 서둘러 내리기보다는 늦추는 쪽을 선택했다.

특정 종류의 해결방안이 필연적으로 잘못된 결과를 초래하는 것은 아니다. 결국 어떤 결정이 좋은지 나쁜지는 해결방안의 유형이 아니라 상황에 따라 결정된다.

요약

4장에서는 갈등을 이해하기 위한 기반을 제공했다. 이는 다음의 두 가정에서 출발한다.

- 아주 단순화해보자면 디자인은 상호 연결된 결정의 연속이다.
- 디자인은 두 부분으로 구성된다. 결정을 내리는 방법과 결정 자체의 내용이다.

이러한 이해를 바탕으로 갈등에 대해 자세히 설명했다.

1. 디자인팀 사람들이 디자인 결정에 대한 공감대를 형성하지 못할 때 그들은 갈등을 겪게 된다.

2. 공감대를 방해할 수 있는 세 가지 요소로 오해, 자존심, 무관심이 있다.

3. 건강한 갈등은 사람들이 공감대를 형성할 수 있게 도움을 준다.

4. 해로운 갈등은 갈등 자체를 위한 갈등이며 주로 자기방어적으로 행동하는 사람에 의해 발생한다.

5. 해결방안에는 설득, 반복, 관점의 변화, 결정의 연기, 공통 기반의 다섯 가지 방안이 있지만, 이들 중 어느 것이 다른 것보다 더 낫다고 할 수는 없다.

6. 해결방안의 실제 판단 기준은 디자인 결정의 판단 기준과 같다. 그 방안은 좋은 디자인을 도출하는가? 그 방안은 프로젝트를 앞으로 전진시키는가?

5

갈등 평가하기:
무엇이 진짜 문제인가

"우리는 정말 단지 홈페이지에 대한 아이디어만 필요했어요." 여러 가지 다른 화면으로 몇 시간 동안 만든 디자인 콘셉트를 디자인 리뷰 회의에서 보여주려 했을 때 전혀 예상하지 못했던 얘기를 들었다. 불필요한 화면에 얼마나 많은 돈을 낭비한 거냐는 생각에 클라이언트는 약간 회의적이고 짜증이 난 것 같았다. 프로젝트가 시작부터 뭔가 잘못되는 느낌이 들었고, 그러한 단절을 마침내 이해했다는 것은 그나마 위안이지만 또한 이 정도까지 잘못됐다는 것은 실망스러웠다.

갈등에 관해 중요한 것은 그것이 도움이 될 수도 있고 해가 될 수도 있다는 것이다. 하지만 어떤 상황을 처음 겪을 때는 무슨 일이 벌어지고 있는 것인지 제대로 이해하지 못할 수 있다. 그 상황으로 이끄는 역할을 하는 요소를 이해할 적절한 시각을 갖지 못했을 수도 있다.

유감스럽게도 어떤 상황에서 무슨 일이 정말 잘못돼 프로젝트의 진행을 막는 것인지, 그리고 바로잡으려면 어떻게 해야 하는지 판단하기 위한 완벽한 알고리즘은 없다.

다음과 같이 수많은 요소가 갈등의 원인이 된다.

- 디자인 프로세스에서 자신이 차지하는 입장
- 프로젝트 규정요인(기간, 예산, 그 밖의 제약 사항들)
- 참여하는 사람의 성격
- 참여하는 사람의 역할
- 팀원의 개인적인 환경
- 프로젝트를 둘러싼 조직의 환경
- 기존에 함께 일했던 개인과 팀원 사이에 있었던 과거 문제
- 과거 유사한 프로젝트에서 일했던 사람들이 만든 가정

더 나열할 수도 있지만, 요지는 이해했을 것이다. 어려운 상황의 근본적인 원인을 진단하기 위한 간단한 방법은 없다. 결국, 디자인팀은 공감대를 형성하지 못하게 막는 장애물을 알아낼 필요가 있다.

무엇이 갈등을 유발할까?

당신은 상황의 핵심 '원인'을 알아내려고 내면 깊숙이 들여다보려 한 적이 있을지도 모른다. 하지만 경험에 따르면 갈등의 원인보다는 당면 과제를 다루는 것이 더 생산적인 해결방안이다(표 5.1을 보라). 친구라면 행동에 대한 근본 원인을 해결하는 것을 돕겠지만, 동료는 단지 장애물을 극복하는 데 초점을 맞춰야 한다.

그렇다고 착각하지 말자. 장애물은 항상 근본적인 원인으로부터 비롯된다. 그런 근본 원인은 어린 시절의 문제, 과거에 겪었던 직업적 개인적 어려움 등을 포함한다. 하지만 원인과 상관없이 프로젝트에 직접 영향을 끼치는 것은 그런 문제가 만들어낸 장애물들이다.

표 5.1 원인과 장애물

갈등의 근본적인 원인	디자인의 표면적인 장애물
"어렸을 때 뭔가를 하는 데 있어서 많은 중압감을 느껴서 내 디자인 콘셉트에 직접적인 피드백을 받는 것에 어려움을 느껴요."	"나는 당신의 직접적인 피드백을 개인적으로 받아들입니다. 당신이 그런 의미로 말하지 않았다고 해도 말이죠. 내 작업 능력이 괜찮은지 안심해도 되나요?"
"이런 디자인 과정은 시간 낭비 같아요. 지난 디자인팀에서도 '전략'에 많은 돈을 낭비했거든요."	"나는 이 활동에 참여하고 싶지 않아요. 이것은 시간 낭비일 뿐이니까요."
"실패가 두려워 일을 끝내지 못해요."	"죄송합니다. 아직 작업을 마치지 못했어요."

4장에서는 디자인 프로세스에서 갈등이 왜 중요한지 설명한 바 있다. 이 장에서는 갈등이 발생하는 원인을 설명하기 위한 용어를 정의하고 갈등의 구조를 자세히 살펴볼 것이다. 갈등의 구조에서는 디자인 프로세스 중에 하게 되는 결정과 거기에 참여하는 사람들의 성격이 중심이 된다(그림 5.2). 갈등의 구조는 사람들이 공감대를 형성하지 못하게 하는 장애물과 그러한 장애물이 어떻게 나타나는지도 포함한다.

상황카드 한 벌

다음 장에서 상황과 패턴과 특성에 대해 살펴볼 것이다. 내가 생존 디자인 프로젝트(Surviving Design Project)라는 카드 게임을 만든 이유는 일반적인 상황을 나타내는 카드 모음을 만들고 싶어서였다(그림 5.1). 종종 몹시 어려운 상황에 부닥쳤을 때 나는 카드를 뒤적이면서 문제가 될 만한 상황에 주의를 집중했다. 단지 몇몇 문제와 관련이 덜한 상황을 제거하는 것만으로도 실제 상황을 판단하는 데 도움이 됐다.

그림 5.1
생존 디자인 프로젝트의 상황카드는 그 상황의 가능한 원인을 좁히는 데 도움이 됐다.

갈등구조는 다음의 개념에 기반을 두고 있다.

- **상황**: 디자인 프로젝트에서 일반적으로 발생하는 일련의 사건
- **갈등**: 공감대를 이뤄야 할 필요성
- **결정**: 디자인 프로세스에서 디자인 목표를 달성하기 위해 내린 선택
- **방법**: 결정에서 '어떻게'에 해당하는 요소로 보통 어떤 상황에 이르기 위한 기술이나 정당한 이유
- **결과**: 결정에서 '무엇'에 해당하는 요소로 결정의 내용
- **긴장**: 사람들이 갈등 해결에 방해받는다고 느끼는 방식

디자인 프로세스에서 결정과 긴장은 모두 갈등의 원인이 될 수 있다. 즉, 갈등구조에서의 '상황'은 다음의 원인으로부터 일어날 수 있다.

- 결정에 동의하지 않는다고 생각하는 사람들
- 디자인 프로세스에 기여하지 못하도록 방해받는다고 느끼는 사람

제이슨과 댄은 대시보드 기능을 위한 몇 가지 아이디어를 구상하고 있는 웹 디자이너라고 상상해보자. 두 사람은 독자적으로 구상한 자신들의 아이디어를 검토해보기 위한 미팅을 잡는다. 미팅의 목적은 이해관계자들과 공유하기 위한 최종 방안을 정하는 것이다.

이 시나리오의 한 가지 버전은 다음과 같다. 제이슨과 댄이 미팅에 참석해서 자신들의 콘셉트에 대해 논의를 한다. 두 사람의 콘셉트는 상당한 차이가 있지만 둘 다 프로젝트의 규정요인과 요구사항은 만족시킬 수 있다. 즉, 양쪽 모두 목표 고객의 요구를 서로 다른 방식으로 충족시키고 있다. 결국, 두 사람은 이해관계자에게 두 가지 방안을 모두 보여주기로 하고 각 콘셉트의 우선순위가 어떻게 다른지 논의하는 것으로 회의를 구성한다. 이 회의는 이해관계자들에게 어느 한쪽의 콘셉트를 선택하도록 강요하는 것이 아니라 프로젝트의 우선 사항들을 명확히 하고자 하는 데 목적이 있다.

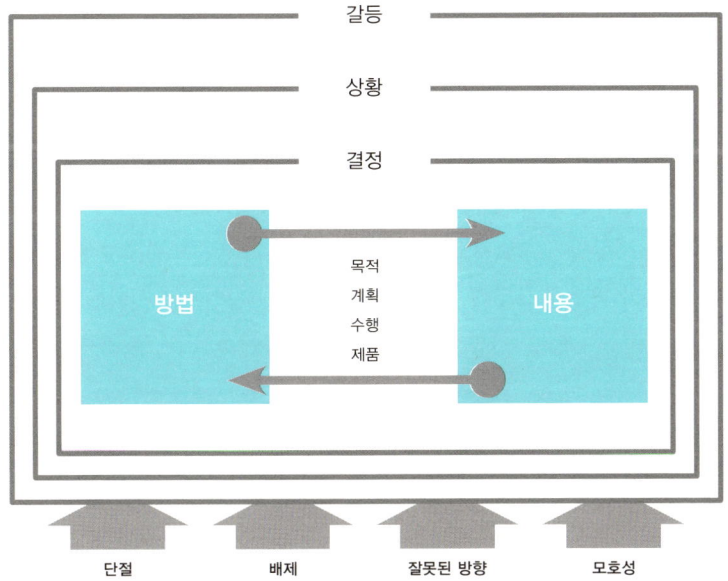

그림 5.2
갈등의 중심에는 결정이 자리잡고 있다. 사람들이 결정 자체에 동의하지 않는다면 갈등은 결정의 내부에서 비롯될 수 있다. 또한, 사람들의 결정에 대한 반응방식 이른바 긴장으로부터 갈등이 비롯될 수 있다.

또 다른 버전의 시나리오에서는 댄의 콘셉트가 데이터를 조작하는 데 있어 제스처를 너무 많이 이용한다고 제이슨이 생각하는 것이다. 이 방법으로 많은 디자인 문제를 해결할 수는 있지만 몇 가지 필수 기능을 무시하게 된다. 제이슨은 댄이 '화려한 기능에 의한 주의분산'이 되었을 수 있다고 생각한다(이 상황에 대해서는 9장에서 자세히 다룬다). 이 버전의 시나리오는 다음과 같은 갈등 요소를 보여준다.

- **상황/갈등**: 제이슨은 특정 요구사항에 대한 댄의 우선순위에 동의하지 않고 댄이 화려한 기능에 의해 주의분산이 되었다고 생각한다.
- **결정**: 댄은 데스크톱에서는 기능이 제한되는 손가락 터치 기능을 포함하기로 했다.
- **방법**: 댄은 새로운 아이디어를 포함하기 위해 핵심 요구사항을 희생시켰다.
- **결과**: 댄의 결정은 제품의 기능성을 제한했다.
- **긴장**: 댄은 잘못된 부분에 초점을 맞춤으로써 잘못된 방향으로 나아가고 있다.

결정에 동의하지 않는 것은 내적 원인이며 디자인 프로세스 자체로부터 비롯된다. 반면 장애물에 대한 누군가의 인식을 나는 외적 원인이라 부르며 외적 원인은 사람의 인식이나 민감성으로부터 기인한다. 우선 내적 원인에 대해 살펴보자.

갈등의 내적 원인

갈등을 분류하는 간단한 방법은 없다. 있다고 하더라도 특정 유형의 갈등은 수없이 많은 해결 방법이 있을 수 있다. 갈등 해결을 위한 만병통치약은 존재하지 않는다. 따라서 디자이너는 부딪칠 수 있는 장애물의 범위를 이해하려고 노력해야 한다. 장애물을 이해함으로써 어떻게 갈등을 긍정적이고 생산적인 방식으로 전환할지 생각할 수 있다.

이번 단락에서는 디자인 결정의 구조에 기반을 두고 장애물을 이해함으로써 전형적인 장애물의 내면을 들여다 볼 것이다. 다음 단락에서는 갈등이 나타나는 다양한 방식을 설명하면서 갈등의 외양을 알아볼 것이다.

디자인 결정이 두 부분으로 이루어진다는 것을 상기해보자. 디자인 결정을 내리는 데에는 결정 자체의 내용과 그 결정을 내릴 때 이용하는 방법이 포함된다. 내용은 **무엇이** 결정되는가를, 방법은 **어떻게** 결정되는가를 의미한다.

방법적 갈등

"이 인터페이스에는 탭을 사용해야 합니다. 웹사이트에서의 선례를 보면 이런 형태에는 보통 탭을 사용하죠. 그리고 내용이 네 개의 카테고리를 넘지 않을 거라는 점도 알고 있고요." 이 디자이너는 근거를 제공하면서 자신이 어떻게 그러한 결정을 내렸는지에 대한 방법을 설명했다.

또 다른 디자이너는 의견이 다를 수 있다. "그렇지 않습니다. 탭은 사용자에게 명확하지 않을 수 있다는 사용성 테스트의 결과에 집중할 필요가 있습니다. 또한, 내용이 적어서 탭을 사용할 필요가 없는 상황도 염려됩니다. 그런 경우에는 인터페이스가 어떻게 될까요?

결정의 방법이 단지 기법만은 아니라는 것을 기억하자. 좀 더 일반적으로 디자이너는 결정의 내용을 뒷받침하는 논리적 근거를 제공하는 일련의 주장에 기반을 두어 결정을 내린다.

따라서 방법에서 기인한 갈등은 결정을 이끄는 데 어떤 평가기준이 가장 중요한지에 대해 동의하지 못함으로써 발생한다. 앞의 이야기에서 첫 번째 디자이너는 **선례**와 **확장의 위험성**을 강조한다.

- **선례**: 같은 디자인 아이디어가 같은 제품이나 다른 유사한 제품에서 사용됐다는 사실에 근거해 이 결정을 정당화한다.
- **확장의 위험성**: 제품의 미래 성장성에 대한 어떤 위험도 발생시키지 않으므로 이 결정은 정당화된다.

대신 두 번째 디자이너는 **경험적 데이터**와 **최악의 시나리오**를 우선시한다.

- **경험적 데이터**: 목표 고객에 대해 디자인팀이 수집한 자료를 이용해 결정을 정당화한다.
- **최악의 시나리오**: 극단적인 상황에서도 여전히 유효하므로 이 결정은 정당화된다.

때때로 디자이너는 합리적 근거에 기초하지 않는다. 어떤 이들은 창의적인 시도인 디자인이 항상 실제적인 타당성에 기초해서는 안 된다고 믿는다. 디자이너는 결정의 내재적 우아함을 이용해 이를 설명하려고 하는데 이를 '미적' 정당화라고 해석할 수도 있다. 정당화의 예로 표 5.2를 살펴보자.

표 5.2 디자인 결정을 정당화하는 다양한 방법

정당화	설명	예시
선례	이전에 유사한 상황에서 같은 결정을 내렸으므로 이 결정은 타당하다.	"처리작업에는 기본 버튼 스타일을, 그 밖의 작업에는 보조 버튼 스타일을 씁니다."
확장의 위험성	사용성과 내용의 증가를 감당할 수 있으므로 이 결정은 타당하다.	"왼쪽 칼럼에 내비게이션을 두어 확장할 수 있게 합니다. 나중에 카테고리를 추가하게 될 테니까요."
경험적 데이터	뒷받침할 만한 조사 데이터가 있으므로 이 결정은 타당하다.	"대상 이용자가 대체로 스마트폰을 이용해서 웹에 접속하므로 작은 화면을 위한 디자인부터 시작했습니다."
최악의 시나리오	가장 극단적인 상황에서도 여전히 유효하므로 이 결정은 타당하다.	"내용의 많은 부분이 회원 등급을 기반으로 해서 접근을 허가하므로 이처럼 내용 구성요소의 우선순위를 정하여 비회원 사용자도 어느 정도 흥미로운 내용을 볼 수 있게 했습니다."
확장	기존의 디자인 결정을 확장하는 것이므로 이 결정은 타당하다.	"'친숙하고 다가가기 쉽게' 해달라는 요구 사항에 따라 몇 가지 요소의 코너를 둥글게 했습니다."
제약사항	기술적, 운영상 또는 조직적 제약사항을 수용하므로 이 결정은 타당하다.	"편집팀의 유지보수를 간소화하기 위해서 항목의 수를 세 개로 제한했습니다."
절충	이것은 프로젝트팀의 모든 중요한 사람을 똑같이 행복하게 하거나 불행하게 하므로 이 결정은 타당하다.	"사업적으로 여기에 특정 어휘를 사용하게 되어 있으므로 내비게이션 라벨을 일정하지 않게 만들기로 했습니다."
의의	이 결정은 보편적 법칙에 호소하거나 공동의 이해에서 비롯하므로 타당하다.	"클래식 레드가 이 브랜드와 동질감이 느껴지므로 이 색을 사용했습니다."

방법에 관한 갈등은 사실 참여자가 결정을 내리기 위한 기준의 우선순위를 매기는 방법을 알아내기 위한 것이다. 그들은 결과가 같다고 해도 어떤 타당성이 더 중요한지에 대해서는 동의하지 않을 수 있다. 보통 '논쟁속의 동의(violent agreement)'는 결과에는 동의하지만 서로 다른 방법으로 그 결과에 이르렀기 때문에 여전히 논쟁하는 것을 의미한다.

방법적 갈등의 가치

참여자가 결과에 동의하든 그렇지 않든 결정 방법에 대한 공감대를 형성하는 것은 중요하다. 공감대를 형성함으로써 참여자는 다음과 같은 것을 얻을 수 있다.

- 서로에게 무엇이 중요한지 이해한다: 서로 더 잘 알게 되는 것의 가치를 절대 과소평가하지 말아야 한다. 디자인 결정을 내리게 한 것이 무엇인지 알기 위해 이를 분석함으로써 상대방의 상황을 이해하고 그들의 우선순위가 무엇인지, 약점이 무엇인지 알 수 있게 된다.
- 프로젝트에서 핵심이 되는 것을 결정한다: 방법적 갈등이 프로젝트의 초기에 드러나면 팀은 프로젝트 기간에 사용할 보편적인 기준을 설정할 수 있게 된다. 즉, 팀원은 이 프로젝트에서는 경험적 데이터와 같은 특정 근거가 좀 더 중요하다는 것에 동의할 수 있다.
- 이후의 결정을 견고하게 하다: 동료가 무엇을 중요시하는지 알게 되면 이후에 결정을 합리적으로 생각하는 데 도움이 된다.
- 결정에 반대되는 논거를 예상하다: 팀의 다른 구성원은 팀 결정의 내용을 약화하려고 할 수 있다. 다양한 종류의 결정 기준을 드러냄으로써 팀은 자신의 논거를 더욱 강화하기 위해 그러한 공격을 예측할 수 있다.

방법적 갈등을 식별하기에 유용한 패턴

방법적 갈등은 결과적 갈등에 의해 가려질 수 있다. 즉, 디자인팀은 결정 내용에 동의하지 않는다는 사실에 너무 집중한 나머지 각 정당성을 생각해 볼 시간을 갖지 못할 수 있다.

다음 패턴(표 5.3)은 참여자가 한 걸음 물러서서 디자인 결정을 내리는 데 이용한 방법을 살펴보는 데 도움을 준다. 예를 들어, 세 명 혹은 네 명의 디자이너가 테이블에 둘러앉아 서로 잘 이해하고 있는 프로젝트를 위한 다양한 디자인 콘셉트를 검토하고 있다고 가정하자. 이들은 모두 다른 접근법을 취하고 있지만 왜 상대방이 자신의 콘셉트에 동의하지 않는지 몰라서 고민하고 있다.

표 5.3 방법적 갈등의 식별에 도움이 되는 패턴

패턴	예시
문제의 열거	각 참여자는 자신의 콘셉트에 필수인 디자인 결정의 목록을 만들고 그 결정을 내린 핵심 근거를 확인한다. 결정 내용부터 시작해서 그 방법까지 역추적할 수 있다.
가정의 열거	각 참여자는 목표 고객, 사업 우선 사항, 제약사항에 대한 모든 가정을 열거한다.
반복	각 참여자가 자신의 콘셉트를 설명하고 다른 이들은 근거에 귀를 기울인다. 설명을 들은 사람들이 발표자에게 그 정당성을 다시 설명하여 그들이 제대로 이해했는지 확인한다.
이야기하기	디자이너가 자신의 콘셉트를 비즈니스나 목표 고객의 상황에 맞게 이야기로 구성하여 설명한다. 사용하는 제품과 함께 이야기로 만들면 그 타당성이 드러날 수 있다.
비평을 위한 틀 만들기	모든 발표자가 동일하게 서너 개의 핵심 디자인 결정과 각 결정에 대한 근거를 설명하는 방식으로 발표한다.

방법적 갈등은 유익하다. 방법적 갈등은 디자이너가 내부적인 것을 이해하려고 노력하는 것이고 서로의 프로세스를 이해하고 결정에 깊이 관여하려고 애쓰는 것이다.

결과적 갈등

앞서 얘기한 '방법'의 결과는 해당 방법을 사용해 나온 결과물이거나 그 결정의 내용이다. 여기서 '결정의 내용'에 대한 의견차이는 대부분 좀 더 자연스럽게 받아들인다. 다시 말해, 사람들이 보통 결정한 내용에 동의하지 않기는 하지만 그것이 어떻게 결정이 내려졌는지에 대해서는 크게 주의를 기울이지 않는다. 아마 대부분이 그럴 것이다. 하지만 디자인은 결정자체만큼이나 결정을 내리는 방법도 중요하다.

우리가 디자인 결정이라고 생각했을 때 대부분 결정은 **제품 결정**이다. 제품 결정은 제품이 어떻게 보이고, 느껴지고, 작동하고, 상호작용하고, 반응하고, 관심을 끌지에 관한 선택을 포함한다. 결국, 이는 사람들이 그 제품을 생각할 때 무엇을 떠올리느냐이다.

하지만 디자인 프로세스에서 다른 종류의 결정도 있다. 표 5.4에서 보듯이 실행, 계획, 목적이 그것이다.

표 5.4 다양한 종류의 결정. 모두 알파벳 P로 시작한다.

유형	결정 내용	예시
제품(Product)	디자인하고 있는 것의 외관, 느낌, 행동방식과 상호작용.	마무리 부분의 색상
실행(Performance)	디자이너의 기여	세부사항을 발전시키고 디자인 결과물을 만드는 방법
계획(Plan)	프로젝트를 구조화하기 위해 선택한 방식	사용성 테스트를 디자인 과정 중에 하는 대신에 프로토타입이 완성된 이후에 하기로 한다.
목적(Purpose)	디자인 문제와 궁극적인 프로젝트 목표를 표현하는 방식	'사용자의 행복'을 프로젝트의 기본 목표로 설정한다.

이러한 결정 유형은 점점 더 추상적이 되어 제품 그 자체보다는 과정에 관한 것이 된다. 이들은 상호의존적이라 목적에 관한 결정이 계획, 실행 그리고 제품에 대한 결정에 영향을 미친다. 종종 한 가지 결정 유형의 내용에 따라 다음 결정의 방법이 선택된다.

그림 5.3은 각 결정유형의 상호연관성을 보여준다. 한 결정의 내용은 다른 결정의 방법이 된다.

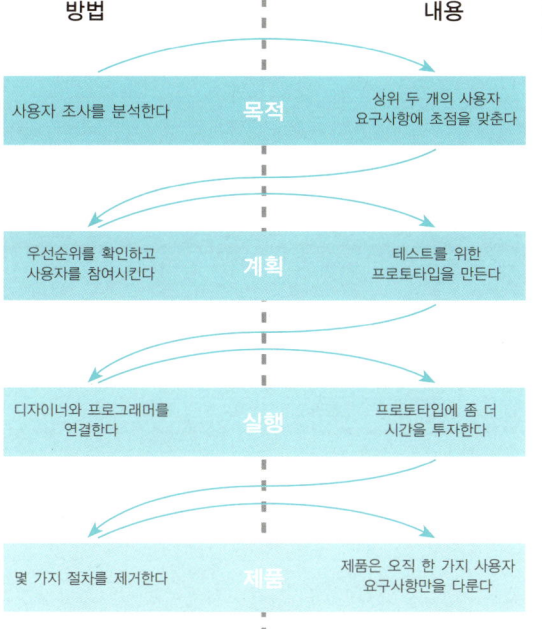

그림 5.3
다양한 결정유형의 상호연관성

이러한 상호연관성 때문에 실제 갈등이 모호해질 수 있다. 제품에 관한 결정에서 의견이 일치하지 않아 그 바탕에 깔린 목적에 대한 근본적인 의견 차이를 알아차리기 어렵게 할 수 있다.

제품 갈등의 인식

제품 갈등: 제품이 어떻게 보이고 어떻게 작동해야 하는지에 대해 의견차이를 보일 때

제품 갈등은 매우 명확하므로 아마도 가장 인지하기 쉬운 갈등일 것이다. 제품을 위해 무엇이 옳은지에 대해 의견차이를 보이는 것이다. 제품의 아름다움, 기능, 느낌, 스타일 및 사용성에 대한 결정이 모두 포함된다.

이 갈등의 바람직한 해결책은 제품을 위한 올바른 결정을 내리는 방법에 대해 논의함으로써 방법적 갈등으로 되돌아가는 것이다.

실행 갈등의 인식

실행 갈등: 계획을 어떻게 실행하느냐에 대해 의견차이를 보일 때

실행 갈등도 인지하기 쉬울 것이다. 프로젝트에서 어느 한 사람의 기여에 대한 것이기 때문이다. 반면에 이 갈등은 개인에 따라 매우 다르므로 해결하기가 가장 어려울 수도 있다.

디자인 프로세스는 최종 제품에는 드러나지 않는 많은 활동과 결정을 동반한다. 실행 결정은 제품 결정과는 독립적일 수도 있지만, 경험이 있는 디자이너는 디자인 과정에 내린 결정과 제품에 포함된 결정 사이에 종종 직접적인 연관이 있음을 알고 있다.

실행 갈등의 바람직한 해결책은 기대수준을 설정하는 것으로 팀 구성원이 그들에 대한 기대치가 어느 정도인지 알 수 있게 하는 것이다.

계획 갈등의 인식

계획 갈등: 프로젝트의 올바른 구조에 대해 의견차이를 보일 때

계획 갈등은 두 가지 방식으로 드러난다. 그중 하나는 모호한 계획이고 나머지 하나는 접근법에 대한 의견차이다. 계획이 모호할 때 사람들은 프로젝트가 어떻게 진행될 것인지에 대해 가정을 하게 된다. 계획에 대해 충분히 논의하지 않으면 이 팀은 이전 경험을 바탕으로 프로젝트의 구조를 예상하게 된다.

이 유형의 갈등에서 바람직한 해결책은 요구사항에 대한 이해를 바탕으로 접근법을 조정하는 것이다. 사람들이 프로젝트의 목표를 이해하지 못하고 있다는 사실을 깨닫게 되면 계획에 대한 갈등은 목적에 대한 갈등으로 빠르게 확대될 수 있다.

목적 갈등의 인식

목적 갈등: 왜 이 프로젝트가 중요하고 무엇이 프로젝트를 이끌고 있는지에 대해 의견차이를 보일 때

목적은 프로젝트의 한계를 정하고 제약하는 외부의 힘에 대한 포괄적인 용어다. 목적 갈등은 프로젝트에서 '왜'에 해당하지만 '얼마나 많이'에 해당할 수도 있다. 목적에 관한 갈등은 다음으로부터 비롯될 수 있다.

- **프로젝트 목표에 대한 의견차이**: 프로젝트가 무엇에 대한 것인지 팀의 의견이 일치하지 않는다.
- **프로젝트 목표에 대한 정의와 명료성의 결여**: 팀이 프로젝트의 목적을 명확히 하는 시간을 가져본 적이 없다.
- **프로젝트 규정요인에 대한 의견차이**: 프로젝트의 범위나 결과를 정의하는 핵심적인 제약사항이 '어느 정도'인지에 대해 팀이 동의하지 않는다.

다른 종류의 갈등에 대한 해결책이 프로젝트 목적에 달려있기도 하다. 목표와 규정요인이 잘 정의되면 다른 모든 갈등도 해결되곤 한다.

바람직한 프로젝트 목적은 다음의 내용을 가능하게 한다.

- 디자인 결정을 위한 합리적인 근거를 제공해 제품 갈등을 명확히 한다.
- 프로젝트 규정요인을 설정해 실행에 관한 목표를 정한다.
- 최종 목표와 한계를 분명히 명시해 계획의 수립을 이끌 수 있다.

두려움: 창의성의 천적

 **데니스 야콥스 (Denise Jacobs)**
연설가, 저자, 전도사

나는 우리 모두가 어느 정도의 디자인 능력을 드러내고 싶을 거라고 깊이 믿는다. 우리는 아무리 작은 그룹에서라도 창의성을 멋지게 발휘하는 사람으로 알려지고 싶다. 누구도 날 수 있다거나 슈퍼맨처럼 강한 힘이나 투시능력 혹은 한 걸음에 빌딩을 뛰어넘을 수 있기를 기대하는 사람은 없겠지만 어떤 형태로든 스스로 직업에서 슈퍼히어로가 되고 싶은 욕망이 있을 거로 생각한다.

디자이너로서 우리는 어마어마한 힘이 있다. 상상이나 마음속에서 그려낸 것을 변환하여 눈에 보이고 유용한 것으로 바꿈으로써 문제를 해결하는 능력이 있다. 더 나아가 우리의 작업으로 세상을 개선하고 긍정적인 변화를 끌어낼 수 있다.

하지만 광명의 순도도 있지만 우리의 지속적인 성공은 두려움이라는 우리 자신의 약점 때문에 좌절될 수 있다.

여러분이 만일 주기적으로 두려움 때문에 약해지고 얼어붙는다면 자신감을 얻어라. 여러분은 혼자가 아니다. 클레어 웜케(Clare Warmke)의 책 '아이디어 혁명(Idea Revolution)'에서 토론토 아모에바(AmoebaCorp)의 디자이너 마이키 리차드슨(Mikey Richardson)은 자신의 경험을 이렇게 소개했다. "그 아이디어가 내 최선이 아닐 수도 있고 다른 사람이 좋아하지 않을 수 있으며 나조차도 좋아하지 않을 수 있다는 두려움. '적합한' 아이디어가 아니라는 두려움. 그 아이디어가 모든 것을 망칠 것이고 나는 산산조각이 날 것이라는 두려움. 아이디어를 만드는 것은 매우 스트레스받고 무겁고 무서운 작업이다." 전부는 아니라고 해도 대부분은 마이키의 두려움에 공감할 수 있을 것이며 이에 더해 비판에 대한 두려움, 팀을 실망시키는 두려움 더는 '새로운', '원조의', 또는 '신선한' 어떤 것을 만들 수 없을 것이라는 두려움까지 추가로 가지고 있을 것이다.

대부분 사람들은 보통 두려움이 도움이 되지 않는다고 알고 있다. 신경과학적 측면에서 볼 때 창의적인 일을 하는 사람에게 두려움은 특히 더 좋지 않다. 사실 두려움은 뇌에서 생산적 자극을 억제한다. 두려움은 새로운 아이디어를 생산할 수 없게 만들어 생각하는 능력을 무력화한다. 아이디어를 만드는 것은 이질적인 생각이 모여 새로운 아이디어를 유발하면서 뇌에 새로운 신경 경로가 생기는 것이다. 쉽게 이야기하자면 두려움은 여러분을 멍청하고 창의적이지 못하게 만든다.

여러분 내면에 있는 비판가는 끊임없이 잔소리하고 여러분의 선택을 추측하며 능력을 의심하는 목소리를 쉼없이 내뱉는다. 이런 비판가는 뇌의 방어적인 목소리 즉, 모든 비평의 복합체, 나쁜 충고, 언젠가 받았던 여러분이나 여러분의 능력에 대한 잘못 인식된 정보다. 어떤 내면의 비판가는 소리 높여 외치기도 하고 또 다른 비판가는 귀에 거슬리는 소리와 귀찮은 잔소리를 끊임없이 낮게 흥얼댄다.

만일 팀이나 클라이언트에게 아이디어를 보여줄 때 완벽하게 만들기 위해 시간을 좀 더 들이고 아이디어에 좀 더 공을 들이는 습관이 있다면 당신은 완벽주의로 고통을 받고 있는 것일 수 있다. 조금만 시간을 더 들이자… 조금만 더 수정하자… 조금만… 그러면 그들이 이걸 좋아할 거야. 그러면 어떤 흠도 찾지 못하겠지. 그러면 어떤 부정적인 말도 할 수 없을 거야. 과연 그럴까? 완벽주의는 '최고의 자기학대'라고 불려 왔다. 사실 진정한 완벽이란 존재하지 않고 여러분이 만드는 그 어떤 것도 절대 완벽하지 않을 것이기 때문이다.

당연히 자신의 직업적 성공은 단지 뜻밖의 행운일 뿐이지만 누군가 여러분이 사기꾼이라는 것을 밝혀낼 때까지는 그대로 모르는 척하고 있을 것이다. 맞는가? 친구여, 여러분은 자신의 재능을 있는 그대로 보지 못할 뿐 아니라 사실은 자신이 재능이 없는 무능력자라는 것이 밝혀질 것 같은 두려움에 떠는 '사기꾼 증후군'을 앓고 있다.

여러분의 두려움이 어떤 형태이든 내 생각은 다음과 같다. 최선의 노력에도 숨겨진 불안과 두려움은 여러분이 최고의 창의력을 발휘하는 것을 막고 있다. 여러분은 슈퍼히어로가 되기를 원한다. 여러분은 프로젝트에, 아이디어를 떠올리는 데에, 팀에 최선을 다하고 싶지만 때로는 이런 노력이 마치 모래 수렁으로 다가가는 것 같이 느껴진다.

창의적인 사람이 하는 일을 정말로 잘해내려면 나 자신과 팀의 일원으로서 훌륭한 일을 못 하도록 하는 방해물과 여과장치를 제거할 필요가 있다. 또한, 두려움 때문에 자신의 우수함이 자연스럽게 표현되는 것을 막는다면 창의적인 일을 제대로 해낼 수가 없을 것이다.

좋은 소식이 있다. 두려움에 대한 반응은 학습되고 습관화된 것이다. 따라서 다른 습관과 마찬가지로 깨어질 수 있고 자신의 정신적 혹은 직업적 행복에 더 유익한 습관으로 대체될 수 있다.

여기 두려움을 없애고 자신의 창의성이 있는 그대로 발현될 수 있도록 해주는 세 단계 프로세스가 있다. 첫 단계는 머릿속에 이런 목소리가 떠올라 자신의 창의적인 힘에 제동을 걸기 시작할 때 그것을 알아차리려고 하는 것이다. 손에 노트를 들고 두려움에 기인한 생각이 떠오를 때마다 표시를 한다. 두 번째 단계는 그러한 생각이 F.E.A.R.('사실처럼 보이는 잘못된 증거: false evidence appearing real')라는 것을 인정하는 것이다. 세 번째 단계는 그러한 생각을 다른 것으로 대체하는 것이다. 강한 상상의 힘을 이용해서 마치 원치 않는 파일처럼 그 생각을 삭제하는 상상을 하고 나서 자신이 창조해내는 능력에 관한 실제 무언가를 생각한다. 자신이 과거에 만든 훌륭한 것을 떠올리게 하는 무언가를 주위에 두면 이 상황에 도움이 된다.

슈퍼맨이 자신의 약점인 크립토나이트에 대응할 수 있는 아무런 방법이 없었던 것과는 달리 우리는 두려움을 직시할 능력이 있고 그 두려움을 생산적인 창의력으로 변환할 수 있다. 자신의 강력한 창의력을 제대로 표현하는 것은 그것을 통해 나타날 이익을 고려하면 충분한 가치가 있다. 그것은 바로 이 첫 번째 단계에서 시작된다.

갈등의 외부 원인

갈등은 결정 그 자체로는 발생되지 않을 수도 있다. 오히려 팀 구성원이 서로 상호작용하는 방식에서 비롯할 수 있다. 이러한 갈등의 원인은 내부가 아니라 외부에 원인이 있다고 여겨진다. 이러한 상호작용이 약간의 짜증스러움에서 점점 더 심각해지면서 팀 구성원들은 공감대를 형성하지 못하게 될 수 있다. 결국, 팀 구성원은 이런 긴장감을 극복할 수 없으므로 프로젝트에 기여할 수 없게 된다.

나는 네 가지 유형(그림 5.4)의 긴장을 경험했는데 이 긴장들은 공감대의 형성을 방해하면서도 약간의 근원적인 의견차이의 징후를 보인다. 예를 들어, 누군가 오해를 받거나 배제된다고 느낀다면 이를 꼭 해결해야 하기는 하지만 바람직한 갈등은 결국 결정 그 자체에서 비롯되는 것이지 사람들이 어떻게 느끼냐에서 비롯되지 않는다.

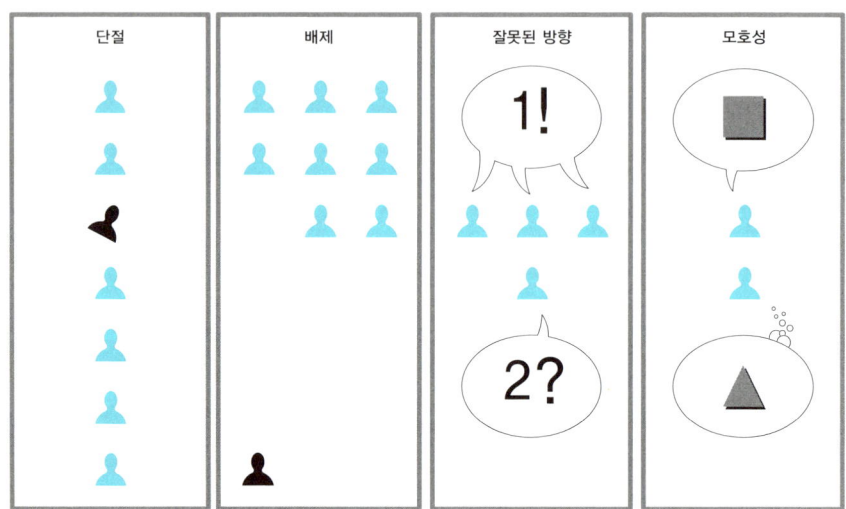

그림 5.4
긴장에 대한 네 가지 표현

하지만 때로는 긴장이 대화를 지배할 수 있다. 갈등의 해결은 공감대를 형성하는 것을 뜻한다. 누군가 소외나 방어적인 태도를 보인다면 그 사람은 공감대를 형성하고자 하는 마음가짐이 아니다. 사람들은 자신이 이해받고 있다거나 팀의 일부라고 느끼고 싶어 하고 실제로 그렇게 될 때 공감대를 형성하게 된다.

이러한 긴장감을 이해할 때 비로소 표면적인 문제를 처리하고 실제 내면의 이슈를 드러낼 수 있다.

단절

때때로 갈등은 두 사람 이상이 화합이 안 되는 방식으로 나타난다. 이들은 이해하고 있는 내용이 서로 같지 않으므로 공감대를 형성하지 못한다. 여기서 문제는 누군가 프로세스에서 제외(다음 섹션에서 살펴볼 배제)되거나 제대로 이해받지 못하는(좀 더 뒤에 살펴볼 모호성) 것이 아니다. 팀이 계획을 수행하기 위해 서로 협력하며 일하고 있지 않다는 것이다.

구체적으로 보자면 단절된 팀의 구성원은 다른 구성원의 활동이나 결과는 모른 채 자신의 작업만 한다. 그들은 각 독립적인 개체로 보고 같은 목표를 위해 일은 하지만 그 일을 함께 해야 하는 것은 아니라고 생각한다. 이 갈등을 좀 더 미묘하게 표현하면 팀원들이 함께 일은 하지만 다른 사람의 최대 관심사에는 신경 쓰지 않는 즉, 서로에게 무관심한 것이다.

단절은 다음과 같이 명백한 프로젝트 위험으로 스스로를 드러낸다.

- 중복 작업: "그 작업은 제가 벌써 했는데요!"
- 빠진 조각: "잠시만요, 이 작업은 누가 하고 있는 거죠…?"
- 예기치 않은 종속관계: "저는 단지 당신의 작업이 끝나는 걸 기다리고 있어요."

프로젝트팀이 절망적인 단절상태라면 팀의 연결을 복원하기 위해 마련된 표 5.5의 패턴을 살펴보자.

표 5.5 프로젝트팀을 다시 연결하기 위한 패턴

패턴	방법	예시
기본으로 돌아간다	기본 프로젝트 운영 기법에 기초하여 팀의 체계를 잡는다.	"모든 사람이 각자 작업리스트를 작성하고 개개인을 위한 중간점검 일정을 짜보도록 하죠."
워크숍 미팅	회의시간을 일방적인 발표가 아닌 서로 소통하는 토론시간으로 활용한다.	"목요일 브레인스토밍 워크숍에 참석해주세요. 모든 사람이 아이디어를 내는 데 기여할 기회를 가질 수 있습니다."
상사 핑계 대기	특정 필요와 요구에 따라 동료에게 책임을 돌린다.	"저기, 크리에이티브 디렉터가 모든 사람이 아이디어를 공유할 기회를 갖길 원하네요. 스티커에 각자의 아이디어를 적고 벽에 붙여 토론합시다."

배제

사람들이 갈등을 느끼는 또 다른 방식은 활동에서 배제됐다는 느낌이 드는 것이다. 배제는 단절과는 다르다. 적극적인 참여자도 다른 사람들로부터 단절될 수 있다. 배제됐다고 느끼는 사람은 참여조차 할 수 없는 것이다.

팀의 두 구성원인 윌리엄과 로라를 생각해 보자. 이 팀은 두 달 가량 인트라넷을 위한 디자인 프로젝트 작업을 함께 해오고 있다. 프로토타입을 완성했고 사용성 테스트를 수행했다. 팀은 테스트의 결과를 검토하려고 회의를 하고 있다. 로라와 윌리엄은 회의에 도착했고, 회의가 시작되기 전에 로라는 프로젝트에서 제외된 느낌이라고 이야기한다. 로라는 모든 회의에 초대됐지만 10% 정도만 참여했다. 팀이 이 프로젝트를 특히 공격적으로 추진해왔던 것은 아니지만, 로라는 프로젝트의 흐름을 따라갈 수 없었고 결국 거의 포기한 상태로 배제됐다고 느끼고 있다.

윌리엄은 모든 회의에 참여했고 모든 대화에 참여했으며 어디서든 최대한의 기여를 했다. 하지만 로라가 단절된 느낌을 언급할 때 윌리엄도 마찬가지로 그렇게 느낀다고 말한다. 윌리엄의 말은 자주 무시되거나 묵살됐다. 누구도 그의 이메일에 답하지 않았으며, 이와 같은 상황은 개인에 대한 문제가 아니라 큰 프로젝트에서 작업하는 바쁜 팀의 일반적인 현상이다.

이 팀의 나머지 사람들은 어리둥절하다. 한 사람은 초대되어도 회의에 참석하지 않았고 또 한 사람은 참석했는데도 두 사람 모두 프로젝트에서 분리됐다고 느끼는 것이다. 사실은 프로젝트와 연결됐다는 감정이 단지 회의에 참석하거나 회의 초대장에 이름이 포함되는 것을 의미하는 것이 아니다. 이 감정은 두 가지를 의미한다.

- 모든 회의에 참여하지 않았다고 하더라도 프로젝트의 흐름을 따라가는 것
- 의견을 들어주고 이해하며 깊이 생각하고 논의하여 의미 있게 만드는 것

노트:
명확히 얘기해서 프로젝트팀이 모든 참여자를 아기처럼 돌보거나 스스로 노력하지도 않는 사람을 위해 혼신의 노력을 다해야 하는 것은 아니다.

이 두 가지까지 신경 쓰는 것은 어쩌면 회의에 참여하고 의미 있는 기여를 하는 사람들에게 큰 짐을 지우는 것처럼 생각될 수 있다. 그들이 동료들까지 책임져야 한다는 것인가? 음 그렇다. 그것이 이 책 전체의 요점이다.

다음 표는 단절을 해결하기 위한 패턴이다. 표 5.6은 자신이 배제된다고 느낄 때 시도할 수 있는 예이고, 표 5.7은 어떤 팀 구성원이 배제됐다고 느끼는 걸 알았을 때 시도할 수 있는 예다.

표 5.6 배제됐다고 느낄 때 참여하기 위한 패턴

패턴	방법	예시
기대를 설정한다	할당된 시간에 내가 할 수 있는 것과 할 수 없는 것을 기술한다.	"네, 저는 이 프로젝트에 제 업무시간 반을 쓰고 있고 제가 맡은 작업은 그리 오래 걸리지 않을 것 같아요. 일을 좀 늘렸으면 좋겠습니다."
상부상조	협력할 기회를 찾는다.	"저기, 이 프로젝트에 좀 더 도움이 되고 싶은데요. 지난번 회의에서 몇 가지 언급하셨는데, 제 생각에 이 일을 제가 할 수 있을 것 같습니다."
우선순위 설정에 대한 도움을 청한다	작업의 우선순위를 정하는 데 도움을 구한다.	"제가 잘못된 부분에 집중하고 있어서 프로젝트에 도움이 안 되는 것 같은데요. 제 작업을 좀 함께 검토할 수 있을까요?"

표 5.7 다른 사람이 배제됐다고 느낄 때 참여시키기 위한 패턴

패턴	방법	예시
상태를 요약한다	자신이 제대로 이해하고 있는지 확인하기 위해 상대방의 관점을 서술한다.	"각자가 무엇을 해야 할지 그리고 그 기대치가 무엇인지에 대해 이야기 해봅시다."
들은 바를 써본다	화자가 이야기하는 것을 듣고 있다는 것을 보여주기 위해 시각적으로 기록한다.	"계속 이야기하세요. 제가 화이트보드에 메모를 작성할게요. 잘못된 부분이 있으면 알려주세요."
반복	화자가 이야기했던 것을 그 사람에게 다시 반복해주어 이해를 확실히 한다.	"제가 바로 이해했는지 확인해보죠. 그러니까…"

잘못된 방향

'나무만 보고 숲은 보지 못한다'는 말은 너무 세부적인 내용에만 초점을 맞춰 큰 그림을 놓친다는 의미에 대한 표현이다. '사슴을 쫓는 자는 산을 보지 못한다'도 거의 같은 내용을 의미하는 또 다른 표현이다.

사실 '잘못된 곳에 집중하는 것'은 언제든지 발생할 수 있으며 또 세부적인 내용에 대해서만 일어나는 것도 아니다. 나는 흔히 나무를 놓치고 숲만 보는 편이다. 즉, 큰 그림을 설명하는 데 너무 많은 시간을 쏟으면서 필수적인 세부사항은 놓치곤 한다. 나는 자신의 방법론을 사용하는 데만 너무 집중한 나머지 디자인 문제 자체를 놓치는 사람들과 일해본 적이 있다. 또 다른 사람들은 너무 디자인 문제에만 집중해서 실질적 문제나 사업적인 부분은 보지 못하는 사람도 있다. 어떤 이들은 제품이 사용될 방식을 왜곡된 관점으로 바라보기도 한다. 또 어떤 사람들은 특정 고객의 요구사항을 다른 것보다 중요시하기도 한다.

나는 이 문제를 모두 합쳐서 무대 마술 용어에서 빌려온 '미스디렉션(Misdirection)'이라고 부른다. 이 용어는 마술사가 청중의 주위를 손의 속임수로부터 다른 곳으로 돌리는 기술을 나타낸다. 디자인 프로세스에서 미스디렉션은 바람직하지 않은 것으로 디자인 문제나 디자인 솔루션의 한 부분이 다른 모든 부분을 가려버리는 상황을 나타낸다. 상황이 좀 더 미묘해진 경우에는 지식이나 통찰력의 부족 때문에 관점이 한쪽으로 치우치는 상황을 가져오기도 한다. 어느 경우든 이러한 증상은 이해의 불균형을 나타낸다.

팀이 잘못된 것에 집중하고 있거나 집중해야 할 대상에 동의하지 못할 때는 표 5.8의 패턴을 고려해본다.

표 5.8 집중을 위한 패턴

패턴	방법	예시
가정들을 나열한다	각 개인의 상황을 대변하는 근본적인 추정을 나열해본다.	"디자인 결정을 이끄는 것들에 대해 서로 동의하는지 확인해 봅시다. 그렇게 하면 우리가 어디에 집중해야 할지 알 수 있을 것입니다."
업무범위를 줄인다	할당된 업무의 범위를 줄인다.	"제 생각엔 말이죠. 우리가 너무 많은 것을 하려고 하는 것 같아요. …에 집중을 해봅시다."
우선순위 설정에 대한 도움을 청한다	작업과 할당업무의 우선순위를 확인하여 무엇에 먼저 집중해야 할지 파악한다.	"우리 앞에 놓인 현안 디자인 문제를 모두 나열해 어떤 것을 먼저 처리해야 할지 우선순위를 매겨보죠."

모호성

어떤 갈등에서는 사람들이 다른 사람들에게 자기를 이해시킬 수 없다고 느낀다. 말로든 그림으로든 아이디어를 표현하려고 해도 할 수가 없는 것이다. 서둘러 스케치한 디자인 콘셉트의 이야기를 따라갈 수 없을 때처럼, 이런 오해는 대화 도중 순간적으로 지나가기도 하지만 어떤 때는 이러한 오해가 해결이 안 되고 이후에 영향을 끼쳐 디자이너가 크리에이티브 디렉터의 모든 피드백을 무시한 것과 같은 아이디어를 제출하기도 한다.

첫 번째 경우에 디자이너는 아이디어를 급히 구상하고 나서 팀에게 그 콘셉트를 보여준다. 이 디자이너는 이 콘셉트에 대해 명확히 하려는 동료들로부터 수많은 질문을 받을 수 있다. 그리곤 이미 설명한 부분에 대한 것을 동료들이 질문할 때 스스로 이해받지 못하고 있다고 느낀다. 좀 더 자세히 설명하려고 할수록 이 콘셉트는 나머지 팀 동료들에게 더 모호해지게 된다. 이 디자이너는 아이디어를 설명할 다른 방법을 찾는 것이 아니라 완전히 포기해 버릴 수 있다.

두 번째 경우에 크리에이티브 디렉터는 자신의 지시가 무시되었다는 것에 화가 날 수 있다. 자신이 이해받지 못하고 있다고 느낄 수 있지만, 책임을 디자이너에게 돌리고 프로젝트에서 그 디자이너를 배제하려고 한다. 그녀는 반항적이거나 고집이 세거나 기본적인 지시조차 이해하지 못하는 이 디자이너와는 일할 수 없다고 생각할 수 있다. 뭔가 명확하지 못하다고 느낀다면 표 5.9에서 제시하고 있는 명료성을 위한 패턴을 살펴본다.

표 5.9 명료성을 위한 패턴

패턴	방법	예시
책임을 진다	스스로 탓하고 동료들이 방어적이 되지 않게 한다. 자신의 아이디어를 표현할 적합한 방식을 찾을 수 있게 도와달라고 요청한다.	"제가 잘 표현하고 있는지 확실히 모르겠네요. 처음부터 시작해볼게요. 제 설명에서 뭔가 빠진 것이 있으면 알려주세요."
그림을 그린다	스스로를 표현하는 데 시각자료를 이용한다.	"명확하게 설명하고 있는지 확인하기 위해 제가 이야기하고 있는 것을 한 번 그려볼게요."
한 가지를 선택한다	한 가지 측면을 선택하고 그것에 초점을 맞추어 상황을 설명한다.	"X에 초점을 맞춰보겠습니다. 다른 것에 관해 이야기하기 전에 X를 정확하게 설명하겠습니다. 괜찮겠습니까?"

갈등의 예

이 장의 시작 부분에서 설명한 갈등의 요소는 어려운 상황을 분석하는 데 사용할 적당한 용어를 제시한다. 그러나 그 용어가 상황에 따른 미묘한 차이를 모두 설명할 수는 없다. 그 용어의 목적은 디자이너가 갈등을 만드는 진짜 장애물이 무엇인지 판단할 수 있게 하는 데 있다. 문제가 결정 자체에 있는 것인가? 혹은 긴장으로 문제를 더 잘 설명할 수 있는가? 갈등을 만드는 장애물을 식별하는 것이 상황을 해결하는 첫 번째 단계이며 그 갈등을 생산적인 것으로 변화시키려는 것이 두 번째 단계다.

갈등을 그 구성요소들로 분해하는 것은 분석에 도움이 되지만 현실에서는 그렇게 쉽게 되지 않는다. 현실과 이론 사이의 간극을 메워주기 위해서 몇 가지 시나리오를 통해 용어를 어떻게 적용할 수 있는지 보여주려고 한다.

시나리오 1: 느린 진행속도에 대한 대응

리와 카라는 핵심 경제지표의 정보를 표시하는 대시보드를 위한 콘셉트에 대해 함께 작업 중이다. 이 대시보드는 회사 운영진을 위한 것이다. 디자인 리더인 카라는 리에게 판매사나 협력사와의 현안 거래를 표시할 화면을 위한 아이디어를 구상하도록 업무를 배정했다. 이 대시보드는 더 많은 부분을 다루지만, 거래가 그중 핵심 요소를 차지한다. 프로젝트는 4주가 되었으며 팀은 이 디자인 문제에 몰두해왔다. 이제 팀원들은 용어, 내용의 범위와 예상되는 기능에 대해 잘 알고 있다.

리는 서둘러 그린 듯 세부사항이 부족한 직사각형과 구불구불한 선으로 이루어진 스케치를 가지고 리뷰 미팅에 들어왔다. 이 콘셉트는 생각이 제한적이고 무엇보다도 리가 이 프로젝트를 제대로 이해하지 못하고 있음을 보여주고 있다.

카라는 리가 왜 디자인 콘셉트에 대해 더 진전을 이루지 못했는지 의아해하며 리를 대면한다. 여기서 카라는 이것이 실행 문제(실행 갈등) 중 하나라고 가정하여 리가 게을렀기 때문에 할당된 업무를 완성하지 못했다고 생각할 수 있다.

하지만 카라는 그렇게 언급하기 전에 가능성이 있는 다른 문제를 검토하여 제거하기로 한다.

- 이 문제는 **제품**에 대한 갈등(제품 갈등)은 확실히 아니다. 카라가 리의 디자인 제안에 동의하지 않는 것이 아니다.
- 이 문제는 **계획**에 대한 갈등(계획 갈등)일 수 있다. 카라가 리에게 필요한 아이디어를 구체화할 만큼 충분한 시간을 할당하지 않았을 수 있다.
- 이 문제는 **목적**에 대한 갈등(목적 갈등)일 수 있다. 프로젝트에 투입된 지 몇 주가 지났음에도 리는 여전히 프로젝트의 본질을 이해하지 못할 수 있다.

카라는 이 문제가 계획이나 목적에 관한 것일 수 있다고 생각하지만 실행적인 측면부터 살펴보려고 한다.

노트: 카라가 이 갈등을 어떻게 다룰지 읽어보기 전에 당신이라면 이 상황을 어떻게 다룰 것인지 생각해보라.

카라: 그러니까 리. 전 이 스케치보다는 좀 더 구체적인 아이디어를 기대했어요. 프로젝트의 지금 시점에서라면 스케치에는 실제 내용이 사용돼야 할 것 같거든요. 또, 급하게 할당된 부분도 아니어서 세부내용을 추가할 시간이 있었을 것 같은데요.

리: 스케치가 좀 부족하다는 것을 알고 있어요. 솔직히 충분한 시간을 들이지 못했거든요. 두세 시간은 들였어야 했는데 한 시간밖에 들이지 못했어요.

카라: 솔직히 한 시간뿐이었다고 해도 좀 더 상세하게 만들 수 있지 않았을까요?

리: 거래의 세부사항을 보여주는 접히는 패널에 대한 아이디어에 시간이 많이 들었어요. 여기 보이시죠?

카라: 그럼, 인터페이스의 한 가지 부분에 대한 생각으로 시간을 다 썼다는 거군요?

리: 맞아요.

카라: 알겠어요. 그렇다면 리뷰 미팅의 나머지 시간에 이 스케치를 좀 더 진전시켜보는 게 어떨까요? 괜찮겠어요?

리: 좋은 생각이에요. 제 스케치를 좀 더 효과적으로 만드는 데 도움을 받을 수 있을 것 같아요.

시나리오 2: 디자인 원칙을 명확히 하다

샤론과 갤런은 다양한 보안제품을 판매하는 첨단기술회사의 웹사이트를 함께 작업 중이다. 제품목록은 다양하고 전문적이어서 정보구조와 디자인이 특히 까다롭다. 이 회사는 개인사용자를 대상으로 한 온라인과 홈네트워킹 보안제품을 출시할 예정이다. 신제품들에서는 자사의 이름과 이미지를 최대한 보존하면서도 좀 더 가벼운 시각적 디자인을 도입하길 바라고 있다. 샤론과 갤런의 프로젝트는 이 제품들을 소개하기 위한 별도의 웹사이트를 제작하는 것이다.

샤론과 갤런은 크리에이티브 디렉터에게 작업결과물을 보여주기 전에 서로의 작업을 상호 검토한다. 각자 자신의 작업을 보여주다가 서로 매우 다른 접근법을 사용했다는 것을 깨닫는다. 샤론의 디자인은 본래 웹사이트의 시각적 디자인 요소들을 많이 반영했다. 그녀는 색상을 부드럽게 하고 약간의 텍스처를 도입했지만, 그 밖에는 같은 글자체를 사용하였다. 그에 반해 갤런의 콘셉트는 전체적으로 새로운 색상을 사용하고 활자체를 바꾸며 모회사로의 참조를 최소화하는 등 기존과는 완전히 다른 콘셉트다.

두 디자인 모두 프로젝트 초기에 팀에서 설정한 스케치를 따르고 알맞은 정보를 우선순위에 따라 배치하고 같은 내비게이션 시스템을 도입하고 있다. 두 디자인은 신제품을 위한 웹사이트를 만든다는 같은 목표를 완수하지만 서로 다른 접근법을 취하고 있다.

두 디자이너 모두 디자인이 왜 이렇게 차이가 나는지 이해하지 못한다. 얼마간의 토론 후에 이것이 결과가 아닌 방법의 차이(방법적 갈등)라는 것을 깨닫는다.

샤론: 갤런의 디자인은 회사의 이미지와는 완전히 달라 보여요.

갤런: 알고 있어요. 그 회사의 시각적 시스템에서 최대한 벗어나려고 했어요.

샤론: 하지만 그 회사에선 그들의 브랜드 원칙을 확장해 달라고 특별히 요청했어요.

갤런: 맞아요. 그렇게 한 걸요. 신뢰성, 자신감, 접근성을 내포하는 디자인을 만들었어요. 이 모든 요소가 이 회사의 브랜드 시스템의 핵심이죠.

샤론: 하지만 갤런은 그 회사의 색상 중 어느 것도 이용하지 않았어요. 심지어 로고도 잘못되었는데요.

갤런: 잘못되었다고요? 저는 사용자 조사 결과를 바탕으로 축소한 거에요. 기억해보세요. 대부분 개인사용자가 그 회사의 이름을 인식하지 못하거나 몇 년 전 금융업종에서의 스캔들 때문에 그 회사를 신뢰하지 않는다고 했잖아요.

샤론: 맞아요. 하지만 클라이언트는 여전히 그 회사 브랜드와의 연관성을 유지할 필요가 있다고 했지요. 결국, 이들은 자신이 누구인지 투명하게 밝히고 싶어한다고요. 저는 원색을 사용하는 것을 자제하고 재미있는 요소를 도입했지만 그들의 브랜드 시스템의 표준 테두리 안에 머물려고 노력했어요.

갤런: 그렇지만 기본적으로 사용자 조사결과는 무시했네요.

샤론: 우선순위를 결정해야 했고, 클라이언트의 방향이 제겐 좀 더 중요했던 것 같아요.

갤런: 이 문제는 클라이언트와 논의해서 결론을 내는 게 좋을 것 같아요. 그렇지 않아요?

샤론: 동감이에요. 하지만 내 생각에는 크리에이티브 디렉터를 우선 모셔와서 클라이언트가 우선순위를 아직 명확히 제시하지 않은 것이 맞는지 확인해야 할 것 같아요.

요약

때로 갈등을 해결한다는 것은 쉬운 부분이다. 더 어려운 부분은 진짜 문제를 찾아내는 것이다. 여러분과 내가 단지 디자인 방향에 동의하지 않는 것인가? 아니면 또 다른 문제가 있는 것인가? 만일 여러분과 내가 디자인 방향에 대해 의견이 일치하지 않는다면 우리가 디자인 문제에 대해 이해를 달리하기 때문인가? 혹은 프로젝트 규정요인에 대해서? 아니면 프로젝트의 우선순위에 대해서?

이 장에서는 갈등은 내적 혹은 외적일 수 있다는 것을 설명하면서 상황을 분석하기 위한 용어를 정의했다.

갈등의 내적인 이유는 디자인 결정 그 자체에서 비롯된다.

- 방법적 갈등: 이 갈등의 이유는 결정이 어떻게 내려지는지와 관련 있다.
- 결과적 갈등: 이 갈등의 이유는 결정의 내용과 관련 있다.

디자인 결정은 네 가지 유형의 결과 중 하나를 산출하며 디자이너는 다음에 대한 공감대가 없을 수 있다.

- 제품: 제품의 디자인에 대한 결정
- 실행: 디자이너가 수행한 것이나 행동하는 방법에 관한 결정

- 계획: 프로젝트 구조의 결정
- 목적: 프로젝트나 제품의 목표에 관한 결정

갈등의 외부적 원인은 긴장에서 비롯되고 이런 긴장은 사람들이 어떤 상황에서 어떻게 상호작용하고 반응하는가에 따라 달라진다.

- 단절: 활동적인 참여에도 그 사람이 프로젝트에 성공적으로 기여하지 못하고 있다고 느낀다.
- 배제: 이 사람이 프로젝트에 참여하지 않는다.
- 잘못된 방향: 이 사람은 디자인 과제의 잘못된 부분에 집중하고 있다.
- 모호성: 이 사람은 자신을 분명하게 표현하지 못한다.

상황을 분석하고 이해하는 것은 과학보다는 예술이며 디자이너가 어떤 상황을 완전하게 분석할 충분한 시간을 갖기란 쉬운 일이 아니다. 하지만 디자이너가 자신의 어려움을 되돌아보는 시간을 가질 때 이것이 디자인 결정의 내적 갈등인지 아니면 외적 갈등인지 간단히 자문해볼 수는 있다. 그리고 이로써 해결책을 찾아 나갈 수 있다.

6

갈등 모델:
패턴, 상황, 특성

창의적인 프로젝트에서 어려운 논의는 다양한 크기와 형태로 나타난다. 그러한 논의와 관련된 사건도 마찬가지로 다양하다. 다음은 내가 지난 몇 달간 경험한 것들이다.

- 중요하지만 제시간에 받지 못한 너무 늦은 고객의 피드백은 디자인 콘셉트의 기본 구조를 크게 뒤흔든다. 팀은 몇몇 중요한 구성요소를 수정해야 하고, 프로토타입의 초안을 정해진 시간에 끝내야 한다는 압박에서 프로토타입 제작자는 지연되는 디자인 결정에 의문을 품게 된다.
- 어느 팀 구성원은 할당된 일을 완료하지 않은 채 새로운 프로젝트로 옮겨가서 그 팀이 그 공백을 메우는 데 도움을 주지 않는다.
- 고객은 팀에게 더 많은 일을 요구하고 싶어하지만 팀은 추가 작업을 감당할 여력이 없다. 고객은 제한된 자원을 수용하기 위한 작업의 우선순위를 정하지 못한다.

4장에서 설명했던 것처럼 이러한 모든 시나리오에는 공감대의 부족이 내포돼 있다. 예를 들어, 마지막 시나리오에서 고객과 팀은 그들 사이의 관계를 서로 다르게 이해하고 있다.

5장에서는 위의 각 시나리오에서 실제로 무슨 일이 벌어지고 있는 것인지 식별할 수 있게 도와주는 몇 가지 아이디어를 제공했다. 예들 들어, 위의 두 번째 시나리오에서 이 팀의 리더는 확실히 능력에 문제가 있지만, 갈등의 외적 원인에도 주의를 기울여야 한다. 이 경우 디자이너는 프로젝트에서 단절됐다고 느낄 수 있다.

갈등에 관한 건설적인 논의를 하려면 디자이너는 위의 예들뿐만 아니라 많은 다른 유형의 시나리오를 다룰 수 있는 모델이 필요하다. 이 장에서 바로 그에 관해 다룰 것이다.

갈등의 모델

갈등에 관해 이야기하는 방법 중에서 가장 효과적인 모델은 다음 세 가지 측면을 포함한다(그림 6.1).

- **상황**: 갈등 자체가 나타나는 다양한 방식
- **패턴**: 팀 구성원이 갈등을 처리하기 위해 할 수 있는 행동
- **특성**: 우리의 반응과 인식을 형성하는 내재된 특성

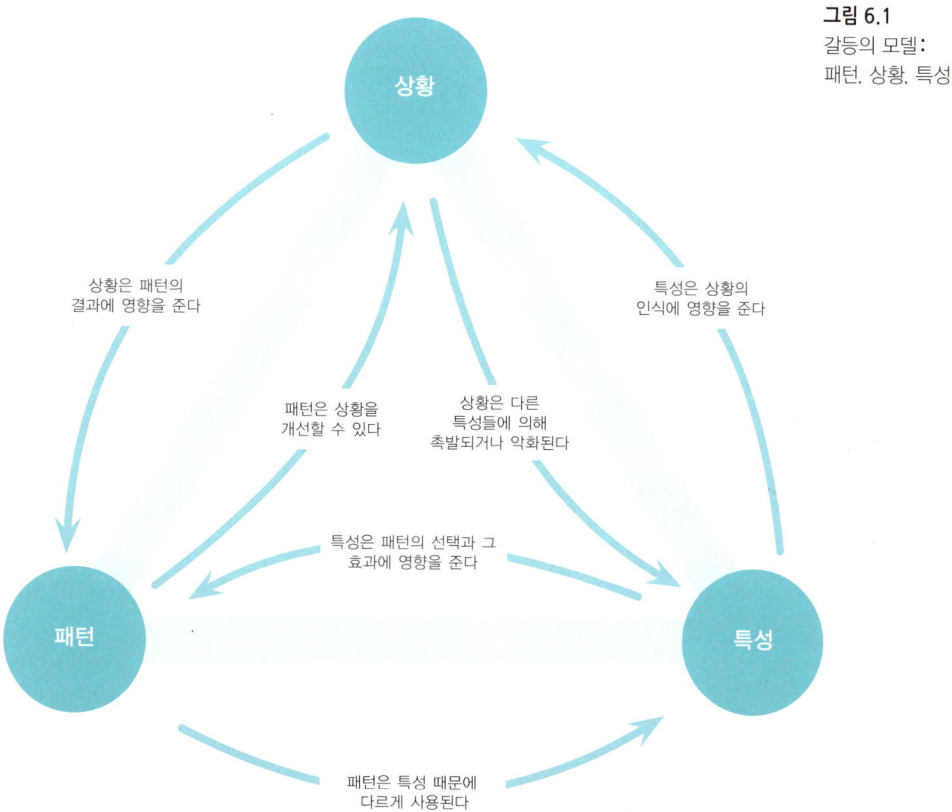

그림 6.1
갈등의 모델:
패턴, 상황, 특성

위 모델은 매우 간결하게 표시한 것으로 이것이 전부는 아니다. 나는 직장생활을 하면서 많은 상황, 패턴, 특성의 예를 모아왔고 그 내용은 9장, 10장, 11장에 각 목록형태로 나열돼 있다. 그 내용은 짧으면서도 실용적이다.

이 장의 나머지 부분에서는 갈등의 모델에 대해 상세히 설명하고 각 요소를 좀 더 깊이 생각해 볼 수 있게 몇 가지 방법을 제공한다.

상황

5장에서는 갈등 그 자체가 나타나는 다양한 상황을 폭넓게 다뤘다. 다시 한 번 상기해 보자면 상황은 디자인팀이 직면한 갈등에서 비롯된 시나리오이며 그 갈등의 원인은 내부적이거나 외부적일 수 있다.

갈등의 내적 원인

내적이라 함은 디자인 결정을 지칭한다. 디자인 결정에는 방법과 결과의 두 가지 측면이 있다. 누구든 결정을 내리는 방법이나 결정된 내용에 동의하지 않을 수 있기 때문에 방법과 결과 두 가지 모두 갈등을 촉발할 수 있다.

디자인 결정을 내리는 다양한 '방법들'이 있다. 보통 두 디자이너 사이의 갈등은 어떤 방법을 사용할지에 대한 의견의 차이에서 비롯한다.

갈등의 외적 원인

노트:
간혹 갈등은 특정 팀 구성원 때문에 발생하기도 한다. 그러한 갈등은 참여자들이 제품의 품질이나 프로젝트의 완성으로 동기부여가 되지 않기 때문에 발생한다. 그들은 프로젝트나 팀이 아닌 자기 자신의 무언가에 의해서 동기부여된다.

외적이라 함은 디자인 결정 이외의 대인관계와 관련된 요소를 나타내는 것으로 사람들이 작업 중에 서로 소통하는 방식에서 기인하는 갈등이다.

프로젝트에서 디자인 결정 외에 갈등이 일어날 수 있는 네 가지 방식이 있다.

- **단절**: 의사소통이 무시되거나 과소평가됨.
- **배제**: 참여할 수 없음.
- **잘못된 방향**: 잘못된 것에 초점을 맞춤.
- **모호성**: 아이디어를 확실히 설명할 수 없음.

이러한 갈등의 외적 원인이 복잡한 상황을 분석하고 갈등의 원인이 되는 근본적인 불확실성에 집중할 수 있게 하는 데 유용하지만 이것들을 모두 나열하기는 불가능하다.

패턴

'패턴'은 이미 디자인 분야에서 특수한 디자인 문제의 '효과적인 출발점'으로 참조해서 널리 사용되는 용어다. 예를 들어, 어떤 패턴은 웹디자이너가 콘텐츠의 긴 목록을 이동해 다니는 방안을 고안할 때나 빌딩 건축가가 건물 입구의 통로를 만드는 방안을 고안하는 데 도움을 줄 수 있다. 이러한 패턴은 있는 그대로 사용할 수 있는 완벽한 방안은 아니지만 그렇다고 구체적인 구현이 없는 것도 아니다. 웹디자인에서는 2000년대에 들어 다양한 패턴 라이브러리가 갑자기 등장했는데 가장 유명했던 라이브러리는 아마도 야후! 디자인 패턴 라이브러리일 것이다.

디자인 패턴처럼 갈등 모델에서의 패턴들도 일반화된 문제를 해결하기 위한 특수한 해결책이다. 이런 갈등 해결을 위한 대응방안을 분류하기 위해 복잡한 상황에서 디자이너가 시도해볼 수 있는 간단한 기법을 제시하려고 한다. 이 기법은 만병통치약은 아니지만 그렇다고 비현실적으로 거창한 것도 아니다.

이 패턴들은 간결한 설명이거나 회의의 틀을 잡는 방식으로 디자이너가 토론에 임하는 다양한 방식에 눈을 뜰 수 있게 해준다. 어려운 문제를 다루는 데 오직 한 가지 접근법만 사용하는 디자이너에게는 도전이 될 수 있지만 무언가 다르게 접근해야 할 필요를 느끼지만 어디서부터 시작해야 할지 모르는 디자이너에게는 버팀목이 될 수 있다.

다음은 이 행동 패턴들의 원칙이다.

- **정답은 없다**: 어떤 정해진 상황에 대해 하나의 정답이 있는 것이 아니다. 특정한 상황에서 어느 패턴이 제대로 작동하면 올바른 답이 되지만 그 패턴이 다음번에 유사한 환경에서는 적용되지 않을 수 있다.
- **다양한 결과**: 하나의 정답이 있는 것이 아니므로 어떤 패턴이든 특정한 상황을 다루기 위해 새로운 접근법을 도입할 수 있다.
- **완벽한 것은 없다**: 반면에 모든 패턴이 모든 상황에 적용되는 것은 아니다. 어떤 상황에 대해 당연해 보이지 않는 패턴의 적용을 생각해 보는 것은 의미 있는 연습이 될 수 있겠으나 실전에서는 참담한 결과를 가져올 수도 있다.
- **수렴성**: 어느 주어진 상황에 대해서 몇 가지 패턴이 같은 결과나 같은 접근법을 내놓을 수 있다. 이는 이러한 다양한 패턴 사이의 차이가 무의미하다는 것이 아니라 단지 이 특수한 상황에 대해서는 생각해 볼 만한 다른 방법이 별로 없을 수도 있다는 의미다.

- **안전구역**: 디자이너는 몇몇 패턴이 자신에게 특히 편안하게 느껴진다는 것을 알게 되고 그러한 패턴을 자주 사용하게 될 수도 있다. 하지만 때때로 문제를 푸는 가장 좋은 방법은 새로운 무언가를 시도해 보는 것이며 이러한 새로운 방법이 참여자를 놀라게 할 수 있기 때문에 특히 효과적일 수도 있다.

이 패턴들을 상황을 다루는 전반적인 접근법에 따라 네 개의 그룹으로 분류했다.

각 패턴유형은 갈등의 외적 원인 네 가지 중 하나에 대응한다(표 6.1). 이는 내적 원인에 대한 패턴이 없다는 의미는 아니다. 단지 갈등 그 자체가 참여자의 행동으로 나타나는 만큼 행동을 통해서, 즉 외적 원인을 해소함으로써 생산적으로 바뀔 수 있다.

표 6.1 갈등의 원인과 갈등의 원인을 다루기 위한 패턴

외적 원인	관련 패턴 유형
단절	공감
배제	참여
잘못된 방향	방향수정
모호성	재구성

공감

어떤 패턴은 팀 구성원 사이의 공감을 형성한다. 이 패턴의 목적은 오해를 무너뜨리는 것으로 참여자가 서로의 관점을 이해할 수 있게 함으로써 공감대를 증진시킨다.

회의록 작성 패턴은 한 사람이 다른 사람이 말하고 있는 내용을 모두가 볼 수 있게 적는 패턴이다. 회의록을 작성하면 화자는 내 말을 다른 사람이 듣고 있다고 느끼며 잘못 해석된 표현에 대해서는 정정할 기회를 가질 수 있다.

참여

어떤 패턴은 사람들이 디자인 프로세스에 좀 더 참여할 수 있게 해준다.

이야기 요청하기 패턴은 한 사람이 다른 사람에게 자신의 아이디어를 이야기의 형태로 표현해 달라고 요청하는 것이다. 이러한 방법을 이용하면 화자는 자신이 좀 더 깊이 대화에 참여하고 있다고 느끼게 된다.

방향수정

어떤 패턴은 협업하는 사람이 올바른 일에 집중할 수 있게 돕는다. 집중할 것을 찾는 데에는 많은 방법이 있다. 어떤 패턴은 주의를 기울이는 범위를 좁히도록 해주고, 어떤 패턴은 참여자가 상황을 다른 방식으로 바라보게 해준다.

작은 걸음 패턴은 팀이나 조직에 큰 변화를 도입하기 위해 처음에 작은 변화를 도입하는 패턴이다. 이 접근법은 사람들에게 좀 더 현실적이고, 두려움이 덜한 접근법을 사용해 변화에 집중하게 해준다.

재구성

어떤 패턴은 언어적인 오해를 극복할 수 있게 협업하는 사람들이 제 생각을 다르게 표현하는 데 도움을 준다. 두 사람이 같은 것에 대해 이야기하는데 다른 '언어'를 사용한다면 그들은 결국 공감대를 형성하지 못할 것이다. 이 패턴들은 디자이너가 스스로 표현하는 데 사용하는 언어를 통일시켜야 한다.

상사 핑계 대기 패턴은 늘어나는 압박과 문제에 대해 희생양(일반적으로 관리자)을 탓함으로써 어려운 상황을 완화시키는 패턴이다. 이 패턴은 상황을 상호 보존의 언어에 넣어 재구성한다.

특성

갈등 모델의 세 번째 부분은 팀원 개개인이 팀에 끼치는 영향에 관한 내용이다. 특성은 개인의 취향, 스타일, 성격을 말한다. 이들 특성은 고유하지만 같은 특성을 가지는 두 사람이 서로 다른 방식으로 표현할 수도 있다.

특성은 이 모델의 중요한 부분이다. 많은 디자인 프로젝트가 비슷한 문제를 경험하므로 그러한 문제를 참여자들과 별개로 다루는 것이 유용하기는 하지만, 디자이너들 또한 그들 자신이 문제 일부임을 인식해야만 한다.

대부분 특성은 그 특성을 어느 정도 갖고 있느냐로 설명된다. 몇몇 특성(예: 투명성)은 순수하게 있거나 없는 것이어서 디자이너들은 이 특성을 아예 가지고 있지 않거나 몇 가지 또는 여러 가지를 가지고 있다. 또 어떤 특성(예: 추상화의 수준)은 양극단이 있고 그 어느 쪽도 특히 더 좋거나 나쁘다고 말할 수는 없다. 그렇다고 어떤 사람이 척도의 어느 한 지점에 항상 머물러 있는 것은 아니다. 모든 사람은 천성적인 경향이 있지만 그러한 특성들 또한 상황에 따라 달라진다.

자기인식

특성은 디자이너가 자신의 동료를 이해하는 데 도움이 된다. 특성은 관점과 취향에 관해 이야기 나눌 수 있는 기반을 마련해 준다. 디자이너가 성장할 수 있게 도와주는 것이 무엇이고, 무엇이 그들을 실패하게 하는지 등에 대한 어림짐작으로 특성을 알 수 있다. 하지만 특성은 디자이너가 자신을 비춰볼 수 있도록 해주므로 중요하다. 디자이너는 자신의 한계, 강점, 자신이 선호하는 것을 이해해야 한다. 자기인식을 통해서 디자이너는 좀 더 효과적인 팀의 구성원이 될 수 있다.

자기인식은 다음 내용을 가능하게 한다.

- 매니저가 디자이너의 작업할당량, 작업속도 및 디자이너의 성공에 영향을 주는 기타 요인을 바탕으로 프로젝트를 할당할 수 있다.
- 리더는 자신이 알고 있는 디자이너의 업무처리 능력에 근거하여 위험을 예측할 수 있다.
- 동료들은 그들이 알고 있는 디자이너의 상황적 약점을 바탕으로 잠재적인 갈등에 미리 대비할 수 있다.
- 동료들은 그들이 알고 있는 디자이너의 능력을 바탕으로 부족한 부분을 지원할 수 있다.
- 디자이너는 스스로 인식하는 자신의 작업 수행 능력을 바탕으로 전문성 향상을 위한 계획을 세울 수 있다.

자기 자신에 대해서든 아니면 동료에 대해서든 특성을 통해 개개인의 성격을 세밀하게 볼 수 있다. 일단 누군가를 알게 되었다면 이제 디자이너는 창의적인 직업에서의 네 가지 기본 특징에 대해서 폭넓은 질문을 던질 수 있다.

네 가지 특징

10장에 열거한 특성들은 디자이너의 강점과 약점을 이해하기 위한 실질적인 기준을 제시한다. 이 특성들은 철저하고 상세하며 프로젝트 규정요인, 의사소통 능력, 다른 관점에서 바라볼 수 있는 능력 등에서의 취향을 다룬다.

새로운 동료를 평가하려고 할 때 다음의 네 가지 질문을 해 볼 수 있다.

스타일: 접근방식은 어떠한가?

창의적인 사람들을 이야기할 때면 종종 '스타일'은 그 사람의 트레이드 마크를 의미한다. 하지만 더 나은 팀을 만든다는 맥락에서 봤을 때 스타일은 업무스타일 즉, 어떻게 다른 사람들과 일하는지 설명하는 특징을 의미한다.

업무스타일은 다양한 형태로 나타난다. 어떤 이들은 대단히 적극적이고 어떤 이들은 수동적이다. 어떤 이들은 강압적으로 밀어붙이는가 하면 다른 이들은 달래는 스타일이다. 어떤 이들은 초기 단계에서 자신의 작업을 보여주고 피드백 받는 것을 선호하고 다른 이들은 완성품을 보여주고 싶어한다. 어떤 이들은 피드백을 잘 이용하지만, 또 어떤 이들은 다른 사람의 비평에 위축된다.

훌륭한 협업자는 다른 사람들의 스타일을 잘 파악하여 자신의 장점을 희생하지 않으면서도 그들과 함께 일하는 방법을 적절히 조절할 수 있다. 그러기 위해 훌륭한 협업자는 함께 일하는데 좋을 수도 있고 어렵게 만들 수도 있는 자신의 스타일에 대한 자기인식을 가지고 있다.

아젠다: 무엇을 원하는가?

한 사람의 아젠다는 그 사람의 핵심 목표이며 '그들에게 무슨 이득이 되는가?'라는 물음에 대한 대답이다.

디자인팀의 모든 사람이 최고의 제품을 만든다는 아젠다를 똑같이 가지고 있을 거라고 생각하곤 한다. 하지만 팀에 있는 사람 수만큼 많은 동기가 있다.

- 업적을 남긴다.
- 일을 좀 더 성공시킨다.
- 승진한다.
- 자신을 증명한다.
- 자기 일에서 더 발전한다.
- 돈을 번다.
- 고객을 행복하게 한다.
- 보스를 행복하게 한다.
- 팀에 있는 모든 사람을 행복하게 한다.
- 다른 것에 집중한다.

더 깊이 들어가면 디자인과는 아무 관련이 없는 동기가 나올 수도 있다. 이런 목표 대부분이 훌륭한 제품이라는 같은 결과를 가져오지만, 이 결과를 이루기 위한 행동 방식이나 접근법은 다양할 것이다. 사람들은 훌륭한 제품과는 전혀 관련 없어 보이는 일에 열중할 수도 있다.

좋은 협업자는 자신의 아젠다를 투명하게 한다. 비록 내 목표가 나 자신만을 위한 것일지라도 동료들에게 그것을 인정하여 나의 행동을 예측할 수 있게 함으로써 좀 더 효과적인 기여자가 될 수 있다. 이로써 팀과 나는 더 건설적인 방법으로 소통할 수 있게 된다.

디자인 콘셉트를 구상해서 보여줘야 하는 상황에서 별다른 아이디어를 제시하지 못한 상황에 처했다고 해보자. 표 6.2는 내 목표에 따라 달라질 수 있는 여러 방식의 피드백을 보여준다.

표 6.2 사람들의 아젠다를 이해하고 동기부여

아젠다가 다음과 같다면...	팀 리더는 이렇게 격려한다...
고객을 행복하게 한다	"우리 고객은 정말 다양한 아이디어를 보고 싶어해요."
다른 일에 집중한다	"진행하고 있는 일이 많은 걸 알고 있어요. 하지만 이 아이디어를 그대로 고객에게 보여준다면 나중에 우리가 해야 할 일이 두 배가 될 거예요. 아이디어를 좀 더 다듬어서 방향성에 대한 명확한 답을 얻도록 합시다."
자신을 증명한다	"이 일에 대해서 어쩐지 자신이 없어 보이는 데 아마 실패를 두려워하는 것 같네요. 솔직히 지금이 바로 가능한 한 많은 아이디어를 연구해야 할 시점이에요. 그렇게 해야 우리가 요구사항과 한계를 확인할 수 있습니다. 이런 변수를 확실히 이해해야 나중에 실패를 줄일 수 있어요."

상황: 어떻게 반응하는가?

모든 조건이 같을 때 한 사람의 일반적인 접근법을 '스타일'이라고 한다면 '상황'은 극한의 경우를 어떻게 다루는지를 설명한다. 디자인 프로젝트는 내부에서든 외부에서든 많은 압력에 직면하게 된다. 디자인 방향에서의 본질적이면서 타협하기 어려운 의견의 불일치, 갑작스럽게 변하는 우선순위, 예기치 않게 변경되는 최종기한이나 예산 등이 어려운 상황을 만든다.

급격하게 변하는 상황 앞에서 모두가 의연하게 반응할 것이라고는 아무도 기대하지 않는다. 그럼에도 너무 많은 프로젝트나 예측할 수 없는 이해관계자의 압력으로 신뢰받던 동료가 흔들리는 모습을 확인하는 것은 당황스러울 수 있다. 팀 구성원 사이의 업무 관계에 따라 동료들은 상황에 대한 한 사람의 반응에 대해 어리둥절해 할 수도 있고 실망스러워 할 수도 있으며 완벽히 정상적이라고 생각할 수도 있다.

좋은 협업자는 문제를 일으킬 만한 상황을 인식한다. 심지어는 초기의 조짐이 보이자마자 문제가 될 시나리오의 가능성을 예상하기도 한다. 좋은 협업자는 상황을 어렵게 만드는 것이 무엇이며 계속 생산성을 유지하기 위해서 무엇을 해야 하는지 설명한다. 어려운 상황을 예상하는 팀원은 다음과 같은 말을 할 수 있다.

- "전에 두 개 이상의 프로젝트를 동시에 진행했을 때 시간 안배가 정말 힘들었던 적이 있어요. 스케줄을 좀 더 효율적으로 구성하는 걸 도와주시겠어요?"
- "우유부단한 이해관계자가 참 힘들게 하네요. 그 얘기 좀 털어놔도 될까요?"
- "너무 많은 일에 주눅들었을 때는 단계적인 계획이 필요합니다."
- "지난번 이 디자이너와 함께 일했을 때 충돌이 심했어요. 그와 함께 일하는 데 있어 조언 좀 해주시겠어요?"

지식: 무엇을 알고 있나?

마지막 특성은 지식, 즉 누군가 팀에 기여하는 업무, 기술, 경험이다. 그들은 아직 잘 알려지지 않은 기술에 대한 다양한 경험이 있을 수도 있고 유사 업종과 관련된 프로젝트를 했을 수도 있으며 좀 더 친숙한 운영환경을 알고 있을 수도 있다. 지식은 이력서에 쓰인 내용을 포함하지만, 경험이 풍부한 디자이너는 누군가가 팀에 기여하는 기술과 정보에는 미묘한 차이와 한계가 있다는 것을 이해한다.

더 중요한 것은 누군가의 지식을 이해하는 것은 그 사람이 팀에서 어느 역할에 어떻게 적합한지 이해하는 것이라는 점이다. 프로젝트팀을 구성할 때 팀 리더는 디자이너들을 일대일로 교환할 수 없다는 것을 알게 된다. 디자이너 X를 팀에 추가할 경우 필요한 분야의 경험이 도움이 되지만 기술적인 스킬이 부족할 수 있다. 디자이너 Y의 기용은 기술적 스킬을 보강하지만 좀 더 관리가 필요할 수 있다. 이러한 논의는 팀의 성공에 있어서 아주 중요하며 개개인의 지식을 자세히 이해하지 못하고는 불가능하다.

자신의 특성 평가하기

앞서 '자기인식'에서 자신의 강점, 약점, 한계, 능력을 전반적으로 이해하는 것이 디자이너에게 왜 유용한지 설명했다. 즉, 자신에 대한 명확한 정의는 프로젝트를 수행하는 사람들로 하여금 위험을 예측하고 부족한 점을 메우며 서로 신뢰하는 방법을 알 수 있게 해준다.

10장을 넘겨보면 다양한 특성에 대해 자기평가를 하는 방법을 제공한다. 디자이너로서 자신을 더 잘 이해하기 위해서 30분 동안 다음 네 가지 측면에 대한 질문에 대답해보자(표 6.3). 이는 마이어브릭스(Myers-Briggs-style)의 성격유형과 같은 평가를 하려는 것이 아니라 자신이 어떤 사람인지 비춰보는 도구일 뿐이다. 이 연습으로 자신에 대해 좀 더 알 수 있을 뿐만 아니라 스스로에게 이런 종류의 질문을 하고 정직하게 답하는 것에도 익숙해질 것이다.

표 6.3 자기인식에 관한 질문

스타일	아젠다
1. 최근 어려운 상황에 직면했을 때, 그것을 극복하려고 했는가 아니면 그냥 굴복했는가?	1. 최근의 어느 프로젝트에서 최상의 성과를 얻었는가? 무엇이 그런 결과를 가져오게 했는가?
2. 여러분은 일반적으로 대립을 피하려고 하는가?	2. 최근 언제 자신의 작업이 만족스럽지 못했는가? 만족스럽지 못하게 만든 상황은 어떠했는가?
3. 완료되지 않은 작업을 보여주는 것에 불안감을 느끼는가?	3. 디자이너 또는 창의적인 직업인으로서 앞으로 1년, 3년 혹은 5년 후의 목표는 무엇인가?

상황	지식
1. 당신이 디자인 작업을 하는 데 최상의 환경은 무엇인가? 2. 책상에서 혼자 일하거나 동료들과 협의를 하거나 이해관계자들과 비공식적 회의를 하거나 공식적인 디자인 리뷰를 수행하는 데 하루에 얼마 정도의 시간을 보내는가? 3. 최근 프로젝트에서 정말 불안함을 느꼈던 것은 언제인가? 그 주위 상황은 어떠했나?	1. 여러 디자인 분야 중 자신이 가장 자신 있는 분야는 어떤 것인가? 이 영역에 대한 자신감은 어느 정도인가? 2. 자신 분야 중 전문지식과 권위가 가장 적은 부분이 어디인가? 3. 프로젝트의 어느 부분에 가장 큰 기여를 하는가?

상호 영향

갈등의 모델을 이해하려면 상황, 패턴, 특성들 사이의 관계도 이해해야 한다. 이 모델은 갈등의 각 요소를 살펴볼 뿐만 아니라 각 요소가 상호 영향을 끼친다는 것도 인정한다.

상황 <> 패턴

패턴과 상황의 관계는 디자이너가 상황을 해결하기 위해 패턴, 즉 구체적인 행동을 사용할 수 있다고 하는 이 모델의 본질이다. 상황은 두 사람이 서로 동의하지 않는 어떤 것 또는 그러한 불일치가 다른 방식으로 표현되는 것을 찾아낸다. 그리고 패턴을 사용해 공감대를 형성하기 위해 노력한다.

패턴과 상황의 관계는 양방향으로 작용한다. 디자이너가 상황에 긍정적인 영향을 주기 위하여 패턴을 사용하는 것과 마찬가지로 상황도 패턴에 영향을 준다.

다음을 유념하자.

- **적절한 패턴**: 모든 패턴이 모든 상황에서 작동하는 것은 아니다. 다른 상황에는 다른 패턴이 필요하다.
- **적용 방법**: 같은 패턴이라도 다른 상황에서 다르게 사용될 수 있으므로 같은 패턴에 영향을 받았더라도 실제 행동은 다르게 나타날 수 있다.
- **해결**: 다른 상황이나 같은 상황이라도 다른 환경에 처해있을 상황에 대해 같은 방식으로 적용된 패턴들이 서로 다른 결과를 가져올 수도 있다.

패턴 < > 특성

디자이너의 내재된 특징이나 특성은 행동 패턴에 여러 영향을 줄 수 있다.

- **패턴 선택**: 디자이너의 특성은 상황, 환경, 시나리오 및 세계에 대해 그 사람이 전반적으로 어떻게 인식하는지 포함한다. 이러한 인식은 디자이너가 특정한 상황에서 선택하는 패턴에 영향을 준다.
- **패턴 적용**: 디자이너의 특성은 자신의 행동에 영향을 주는 특징을 포함하며 결과적으로 그 사람이 어떻게 행동을 해석하고 이용할지에 영향을 준다.
- **패턴 취향**: 디자이너의 특성은 강점과 취향을 포함하며 디자이너는 자신의 강점을 발휘할 수 있는 특정한 패턴에 이끌릴 수 있다.
- **특성 강화**: 디자이너는 특정 패턴을 성공적으로 사용하여 자신의 성격이나 특징을 강화할 수 있다.

특성 < > 상황

디자이너의 특징은 다음과 같은 방법으로 상황에 영향을 준다.

- **특정 상황 촉진**: 어떤 속성은 특정한 상황을 초래하는 행동을 유도한다.
- **상황 악화**: 특성은 상황을 야기할 뿐만 아니라 사람들 사이의 오해를 심화시켜 특정한 상황을 악화시킬 수도 있다.
- **특성 악화**: 한편, 특정 상황은 사람들로 하여금 최악의 모습을 보이게 만든다. 이때 상황은 디자이너의 특성을 증폭시킨다.
- **상황 회피**: 디자이너는 자신의 성격이 특정 상황을 다루는 데 적합하지 않다는 것을 알고 그런 상황을 피할 수 있다. 물론 상황을 피하는 것은 다른 상황을 초래하거나 악화시킬 수 있다.

갈등 모델의 작동

이제 갈등 모델이 작동하는 예를 살펴보자. 한 디자이너가 약속된 작업을 정해진 시간 내에 처리하지 못하고 있는 상황을 상상해 보자. 프로젝트의 디자인 리더는 이 문제를 확인하고 해결하기 위해 이 디자이너와 대면해야 한다. 갈등의 모델은 다음과 같은 방식으로 이 시나리오를 표현한다.

상황

- **미흡한 진척상황**: 할당된 작업이 완료되지 않음.

디자이너의 특성

- **투명성: 전혀 모르겠는 사람.** 디자이너는 진행 상황에 대한 의사소통을 잘 하지 않는다.

디자인 리더의 특성

- **희망하는 작업운율: 매일.** 디자인 리더는 매일 점진적으로 업무를 진행하고 비록 미완성 상태 일지라도 그것을 공유하여 피드백을 받고 싶어한다.

디자인 리더의 패턴

- **성취 인정:** 디자인 리더는 디자이너가 특히 어려운 디자인 문제를 처리한 것을 언급하면서 동시에 할당된 전체 업무를 완료하지 못한 것도 이야기한다.

- **질의:** 디자인 리더는 디자이너가 업무를 완수하지 못한 이유가 무엇이었는지 알아내기 위해 업무에 대해 많은 질문을 한다.

디자인 리더는 이 상황에 대한 평가를 도울 몇 가지 패턴을 선택한다.

이 과정에서 디자이너가 일을 진행하기 위한 전체적인 정보가 없어서 곤란을 겪고 있다는 사실을 알게 될 경우 디자인 리더는 다음과 같은 패턴을 사용한다.

- **첫 단계는 무엇인가?** 할당된 업무를 명확히 하고 뒤따르는 업무를 설정하면서 리더는 디자이너에게 이 목표를 이루기 위한 첫 번째 단계가 무엇인지 설명해 달라고 한다.

- **출발점을 제공한다:** 디자인 리더는 또한 디자이너가 부족한 정보를 극복할 수 있게 몇 가지 초기 아이디어에 대한 개요를 설명한다.

그다음은 물론 디자인 리더가 프로젝트 이해관계자에게 프로젝트의 지연에 대해 설명하는 어려운 회의를 하는 것이다.

요약

이 장에서는 갈등 해결을 위한 모델을 설명했다. 이 모델은 갈등 해결의 세 가지 요소를 정의한다.

- 상황: 창의적인 프로젝트에서 발생하는 다양한 갈등 또는 오해
- 패턴: 디자이너가 공감대를 형성하기 위해 이용할 수 있는 행동
- 특성: 상황 인식과 행동에 영향을 주는 디자이너에게 내재된 특징과 속성

모델의 각 요소는 다른 요소에 서로 영향을 준다. 어떤 주어진 환경에서 상황은 어떤 패턴이 선택되거나 사람들이 그에 대해 어떻게 반응하는지와 관련된다. 상황을 다루는 데 사용되는 패턴은 그 패턴을 이용하는 사람과 그것을 사용하는 환경에 영향을 받는다. 성격적 특성은 사람들이 어떻게 상황을 인식하고 반응할지에 영향을 미친다.

각각에 대한 좀 더 자세한 내용은 다양한 상황, 패턴, 특성을 설명한 9, 10, 11장을 참고한다.

7

협업은
어떻게 작동하나

앞선 장들을 살펴본 지금 어쩌면 훌륭한 디자인팀은 온종일 싸우기만 한다는 생각이 들 수도 있다. 만약 그렇게 생각하고 있다면 앞선 장들을 다시 한 번 읽어보기 바란다. 디자인에서의 갈등은 싸움이 아니라는 점을 분명히 하고 있기 때문이다.

그렇다면 갈등 이외에 무엇이 디자인팀을 효과적으로 만드는 것일까? 갈등이 엔진이라면 협업은 기름과도 같다(이제 이런 식상한 비유는 그만 써야 할 것 같다). 협업에 관한 많은 책은 직원들이 함께 일하게 해주는 수많은 기법을 소개하고 있다. 데이빗 콜먼(David Coleman)의 '성공하는 협업의 42가지 규칙(42 Rules for Successful Collaboration)'이 그 좋은 예다. '협업 도구' 장의 31번 법칙은 다음과 같다.

협업 도구는 쉬워야 한다.

사실 모든 도구는 쉬워야 하며 협업도 예외는 아니다. 협업의 진정한 힘을 감추는 것은 바로 이와 같은 '법칙'들이다. 협업이 단지 기법의 모음을 의미하는 것이 아니기 때문이다. 협업은 디자인팀이 더 나은 작업을 더 효과적으로 해낼 수 있게 해주는 문화, 사고 그리고 도구에 스며 있는 믿음의 체계다. 협업의 핵심은 혼자 일할 때보다 함께 일하는 것이 훨씬 더 좋은 디자인을 만들어 낸다는 믿음이다.

이 장에서는 협업에 대한 다음과 같은 단순한 정의를 풀어볼 것이다.

혼자서는 만들 수 없었던 더 나은 무언가를 생산하기 위해 함께 작업하는 것

협업과 집단사고 사이의 작은 차이를 살펴본 후 협업에 대한 몇 가지 근거 없는 믿음을 없애고 마지막으로 협업 모델을 위한 준비 작업을 해볼 것이다.

협업의 정의

협업의 사전적 정의는 '함께 일하기'이지만, 디자인팀에게는 그런 뜻만으로는 부족하다. 단지 함께 일하기 위해 협업하는 것은 개개인의 독창성에 자부심을 느끼는 사람들에게 큰 가치를 부여하지 못한다.

함께 일하는 것을 넘어서

'무언가를 생산하는 것'이 이 정의의 한 가지 중요한 요소다. 아이디어를 다음 단계로 끌고 갈 티핑포인트에 이르지 못한 채 계속 빙글빙글 돌기만 하는 '스피닝'은 창의적인 노력에서 하나의 걸림돌이다. 스피닝은 아이디어가 계속 진화되는 것처럼 보이므로 마치 생산적으로 느껴진다. 하지만 실제로 이 팀은 세부사항을 정교하게 다듬거나 제품 제작을 시작할 수 있을 정도의 디자인 정의에 이르지 못한 것이다. 슬픈 사실은 스피닝이 팀의 구성원이 많으면 많을수록 더 심화되어 디자인 노력이 더욱 비생산적이게 된다는 것이다. 팀 구성원 각자가 결정사항의 수정이나 필요사항의 재논의에서 복잡하게 얽히면서 프로젝트의 진행을 막는 역할을 하게 된다.

따라서 협업은 단순히 아이디어가 아니라 제품을 만들어 내야 한다. 협업의 정의에서 두 번째 요소는 제품을 한 사람이 개별적으로 만드는 것보다 함께 만드는 것이 낫다는 것이다. 이것은 협업의 정의에 따른 두 가지 필연적 결과를 의미한다.

- **관점의 필연적 결과**: 다양한 관점으로부터 디자인에 이득을 얻는다.
- **생산의 필연적 결과**: 제품은 너무 복잡하므로 실제로 만들기 위한 지식과 자원은 한 사람의 힘으로는 부족하다.

관점의 필연적 결과

생산의 필연적 결과

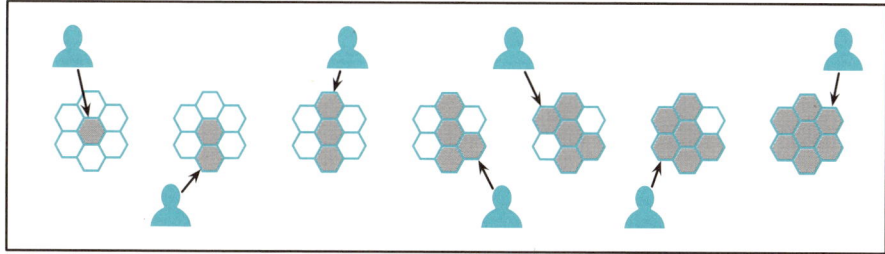

그림 7.1 협업의 두 가지 필연적 결과: 관점과 생산.

다양한 관점 통합하기

혼자서는 만들 수 없는 제품을 협업으로 만들 수 있는 한 가지 이유는 다양한 관점에서 얻는 디자인 때문이다. 다양한 사람이 디자인 프로세스에 기여할 수 있는 방법은 많다. 디자인 프로세스에서 자주 사용하는 한가지 기법인 다이아몬드 모델은 많은 아이디어를 생각해내는 데서 시작하여 그 아이디어들로 단일한 콘셉트를 선별해내는 것으로 끝난다(그림 7.2).

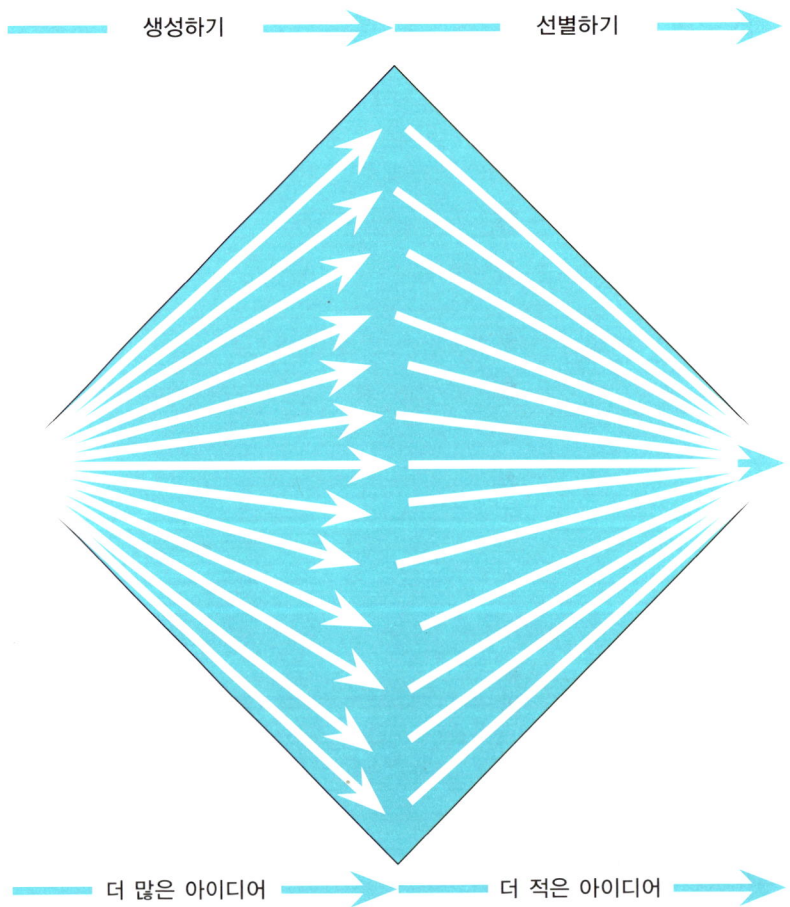

그림 7.2
디자인의
다이아몬드 모델

이 과정에서 다양한 관점은 다음과 같은 도움이 될 수 있다.

- **아이디어들**: 팀은 수많은 아이디어를 창출할 수 있다.
- **질문들**: 다양한 사람들은 아이디어를 실험하고 검증하기 위한 광범위한 질문을 할 것이다.
- **제약사항들**: 다양한 사람들은 디자인 문제의 제약사항을 서로 다르게 인식하여 서로 다른 디자인 콘셉트를 내놓고 디자인에 대해 색다른 평가를 할 것이다.

한 사람 이상이 있는 팀은 디자인 아이디어를 향상하게 할 수많은 기회를 가진다. 디자인 아이디어를 평가하고 의문을 제기하며 정교하게 발전시키고 기여할 수 있는 두뇌가 더 많기 때문이다.

생산의 분업화

많은 디자인 분야에서 제품과 결과물은 너무 복잡하므로 한 사람이 그 모든 것을 해낼 충분한 지식이 있을 수는 없다. 건축가가 자신의 집을 확장하기 위해서 스스로 디자인하고 개조할 수 있겠지만, 고층 빌딩을 디자인하고 짓는 것은 규모가 완전히 다른 일이다.

따라서 디자인팀이 오직 한 사람의 디자이너로 구성된다고 해도 그 사람이 디자인을 실현하려면 다른 분야와 협력해야 한다. 오늘날 디자인 제품을 만드는 일은 다양한 종류의 산업과 분야에 걸쳐 뻗어 있다. 빌딩이나 웹사이트를 디자인하는 작업이 있는가 하면 콜센터 프로세스를 디자인하거나 병원에서의 환자 수용 절차를 디자인하는 일도 있다. 이런 경우 결과물(제품)은 곧 사람이다. 즉, 실제적이든 가상의 것이든 서비스 기반의 것이든 간에 디자인 콘셉트의 실현은 다른 사람에게 달려 있다.

다양한 시각과 생산의 이점에도 사람이 많다고 해서 항상 더 나은 제품이 나오는 것은 아니다. 협업이 결과의 품질을 보장하지는 않는다. 실제로 한 사람 이상의 팀이 득보다는 해를 끼칠 수 있다. 예를 들어 조심해야 할 것 중 하나가 집단사고다.

협업 대 집단사고

집단사고는 조화에 대한 갈망이 품질에 대한 갈망을 약화시키는 현상을 나타내는 사회심리학 개념이다. 사람들은 더 나은 답을 찾는 것보다는 차라리 의견의 일치를 선호한다. 협업이 치러야 하는 비용 중 하나는 협업이 집단사고로 이어진다는 것이다. 하지만 전적인 순응은 협업에 내재된 것은 아니다. 사실은 잘못된 방식의 협업이 집단사고로 이어진다.

사고방식(mindset)의 개념에 대해 자세히 연구한 심리학자 캐롤 드웩(Carol Dweck)은 고정적 사고가 어떻게 팀에 나쁜 영향을 줄 수 있는지 설명하는 데 집단사고를 사용한다. 고정적 사고란 사람들의 지능과 재능은 타고나는 것으로 그 어떤 노력으로도 향상시킬 수 없다고 믿는 사고였음을 상기해보자. 특히 리더들 사이에서의 고정적 사고는 일을 수행하는 그룹의 능력을 약화시킬 수 있다. 캐롤은 자신의 책 '성공의 새로운 심리학(Mindset: The New Psychology of Success, 번역서: 성공의 새로운 심리학, 부글북스, 2011년)'에서 집단사고에 대한 세 가지 설명을 한다.

- "집단사고는 사람들이 재능 있는 리더 또는 한 명의 천재를 끝없이 신뢰할 때 발생할 수 있다."
- "집단사고는 그룹이 스스로 탁월함과 우월성에 지나치게 흥분할 때 발생할 수 있다."
- "집단사고는 고정적 사고를 하는 리더가 반대 의견을 처벌할 때에도 발생할 수 있다."

이와 같은 비평을 하는 사람들은 종종 협업에 대해서도 마찬가지 논지를 편다. 사실 잘못된 협업은 집단사고와 같은 증상을 나타낸다. 하지만 협업은 이러한 위험을 막을 수 있는 방법으로 진행해야 한다.

- 협업은 누군가가 결정을 내릴 수 있게 강한 리더십과 간편화가 필요하지만, 독재적인 형태는 아니다.
- 협업은 참여자가 자신의 아이디어를 검증할 수 있게 명확한 성공기준이 필요하다.
- 협업은 모든 참여자가 마음 놓고 반대의견을 제시할 수 있게 해야 하지만, 정해진 규칙을 이용해 다수의 의견이 품질을 저하하는 것도 막아야 한다.

그러나 협업이 잘못 수행됐더라도 집단사고와 같은 위험을 초래하지는 않는다. 집단사고가 결과를 만들기는 하지만 그 결과가 협업으로 잘 다듬어진 결과보다 낫지는 않을 것이다. 반면 잘못된 협업은 그 반대 결과를 보여주는데 많은 노력에도 별 다른 성과가 없는 것이다. 협업에 대한 이러한 경험이 협업에 대한 일반적인 오해를 불러일으키곤 한다.

협업에 관한 오해

사람들은 협업에 대해 다음과 같은 세 가지 방법으로 오해를 한다.

협업을 지나치게 단순화한다.
협업이 효과가 없고 비효율적이라 여긴다.
협업의 잘못된 측면에 집중한다.

협업은 사람들이 생각하는 것보다 훨씬 더 복잡하고 상상하는 것보다 훨씬 더 생산적이며 도구와 방법이라기보다는 행동과 문화와 관련이 있다.

지나친 단순화

간혹 사람들은 협업이 필요로 하는 계획, 구조 및 조직은 무시한 채 협업을 매우 단순한 용어로 생각한다. 다음은 협업을 단순화하는 세 가지 일반적인 오해다.

- **똑똑한 사람을 한데 모아둔다.** 똑똑한 사람들과 일하는 것은 분명히 만족스럽고 매력적이지만 협업이 단지 똑똑한 사람을 모아 놓는 것으로 되지는 않는다. 협업은 함께 일하기 위한 틀을 만드는 것이다. 지능만큼이나 그 틀에서 기꺼이 일하려는 의지도 중요하다.
- **사람을 같은 공간에 모아둔다.** 협업은 단지 사람들이 서로 얼굴을 맞대고 있다고 일어나는 것이 아니다. 협업은 비록 사람들이 같은 공간에 있지 않더라도 팀의 문화에 녹아들어 서로 신뢰하고 도움과 비판을 주고받는 등 함께 일하는 것에 관해 생각할 수 있어야 한다.
- **전에 했던 방식을 그대로 한다.** 협업하기 위해 모든 팀에 두루 통용되는 기술은 없다. 비록 좋은 협업이 같은 가치체계로부터 나오지만 각 팀은 자신에 맞는 리듬, 행동, 습관을 확립해야 한다.

효과 없고 비효율적

협업은 투자한 시간에 비해 얻을 수 있는 가치가 적다는 평가를 받곤 한다. 이 관점은 협업을 '많은 사람을 한 공간에 모아두는 것'이라고 혼동하는 것일 뿐만 아니라 작업을 분배하는 기회비용을 무시하는 것이다. 이 관점은 세 가지 추가 오해로 이어진다.

- 최고의 아이디어는 독립적으로 생각하는 사람에게서 나온다. 협업의 반대론자들은 때때로 독립적으로 생각하는 사람이 더 성공적이라는 점을 넌지시 나타내는데 이는 내성적인 사람에 대한 찬양으로 표현되곤 한다. 이 관점은 여러모로 근시안적이지만 특히 협업을 단지 좋은 아이디어를 만들기 위한 단순한 메커니즘으로 생각한다는 점에서 더욱 그렇다.
- 브레인스토밍은 작동하지 않는다. 협업을 효과가 없는 브레인스토밍으로 말하는 것은 지나친 비하다. 협업은 브레인스토밍 그 이상일 뿐만 아니라 브레인스토밍도 제대로 된 방법을 이용하면 효과적일 수 있다.
- 집단에 의한 디자인은 제대로 되지 않는다. 디자이너는 모든 디자인 결정이 모든 팀원에 의해 심사되고 논의되는 경험 즉, '집단에 의한 디자인'에 두려움을 느끼곤 한다. 디자인 결정을 어떤 방식으로 할지 정하는 것이 협업의 일부이기는 하지만 그 방법이 꼭 모두의 만장일치여야 하는 것은 아니다. 제대로 된 협업을 하려면 각자가 자신에게 가장 적합한 일을 해야 한다.

잘못된 부분에 집중

제대로 된 협업은 팀의 문화에 내재되어 프로세스나 사람들에게 자연스럽게 스며들게 된다. 협업에서 전체 큰 그림을 이해하지 못하고 단지 작은 일부분에만 집중하여 발생하는 오해들도 있다.

- 협업은 도구에 관한 것이다. 어떤 사람들은 파일공유 서비스, 컨퍼런스콜 시스템, 스크린공유 소프트웨어 등 협업을 위한 도구에 초점을 맞춘다. 하지만 이러한 도구는 단지 협업 문화를 도와주는 역할을 할 뿐이다.
- 협업이 계획에 포함된다. 반면 어떤 사람들은 협업 활동만을 중시하여 그 의도를 고려하지 않은 채 협업 활동을 계획에 집어넣는다. 이들은 협업을 위한 적절한 도구를 제공하거나 협업문화에서의 올바른 행동을 장려하지도 않으면서 팀원들에게 협업 활동에 참여할 것만을 요구한다.

- **협업에 능숙하지 않다.** 마지막으로 사람들은 협업이 누군가는 잘하고 누군가는 잘 못하는 종류의 기술이라고 생각한다. 이는 일반적으로 기술이나 재능이 타고난 것으로 생각하는 고정적 사고와 직접적인 관련이 있다. 사실 협업은 기술이라기보다는 습관적인 행동에 가깝다. 이러한 습관이 자신의 성격에 반한다고 느껴질 때에는 약간 어려움을 느낄 수도 있다. 하지만 협업에는 다양한 습관, 기질, 기술 등이 포함되므로 누구나 자신에게 적절한 방식으로 협력문화를 받아들일 수 있다.

협업이 제대로 작동하지 않을 때

팀의 리더는 위에서 나열한 여러 가지 협업의 오해 중 하나에 기반한 접근법으로 협업을 장려하려고 애쓸 수 있다. 예를 들어, 협업 문화를 위한 토대를 마련하지 않은 채 새로운 파일공유 시스템을 사용하거나 새로운 브레인스토밍 기법을 시도할 수 있다. 이러한 시도들에 직면하여 그 시도들이 실패한다고 해서 협업 자체를 포기하려고 하지 말자. 이러한 실패를 교훈 삼아 협업을 위해 중요한 가치 중 일부라도 도입할 기회로 삼고 도구나 활동 혹은 시도해 봤던 것을 재검토해보도록 팀을 격려하자. 이 검토를 통해 도구의 무엇이 제대로 작동했고 무엇이 제대로 작동하지 않았는지, 그리고 이 도구를 효과적으로 도입할 수 없게 방해한 것이 무엇이었는지 알아내자.

협업의 측면

협업을 '함께 일하는 것'이라고 한다면 협업은 도구, 사고방식, 문화 이 세 가지에 스며들어 이들을 통해 나타나는 철학이라고 할 수 있다.

- **도구:** 프로젝터나 파일공유 소프트웨어와 같은 물리적, 가상적 도구뿐만 아니라 기술과 활동을 포함한 협업을 위해 사용하는 시스템.
- **사고방식:** 개개인의 이해와 행동에 영향을 미치는 팀 구성원의 태도와 취향.
- **문화:** 디자인 환경을 제공하는 정책, 절차 그리고 기업 태도들의 집합.

당신의 커뮤니케이션 도구는 협업을 위해 충분한 환경을 제공하고 있습니까?

제넨 워리스 터너 (Jeanine Warisse Turner), 박사
조지타운 대학교

서로의 의사소통을 위한 모든 몸짓, 어조 및 기타 비언어적 표현까지 감지할 수 있는 가까운 공간에서 우리가 좋아하고 우리의 아이디어를 좋아하는 사람들과 함께 일할 때처럼 완벽한 환경에서도 협업에 문제가 생길 수 있다. 그런데 이 중의 몇 가지 혹은 전부를 제거할 경우 협업 환경은 훨씬 더 힘들고 복잡하고 어려워질 수 있다.

통신 기술의 혁신은 더욱 다양해지는 파트너들과의 새로운 형태의 협업을 위한 다양한 기회를 제공해 왔지만, 이는 또한 어려움을 가중시키기도 한다. 연구원들은 통신 기술을 이용해 창조되는 '참여(presence)'가 어떻게 커뮤니케이션에 영향을 주는지 연구했다. 80년대 연구원 로버트 렌겔과 리차드 다프트는 미디어가 얼마나 풍부한 단서를 상대방에게 제공하는지에 따라 분류할 수 있다고 제안했다 (Lengel & Daft, 1988). 직접 만나는 것이 비언어적 단서, 어조, 개인적 주안점 그리고 메시지에 대한 피드백을 사용할 기회를 준다는 점에서 가장 이상적이었다. 팩스나 컴퓨터 리포트와 같은 더 간편한 미디어는 같은 메시지를 전달하는 데 더 적은 기회를 제공했다. 그들은 복잡한 토론에는 좀 더 풍부한 미디어가 필요하다고 제안했다. 예를 들어, 이메일과 같은 채널로 제한된 정보를 받을 때 "이 이메일을 어떻게 해석해야 할지 좀 더 주의를 기울여야겠어. 아마도 이런 의미는 아닐 거야."라고 말하는 대신 제한된 정보를 바탕으로 내용을 추측하고 그냥 답장을 보내곤 한다.

비록 복잡한 토론과 오해가 협업의 프로세스 중 많은 단계에서 발생할 수 있지만, 프로세스의 초기 단계에서는 특히 문제가 될 수 있다. 팀이 프로젝트의 비전을 수립하고 작업의 진행 계획과 그에 따른 책임을 논의하는 과정에서는 풍부한 정보를 교환할 수 있는 환경이 중요하다. 더 풍부한 환경은 더 많은 정보를 전달할 뿐 아니라 신뢰와 친밀한 관계의 발전을 도와주는 여러 기회도 제공한다. 이러한 요소는 프로젝트가 진행됨에 따라 더욱 중요해지며 먼저 유대감이 제대로 확립되지 않으면 오해가 급증할 수 있다.

예를 들어, 내가 이 책의 저자인 댄을 처음으로 만났을 때 우리는 점심을 먹으면서 협업과 협업이 디자인에 미치는 영향에 대한 댄의 생각에 대해 한 시간 반 가까이 이야기를 나눴다. 그 시간을 통해 나는 댄이 갈등과 갈등이 디자인에 미치는 영향 그리고 협업에 대한 그의 생각에 얼마나 열정이 있는지 몸소 느낄 수 있었다. 우리는 서로 다른 배경지식을 바탕으로 한 각자의 아이디어와 생각을 비교하면서 아주 건설적인 토론을 했다. 나중에 댄이 전화를 걸어와 이 책을 만드는 데 도와주기를 부탁했을 때 나는 그가 필요한 것이 무엇인지 좀 더 잘 이해하고자 지난번의 대화를 돌아보곤 했다. 그렇게 작업 방향이 결정되고 나니 이후의 의사소통은 이메일로도 충분했다. 프로젝트와 서로에 대한 이해가 더 분명할수록 풍부한 커뮤니케이션 환경의 필요성은 줄어들었다.

오늘날 우리는 커뮤니케이션을 위한 매우 다양한 기술적 대안이 있고 이러한 도구는 더욱더 우리의 일상업무에 활용되고 있다. 우리는 여러 그룹의 사람들과 화상 채팅을 하면서 동시에 프로젝트를 함께 작업하거나 수정할 수도 있다. 사실 기술 디자이너들은 서로 얼굴을 맞대고 하는 협업의 기법들을 가상의 환경에서 그대로 재현하려고 열심히 노력해왔다. 하지만 자신이 사용하는 도구가 주는 '풍부함'에 대해 지속적으로 생각해보는 것은 매우 중요하다. 또한, 협업이 어려워지고 감정적이 되거나 복잡해졌을 때는 사용하고 있는 도구를 점검해 봐야 할 수도 있다. 그리고 자신이나 회의 상대가 이용할 수 있는 커뮤니케이션 단서의 부족 때문에 이러한 문제가 발생하는 것은 아닌지 확인해 보아야 한다.

Lengel, R., & Daft, R. (1988). '임원들을 위한 통신 미디어의 선택 The Selection of Communication Media as an Executive Skill.' 관리 임원 아카데미 The Academy of Management Executive, 2(3), 225–32.

도구

디자인팀에 대해 아무것도 몰라도 그 팀이 협업에 이용하는 도구에 관해 아는 것만으로도 그 팀에 대해 많은 것을 이해할 수 있다. 예를 들어, 대부분 팀은 이메일과 같은 간단한 디지털 커뮤니케이션 채널을 이용한다. 어떤 팀은 인스턴트메신저, 화상채팅, 혹은 화면 공유 소프트웨어를 이용할 수도 있다. 이러한 도구들은 그 팀의 협업 능력을 어느 정도 보여 줄 수 있다. 협업 수준이 높은 팀은 구성원 사이의 작업을 조정하고 연락 가능 여부를 전달하며 프로젝트의 상태 변화를 지속해서 알려주는 도구를 사용한다. 한 팀의 도구는 그 팀의 협업 스타일에 대한 가장 확실한 증거지만 결코 협업의 효율성을 측정하는 유일한 방법은 아니다.

최고의 팀은 서로 다른 상황에서 이용할 수 있는 다양한 도구를 가지고 있다. 협업을 위한 최고의 도구 모음은 다음과 같은 특성이 있다.

- **대안**: 한 가지 도구가 작동하지 않을 때 대신 이용할 수 있는 유사한 도구. 예를 들어, 화상채팅을 위한 서비스에 문제가 생겼을 때 대신 사용할 수 있는 몇 가지 선택 사항을 보유하는 것.
- **차이**: 비슷한 도구 사이의 작은 차이는 상황에 따라 적절한 도구를 선택할 수 있게 해준다. 도구들 사이의 작은 차이를 이해함으로써 어떤 상황에서 특정한 도구를 이용할 때 생길 수 있는 장점이나 위험을 예상할 수 있게 된다. 예를 들어, 나는 전화를 걸 때 스카이프(Skype)와 핸드폰을 이용하는데 이 두 가지를 상황에 따라 적절히 사용한다.
- **휴대성**: 협업을 위해서는 공간을 이동해야 할 수도 있는데 도구들은 이러한 환경에 적용될 수 있어야 한다. 예를 들어, 드롭박스는 파일 공유를 위한 서비스로 사용자들은 자신의 파일을 노트북, 스마트폰, 태블릿 등 다양한 장치에서 접근할 수 있다.

소프트웨어 도구

팀의 도구 모음은 최소한 다음과 같은 기능의 도구를 최소 하나는 포함하고 있어야 한다(이메일은 당연히 사용할 것이라고 가정하겠다).

> **노트**:
> 나는 이 소프트웨어에 추가로 실시간 스케치를 공유하기 위한 간이 프레젠테이션 카메라(Ipevo Point2View)를 사용하고 있다.

- 인스턴트메신저 (구글 톡, 스카이프, AOL 인스턴트메신저 등)
- 음성 채팅 (구글 채팅 또는 스카이프 등)
- 화상 채팅 (구글 행아웃, 스카이프 또는 GoToMeeting 등)

- 일정 공유 (구글 캘린더 등)
- 업무 중 표시 (현재 업무 중인지 아닌지 표시하는 기능으로 스카이프나 인스턴트메신저 등의 상태 표시 기능)
- 화면 공유 (GoToMeeting이나 스카이프 등)
- 파일 공유 (드롭박스 등)
- 문서 공유 (스프레드시트나 워드 문서를 위한 구글 드라이브 등)
- 할 일 공유 (Basecamp 등)
- 업무 할당 공유 (스프레드시트를 이용할 수 있다)
- 시간 관리 (Harvest 등)

물론 하나의 도구를 위의 기능 중에 여러 가지에 사용할 수 있지만 나는 몇 가지 도구가 중복되게 사용한다. 캘린더나 할일 또는 파일 공유의 경우 하나의 도구를 기본으로 삼아서 사람들이 해당 정보를 어디서 찾아야 할지 알 수 있게 한다. 하지만 그 외의 것들은 그때그때 상황에 따라 적절한 도구를 선택할 수 있다.

창의적 협업 기술과 방법

여러 사람이 함께 창작 과정에 참여하기 위한 다양한 방법을 설명하는 창의적 협업 기술에 관한 책은 아주 많다. 이 책은 제대로 된 협업을 위한 행동과 습관의 안내서이지(이 내용은 다음 장들에서 다룬다) 협업의 기술에 관한 모음집은 아니다. 하지만 소프트웨어 도구와 함께 반드시 갖춰야 할 몇 가지 협업의 기술과 방법이 있다.

노트: 브레인스토밍 기법에 관한 최고의 참고서적은 브라운(Brown), 그레이(Gray) 그리고 매커누포(Macanuto)의 '게임스토밍(Gamestorming, 번역서: 게임스토밍, 한빛비즈, 2010년)'이나 미칼코(Michalko)의 '씽커토이(Thinkertoys)'를 참고한다.

구조적 브레인스토밍

협업은 브레인스토밍 그 이상의 것('협업에 관한 오해' 섹션 참조)이지만 브레인스토밍은 여전히 중요한 요소다. 창의적 협업에 관한 책들은 브레인스토밍을 디자인하고, 조직하며, 활용하는 데 아주 큰 도움이 된다.

예를 들어, 우리 팀은 많은 아이디어를 만들고 개선하는 데 서로가 서로에게 영감을 주고 검증해주는 '디자인 스튜디오 기법'을 이용한다. 이 기법으로 팀은 하나의 시나리오와 관련해서 많은 아이디어를 내고 몇몇 좋은 방향에 관심을 집중시키게 된다.

구조적 피드백

디자이너는 건설적인 피드백을 즐긴다. 무의미하고 조건 없는 찬성은 디자이너에게 독이 된다. 따라서 좋은 협업 팀은 체계적인 방식으로 그러한 피드백을 제공하는 시간을 가진다.

예를 들어, 우리 팀은 프로젝트 계획에 '상호 검토' 과정을 포함하는데 이는 몇몇 중요한 시점에서 최종 디자인 결정을 내리기 전에 충분한 피드백을 얻을 수 있게 하기 위해서다.

업무평가

또한, 디자이너에게는 그들의 전체적인 업무 수행 능력, 기여도, 포트폴리오의 품질 등에 대한 지속적인 피드백이 필요하다.

예를 들어, 우리 팀은 연간 업무평가와 함께 약간의 좀 더 비공식적인 '**분기별 평가**'를 함께 사용한다. 이러한 기회를 이용해 디자이너가 각자의 목표에 맞춰 업무를 제대로 진행할 수 있게 하면서 그중 문제가 되는 부분을 정확히 짚어낼 수 있다.

진행 중인 작업에 대한 주기적인 공유

창작팀의 전체 미팅은 조직의 결속력을 강화시켜 프로젝트팀 사이의 관계를 개선시킨다. 이런 회의에서는 진행 중인 작업을 소개하는 간단한 프레젠테이션을 준비한다.

예를 들어, 우리 디자인팀은 'Share & Care'라는 회의를 여는데 참석자들은 자신의 최근 작업에 대한 8분 프레젠테이션을 준비한다. 그들은 진행 중이거나 완료된 작업을 공유한다. 간혹 같은 프로젝트를 다양한 시각에서 볼 수 있게 되는데 이는 마치 디자인팀의 '캔터베리 이야기'(역자주: 영국 이야기 문학으로 순례자들이 돌아가면서 재미있는 이야기를 들려준다는 내용의 제프리 초서의 걸작)와 같이 느껴진다. 이때는 세부적인 비평이나 피드백을 제시하지는 않는데 그러한 방식이 이 시간에는 적합하지 않다는 것을 깨달았기 때문이다.

작업 계획

어떤 한 가지 문제를 해결하기 위해 서로 협업하는 팀은 누가 무엇을 하고, 언제까지 완료해야 하며, 누가 누구에게 의존되는지 등의 사항에 대한 조율이 필요하다. 이러한 작업 계획 회의는 공식적일 수도 있고 비공식적일 수도 있으며 매일이든 매주든 필요한 만큼 열릴 수 있다.

예를 들어, 우리 팀은 매주 월요일에 전체 회의가 있고 각 프로젝트 리더가 프로젝트의 진행 상황을 공유한다. 이로써 모든 팀원이 현재의 '상태'를 알 수 있게 된다. 또한, 대규모 프로젝트에서는 각 프로젝트 팀이 매주 만나서 각 작업에 대해 충분히 논의한다. 좀 더 작은 프로젝트 팀은 그때그때의 상황에 맞춰 서로 조율할 수도 있다.

도구로 인한 문제

디자인팀은 다음 장에서 설명할 협업의 가치를 뒷받침해줄 도구를 도입해야 한다. 물론 도구는 실용적이어야 하고 제대로 된 역할을 해야 한다. 해당 작업을 위한 적절한 도구를 찾는 일은 쉽지 않으며, 깔끔하게 들어맞고 믿을 만하기까지 한 도구를 찾는 일은 더 어려울 수도 있다. 만약 도구를 신뢰할 수 없거나 적절하지 않거나 실용적이지 않으면 협업에 방해가 될 수 있다.

비신뢰성

디자이너에게 있어 프로젝터가 정확한 색상을 보여주지 못하거나 GoToMeeting의 오디오가 작동하지 않는 것은 꽤 난감한 일이다. 이런 작은 기술적 문제는 약간의 지연으로 시작하지만 때에 따라서는 큰 문제를 일으킬 수도 있다.

이 문제의 해결책은 대안이다. 화상회의나 디자인 아이디어 공유를 위한 몇 가지 대안을 보유함으로써 발생하는 장애를 부드럽게 피해갈 수 있다.

부적절성

적절한 도구나 기술을 선택하는 것은 어려울 수 있다. 이런 선택은 어쩌면 기술에서 더 중요할 수 있는데 예컨대 브레인스토밍이 필요하다는 것은 알고 있는데 이를 위한 적절한 방법이 무엇인지 확실치 않을 수도 있다. 여기서 '적절하다'는 말의 의미는 상황에 따라 달라진다. 이해관계자가 적극적으로 참여하려 하지 않는 프로젝트에서는 브레인스토밍을 미리 하고 그 결과를 전략적으로 검토하는 시간을 갖도록 계획해야 할 수도 있다. 반대로 이해관계자가 모든 디자인 결정에 참여하려고 할 때는 다른 도구가 필요할 것이다.

이 상황의 해결책은 각 도구 사이의 미묘한 차이를 알고 필요에 따라 최적의 선택을 하는 것이다. 예를 들어, 구글의 행아웃이 제한된 숫자의 참여자들만 지원한다는 사실을 알고 있다면 발생할 수 있는 문제점에 사전에 대비할 수 있을 것이다.

또 다른 해결책은 각 프로젝트에 실험 또는 새로운 시도를 할 수 있는 여지를 두어 다양한 기술이 다양한 환경에서 어떻게 작동하는지 확인해 보는 것이다. 기술, 방법 혹은 도구에 대한 이해를 넓혀두면 향후에 이를 잘 이용하거나 적용할 수 있게 된다.

비실용성

도구들은 팀의 구성, 프로젝트의 본질, 프로젝트의 상황에 따른 제약사항들 내에서 작동한다. 이러한 제약사항으로는 다음과 같은 것들이 있다.

- **팀 구성에 의한 제약**: 도구에 익숙하지 않은 사람, 도구를 사용할 수 없는 사람, 따로 떨어져 작업하는 사람
- **프로젝트 자체에 의한 제약**: 도구를 제공하는 데 필요한 예산, 시간 또는 자원의 부족
- **프로젝트 상황에 따른 제약**: 도구의 사용에 대한 조직의 지원 부족, 조직의 지리적 한계

예를 들어, 큰 규모의 그룹 브레인스토밍 세션을 수행하고 싶지만, 팀이 지리적으로 몇몇 지역에 떨어져 있고 모든 사람이 이동할 수 있을 만큼의 예산이 없을 수도 있다. 팀은 구성원 중 누가 직접 참석해야 할지에 대한 어려운 결정을 내릴 수도 있겠지만, 대신 다른 기술적 해결 방안을 찾을 수도 있다. 내가 최근에 참여한 프로젝트에서는 브레인스토밍을 수행하기 위해서 회의실 전체 크기만한 화상회의 시스템을 이용한 '원격 현장감 시스템(telepresence system)'을 사용했다. 네 곳에 있는 팀이 한 곳에 모이는 것보다는 비용적으로 효율이 높았지만 역시 한계는 있었다. 하지만 이제는 그 한계를 알았으므로 다음에는 이 경험을 참고로 할 수 있을 것이다.

제약사항이 도구의 사용에 어떤 영향을 주는지를 앎으로써 팀은 비실용성 문제를 예측할 수 있다. 팀은 위험의 정도를 평가할 수 있으며 최소한 닥칠 문제에 대해 알 수 있을 것이고 잘하면 그 문제를 완화할 수도 있을 것이다. 물론 여기서도 해결방법은 도구에 대한 상세한 지식이다.

사고방식

영원히 완벽한 도구는 없다. 협업하는 팀에는 효율과 효과를 향상시켜줄 새롭고 더 나은 도구가 끊임없이 필요하다. 도구가 가지는 비신뢰성과 부적절성 및 비실용성과 같은 문제는 피할 수 없는 현실이므로 좋은 팀은 이러한 사실을 자연스럽게 받아들여서 팀의 작업방식에 적절히 적용한다.

심지어는 협업적 방식을 따르지 않는 태도와 접근법을 가진 단 한 사람 때문에 전체 협업이 훼손될 수도 있다.

이 책의 2장에서는 사고방식에 대해 개괄적으로 논의하고, 8장에서는 협업적 사고방식을 구성하는 태도에 대해 설명하며, 12장에서는 협업을 구체화하는 행동을 이야기한다. 여기서는 사람의 내면으로부터 발생하는 협업의 장애물들을 설명하겠다.

노트:
내성적인 사람에 대한 참고사항: 어떤 사람이 단지 혼자서 쉬는 것을 선호한다고 해서 그 사람이 협업적 사고방식이 없다는 것을 의미하진 않는다. 숫기 없는 사람도 다른 사람과 마찬가지로 협업에서 만족을 느낄 수 있다. 단지 이것이 다른 방식으로 나타날 수 있다.

사고방식에 기반을 둔 문제

하나의 도구를 다른 도구로 바꾸기가 쉽지 않겠지만 그 절차를 상상해 볼 수는 있다. 도구를 바꾸기 위해 무엇이 필요하고, 도구를 바꿈으로써 어떤 영향을 미칠지 알고 있다. 어떤 파일 공유 서비스를 다른 파일 공유 서비스로 바꾸는 프로젝트 계획을 세운다거나 새로운 브레인스토밍 기법을 프로젝트에 도입할 수도 있을 것이다. 하지만 사고방식을 바꾼다? 쉽지 않은 일이다. 사람들의 협업능력을 저해하는 두려움, 불편함, 의구심 등은 매우 뿌리가 깊다.

사실 이러한 문제나 불안감은 디자이너가 다음 장에서 논의할 협업의 가치를 받아들이는 것을 가로막아 협업적 프로세스에 참여하는 것을 방해한다. 더군다나 협업적 프로세스를 이용해 이러한 사고방식이 노출되게 되고 이로써 디자이너는 방어적인 입장을 취하게 된다.

일반적으로 사고방식에 기반을 둔 문제는 사람들이 협업적 행동을 하지 못하게 만든다(이는 12장에서 설명한다). 이러한 문제는 주로 다음 두 가지 방식으로 드러난다.

- 수행 능력 저하: 할당된 작업을 제대로 수행하지 못한다.
- 다른 사람에 대한 방해: 다른 사람이 작업하는 것을 방해한다.

나는 치료사가 아니므로 이러한 걱정을 떨쳐내는 효과적인 방법을 제시할 수는 없다. 하지만 경험으로 비추어 봤을 때 그 문제를 인정하고 인식하는 것만으로도 아주 큰 도움이 된다는 것은 이야기해줄 수 있다. 이런 사실을 동료에게 인정하는 것은 두려움에 의해 발생하는 결과를 다루는 데 도움이 된다. 심지어 모든 것을 확인하고 인식하고 인정한 후에도 자신의 사고방식을 고치기가 쉽지는 않다.

어려운 상황

같은 악보를 보면서도 서로 다른 방식으로 노래하는 것처럼 사고방식과 관련된 문제는 대부분 같은 문제에 대한 변형들이다. 사람들이 협업적 프로세스를 완전히 받아들이지 못하는 다양한 이유를 보거나 경험한 적이 있을 것이다. 다음과 같은 태도는 9장에서 상세히 설명하게 될 어려운 상황을 만들어 낼 수 있다.

- 자신감 결여: 대부분 디자이너가 적어도 한 번은 이 문제를 겪는다. 자신감 부족 때문에 자신을 증명해야 한다는 강박을 느끼거나 아니면 참여를 완전히 거부하는 반응을 보일 수도 있다.
- 지나친 자만: 지나친 자만은 다른 사람들이 기여하는 것을 가로막아 그들의 참여를 방해한다.
- 실패에 대한 두려움: 실패에 대한 두려움은 다양한 방식으로 나타날 수 있다. 디자이너는 실패를 두려워하여 어려운 문제에 대해 불안감을 가지고 접근할 수도 있다. 도움 요청을 거절할 수 있으며 이는 더 큰 어려움이나 추가적인 불안을 초래할지도 모른다.
- 신뢰 부족: 어쩌면 지나친 자만 때문에 디자이너는 팀원을 신뢰하지 못할 수 있는데 이 때문에 다른 사람에게 책임을 위임하기 어려워할 수도 있다.
- 참여에 대한 관심 부족: 모든 사람은 바쁘다. 어떤 팀 구성원이나 참여자에게 더 중요한 프로젝트가 있을 수 있다. 디자인 활동 중 그들의 태도와 성향에서 참여 부족이 나타날 수도 있다. 그러한 행동들은 이 목록에 있는 다른 문제 중 하나를 감추고 있을 수 있지만 그렇게 드러난 태도 자체도 프로젝트에 독이 된다.

- **비판을 받아들이지 못함**: 어떤 이들은 건설적인 비판조차도 잘 받아들이지 못한다. 이들이 계속 방어적으로 나올 때에는 효과적인 논의를 진행하기 어렵게 된다.
- **역할에 충실하지 못함**: 신뢰 부족과 종종 함께 나타나는 상황은 몇몇 사람의 책임 회피다. 이러한 책임의 분산은 효과적인 팀의 특징이 될 수도 있지만, 누군가 다른 팀원의 참여를 가로막을 때에는 역효과가 날 수도 있다.
- **새로운 시도에 대한 거부감**: 어떤 사람들은 모든 종류의 새로운 시도에 불안감을 느끼고 두려움을 나타낸다. 이들은 현재의 방법에 안주하며 특정 상황이나 변화하는 환경에 적응하지 못한다.

어쩌면 당신도 다양한 종류의 두려움, 불편함, 의구심을 드러내는 사람을 경험한 적이 있을 수도 있다. 혹은 여러분도 내가 그랬던 것처럼 직장생활을 하면서 이러한 상황을 스스로 경험했을 수도 있을 것이다.

문화

문화는 팀, 조직, 직장의 일부가 되는 정책, 절차, 장려책의 조직체계다. 문화는 팀이 작동되는 환경이다. 문화가 프로젝트에 직접적으로 기여하지 않을 수도 있지만, 팀이 작동되고 행동하는 방식에 영향을 끼친다. 예를 들어, 어떤 컨설팅 회사는 직원들이 보상 없이 하루에 10~12시간을 일하는 장시간 노동문화가 있다. 어떤 내부 디자인 그룹은 디자인 가치에 회의적인 오래된 기업문화에 직면해 있다.

장시간 노동과 디자인에 대한 회의라는 두 가지 태도는 디자인 프로젝트의 형태와 진행에 영향을 미치며 이들은 본질적으로 협업에 해롭다. 누군가는 오랜 시간을 함께 일하면서 생겨난 동지애나 '우리 대 그들'이라는 대립관계가 협업에 도움이 된다고 주장할지 모른다. 하지만 불합리한 상황에서 생겨난 친선 관계가 효율적인 팀을 만들지는 않는다.

문화에 기반을 둔 문제

문화는 협업이라는 삼각의자의 세 번째 다리로 개별 디자이너가 영향을 미치기 가장 어려운 부분이다. 조직의 흐름에 반하여 행동하려는 시도는 비참한 결과를 가져올 수 있다. 제대로 맞지 않는다는 생각을 조금만 하게 되어도 상황은 더 어려워질 수 있다. 협업을 시도하는 디자이너와 팀은 물리적 공간, 조직적 장애물 그리고 비협업적 행동을 장려하는 정책과 같이 협업에 적대적인 문화구조와 마주칠 수 있다.

부적절한 작업공간

창작팀에게는 다양한 유형의 활동을 할 수 있는 작업공간이 필요하다. 칸막이로 구획된 사무실과 완전한 개방형 작업공간은 대표적인 두 가지 공간이지만 둘 중 어느 쪽도 하나만으로는 충분하지 않다. 디자이너에게는 다음과 같은 장소가 필요하다.

- 많은 사람이 모여 브레인스토밍을 할 수 있는 공간
- 소규모의 디자인 리뷰 회의를 할 수 있는 공간
- 두 명이 짝을 지어 조용히 작업할 수 있는 공간
- 개별적으로 조용히 작업할 수 있는 공간
- 컨퍼런스콜에 참여할 수 있는 공간

부서 이기주의

조직이 효율적으로 일하려면 어느 정도의 구조가 필요하지만 부서 이기주의는 조직의 한 부서에서 일하는 사람이 다른 부서의 사람들과 논의하지 못하게 함으로써 서로의 의사소통에 방해가 된다. 꼭 필요한 사람에게 접근할 수 없을 때 함께 일하는 것은 어려울 수밖에 없다.

경쟁 지상주의

디자이너는 문제 해결을 좋아한다. 다른 이들과 경쟁하는 것이 문제 해결을 촉진하는 가장 좋은 방법은 아니다. 디자인이라는 것이 때로 많은 아이디어를 만들고 그 중 좋은 아이디어를 걸러내는 것을 의미하지만, 그것은 디자인 프로세스의 작은 부분에 불과하다. 강하고 효율적인 팀은 비록 핵심 아이디어를 제안하지 않은 사람들도 모두가 스스로 소중한 기여자라고 느낄 수 있게 해준다.

모든 창작 활동을 구성하기 위한 기본 수단으로 경쟁을 사용하거나 공개적으로 '승자'에게 보상하는 등 기업문화 차원에서 경쟁을 강조할 수 있다. 그렇게 계속되는 경쟁은 디자인팀을 지치게 할 수 있는데, 그들은 디자인 문제를 해결하는 것보다 이기는 것이 더 중요하다고 생각하게 될 것이다.

분명 그 조직의 어떤 정책과 특이한 방식은 간접적으로 협업을 저해할 수 있다. 예를 들어, 출장 비용을 지원해주지 않을 때에는 충분히 정당한 사유로 직접 만나는 것조차 어렵게 만든다. 그렇다고 해서 모든 정책이 협업을 위해서 만들어질 수는 없을 것이다. 팀의 협업 능력에 미치는 조직의 영향을 지나치게 과대평가하지는 말아야 한다.

요약

7장에서는 창의적인 프로젝트에서의 협업을 다음과 같이 정의했다

<u>혼자서는 만들 수 없었던 더 나은 무언가를 생산하기 위해 함께 작업하는 것.</u>

이는 다음과 같이 요약할 수 있다.

1. 다양한 관점이 어떤 식으로 창의적인 프로세스에 도움을 주는지
2. 협업이 집단사고와 어떻게 다른지
3. 협업에 대한 세 가지 주된 오해: 협업을 얼마나 지나치게 단순화하는지, 어떻게 협업이 비효과적이라고 믿는지, 또한 어떻게 사람들이 잘못된 측면에 초점을 맞추는지
4. 협업의 세 가지 측면은 다음과 같다.
    a. **도구**: 팀이 함께 일하려고 사용하는 애플리케이션, 방법, 기술
    b. **사고방식**: 협업에 대한 개개인의 태도와 선호
    c. **문화**: 협업의 환경을 제공하는 정책, 절차, 장려책 및 기업문화

5. 각 측면에서 팀이 직면하게 되는 장애는 다음과 같다.

   a. **도구 장애물**: 도구는 신뢰할 수 없거나(예상대로 작동하지 않는다), 적절하지 않거나(필요한 일을 하지 못한다), 비실용적일 수 있다(팀, 프로젝트 또는 상황의 제약사항에 맞지 않다).

   b. **정신적 장애물**: 사람들이 경험하는 다양한 정신적 장애는 수행 능력의 저하나 다른 사람들의 작업을 방해하는 결과를 낳는다.

   c. **문화적 장애물**: 이 장애에는 물리적 공간, 조직의 구조, 협력 대 경쟁에 대한 관행화된 태도로부터 발생하는 어려움이 포함된다.

8

협업의
네 가지 덕목

앞 장에서는 팀에서 사용하는 도구, 참여하는 사람들의 사고방식, 회사의 문화 등 작업 환경 측면에서 협업의 흐름을 설명했다. 어떤 팀이 파일을 공유하려고 새로운 협업 도구를 도입할 수는 있지만, 공유 자체가 팀이나 조직에서 장려하는 사고방식이 아니라면 무슨 소용이 있을까?

팀이 협업의 모든 덕목을 받아들였을 때 팀원들은 특정한 행동을 보이기 시작한다. 여기 몇 가지 예가 있다.

- 그들은 서로 방어적인 자세로 만들지 않으면서 건설적인 비판을 제공할 수 있게 디자인 작업에 대한 자연스러운 피드백을 준다.
- 그들은 원거리 브레인스토밍과 같이 이례적이거나 불편한 상황으로 발생할 수 있는 수행성능에 대한 위험을 강조한다.
- 그들은 다양한 커뮤니케이션 방법에 익숙하며 필요에 따라 미디어를 전환하여 사용한다.
- 그들은 불필요한 중복작업 없이 서로 지원해 줄 수 있게 프로젝트에서의 자신의 역할을 솔직하게 논의한다.
- 그들은 할당 업무의 범위와 기대되는 결과물을 명확히 함으로써 자신의 작업완수 능력에 대한 기대를 즉시 설정한다.

이러한 행동은 어쩌면 상식적으로 보일 수 있다. 하지만 그 반대의 행동을 상상해 보기란 어렵지 않다. 건설적이지 못한 피드백이나 불편함을 인정하려 하지 않고 이메일만 사용하며 역할에 대한 명확한 정의 없이 어렵게 진행하고 범위와 방향에 대한 확인 없이 작업에 뛰어드는 등의 행동들이다.

이번 장에서는 이 덕목들이 어떻게 프로젝트에 영향을 끼치는지와 함께 도구, 사고방식, 문화에 드러나는 방식을 설명한다.

협업의 덕목

훌륭한 협업의 중심에는 네 가지 덕목이 자리하고 있는데, 이는 도구, 사고방식, 문화에 배어있는 네 가지 지침이다. 소프트웨어 애플리케이션, 개개인의 태도, 기업 정책이 모두 협업을 잘 지원하려면 이러한 덕목들을 가져야 한다.

이 네 가지 덕목은 다음과 같다.

- **명확성과 정의**: 분명히 표현하고 설명함
- **책임과 주인의식**: 책임을 이해하고 맡는다.
- **관심과 존중**: 동료들과의 공감
- **솔직함과 정직**: 사실을 말하고 받아들임

명확성과 정의

명확성과 정의 덕목은 다음의 내용을 필요로 한다.

<u>팀 구성원은 자신의 아이디어를 분명히 설명하고 프로젝트의 요소를 논의하기 위해 공통의 언어를 설정한다.</u>

훌륭한 협업을 위해서는 참여자가 자신의 아이디어, 피드백, 의문사항을 명확히 표현할 수 있어야 한다. 불명료한 부분이 있으면 사람들은 공감대를 형성하기 어려워진다.

예를 들어, 치과보험 회사의 내부 애플리케이션을 작업하면서 나는 치과보험의 모든 부분을 익혀야 했던 경험이 있다. 경영주이자 평생 보험을 직접 다루어 왔던 사람으로서 고용인 부담금이나 공제한도 심지어 다양한 보험 유형에 대한 배경지식이 있었다. 이것은 좋은 출발점이었지만 효과적인 프로젝트를 위해서는 다양한 진단 유형, 다양한 고객에 대한 분류, 지불청구가 어떻게 다루어지는지 등도 배워야 했다.

모든 프로젝트에서는 해당 영역과 디자인을 연결해줄 특화된 용어의 집합을 만들게 된다. 웹디자이너인 나는 '카테고리'와 '내비게이션', '헤더' 혹은 좀 더 간단히 '목록', '항목'과 같은 용어를 사용하여 웹사이트 디자인의 다양한 측면을 표현한다. 웹사이트는 내용을 분류하고 내용 사이의 관계를 설정하며 영역의 틀을 세우는 기본 구조에 따라 설계된다.

핵심적인 프로젝트 콘셉트는 공감대를 이루는 데 중심이 되지만 정의의 덕목은 그 이상으로 확장될 수 있다. 5장에서 다룬 갈등의 모델에 의하면 다음과 같이 명확한 정의를 필요로 하는 프로젝트의 부분이 있다.

- 팀멤버의 **수행성과**에 대한 명확한 정의: 작업, 기한, 결과물의 예상량 및 품질의 기대수준
- 프로젝트 **계획**에 대한 명확한 정의: 중간점검의 내용, 역할과 책임, 제약사항 그리고 성과 측정
- 프로젝트 **목적**에 대한 명확한 정의: 디자인 작업의 범위, 디자인팀의 역할에 대한 예상, 프로젝트가 의도하는 목적 그리고 시장에서의 제품의 역할

위 내용은 명확성과 정의를 필요로 하는 프로젝트 측면에 대한 단지 몇 가지 예다.

책임과 주인의식

책임과 주인의식 덕목은 다음의 내용을 필요로 한다.

<u>모든 팀 구성원은 명확한 책임, 예상 기여도에 대한 정확한 이해와 프로젝트 결과물에 대한 어느 정도의 책임을 가진다.</u>

많은 사람이 협업이라는 단어가 공동의 주인의식, 의견 일치 형성, 독단적 선지자의 방출을 의미한다고 생각하는데 나는 협업에 대한 이러한 관점을 싫어한다.

대신에 각 사람들이 담당해야 할 부분이 있고 그 부분에서 무슨 일을 하는 것인지 알며 그 부분에 대한 책임을 진다는 의미에서 협업을 기름칠이 잘된 기계로 생각하기를 좋아한다. 누군가에게는 그 부분이 전체적인 비전을 확립하고 대부분의 디자인을 결정하는 것이고 또 다른 사람에게는 그 부분이 세부사항에 살을 입히고 프로젝트 위험을 경감시키거나 다양한 팀 구성원 사이의 활동을 조직하는 것이다.

책임과 주인의식 덕목을 받아들이려면 디자인팀은 다음 세 가지를 가져야 한다.

- **리더**: 팀은 결정을 내릴 수 있는 믿을 만한 리더를 보유해야 한다.
- **역할과 책임**: 팀에는 잘 정의된 책임이 있어야 한다.
- **개개인의 수행성과**: 팀은 개개인이 자신의 활동에 대한 책임을 질 수 있게 지원해야 한다.

리더

책임과 주인의식이 없을 때 협업은 작동하지 않는다. 그러므로 프로젝트의 두 가지

관점인 품질과 진전(4장에서 자세히 설명했다)에 대해 최종으로 책임질 누군가가 있어야 한다. 프로젝트 리더는 궁극적으로 프로젝트의 목표를 달성하기 위해 프로젝트의 구조와 팀 구성원을 조직하는 데 책임이 있다. 또한, 리더는 프로젝트 이해관계자들이 자신이 필요로 하는 것을 얻고 디자인된 제품이 우수하다는 것을 보장할 책임이 있다.

이 역할들은 서로 다른 사람들에게 할당될 수도 있는데 프로젝트 매니저는 중간점검에 맞춰 진행을 이끌고 크리에이티브 디렉터는 비전을 책임질 수 있다. 내 경험으론 이처럼 책임을 분리하는 것이 언제나 프로젝트에 가장 최선이 되는 것은 아니다. 좋은 리더는 보통 어디로 나아가야 하며 거기에 어떻게 다다를 수 있을지 알고 있다.

그렇다고 팀의 나머지 사람들을 교체할 수 있고 아무런 힘도 없는 로봇들로 이뤄져 있다는 의미는 아니다. 리더는 상호보완적인 기술과 독특한 관점을 지닌 팀 구성원을 필요로 한다. 상투적인 표현을 빌리자면 디자인 프로젝트를 성공시키려면 하나의 마을이 필요한데 이 마을은 좋은 리더와 공공의 이익에 기여하는 방법을 아는 사람들을 필요로 하는 것이다.

역할과 책임

그러므로 프로젝트팀은 명확히 정의된 역할과 책임이 필요하다. 만일 팀 구성원이 생각 없는 로봇이 아니라면 당연히 스스로 어떤 일에 책임을 져야 하는지 알아야 한다. 역할을 정의한다는 것은 기대되는 활동과 그에 대응하는 결과물을 명확히 제시하는 것을 의미한다.

긴 세월 동안 친밀한 관계를 맺어온 팀의 구성원 사이에서조차도 주어진 활동으로 무엇을 만들어야 할지 서로 다르게 예상할 수 있기 때문에 활동과 결과물을 정의하는 것이 도움이 된다. 결과물의 품질과 형식에 대한 범위에는 미묘한 차이가 있을 수 있다. 어느 한 가지 활동이 개략적이고 비형식적이지만 다음 단계로 나아가기 충분한 것을 만들어 낼 수도 있고 또는 세련되고 보기 좋은 무언가를 생산할 수 있다. 팀 구성원들은 서로 다른 수준의 세부사항을 예상하고 있을 수 있다.

한 프로젝트에서 여러 가이드라인을 만드는 사람과 함께 일했던 적이 있다. 우리는 그런 가이드라인을 위한 세부수준에 동의한 적이 없었다. 나는 몇 페이지 정도의 고객을 위한 상세한 설명서를 기대했지만, 그 동료는 몇 가지 주요 항목을 나열한 한 페이지 분량의 문서를 만들어 냈다. 결국, 최종 결과물에 관해 우리가 처음부터 다른 생각을 하고 있었음이 나중에 밝혀졌다.

내 경험에 의하면 디자인팀을 실수로 유도하는 것은 이러한 품질, 형식, 세부사항의 차이다.

한 사람이 어느 한 가지를 기대하면 다른 사람은 다른 뭔가를 기대한다.

개개인의 수행성과

이 덕목에는 또 다른 중요한 구성요소가 있다. 팀 구성원들은 자신의 수행성과와 행동에 책임을 져야 한다. 팀 구성원은 자신의 결점을 인정하여 팀이 그 공백을 메울 수 있게 도와야 한다. 그들은 비록 기대에 미치지 못했더라도 솔직하게 진행상황을 알려야 하며 특정 문제를 처리할 능력이 없음을 인정해야 한다.

함께 일했던 많은 신입 디자이너들은 그들이 자신의 수행성과로, 좀 더 정확히 말하면 단순히 수행성과만으로 판단되지 않는다는 사실을 이해하는 데 어려움을 겪는다.

그들은 팀 리더와 함께 기대치를 설정하는 능력으로 평가받는다.

> 단지
>
> "내일까지 그 일을 끝낼 수 있습니다."
>
> 라고 말하는 대신에
>
> "내일까지 요청하신 작업 대부분을 끝낼 수 있을 것 같습니다만, 내비게이션을 어떻게 처리해야 할지가 조금 명확하지 않습니다. 현재 몇 가지 선택 사항이 있는데 만약 계속 문제가 있으면 내일 아침에 알려드리겠습니다."
>
> 라고 말한다.

팀 구성원들은 기한을 맞추지 못했거나 일이 자신의 능력을 벗어날 때 그것을 솔직히 밝히는 능력으로 평가받는다.

단지

"그 작업을 수행하지 못했어요."

라고 말하는 대신에

"그 작업을 오늘 업무마감 시간까지 끝내야 한다는 걸 알고 있지만, 그 작업과 관련해서 정말 어려움을 겪고 있습니다. 제가 지금까지 작업한 내용을 보여드려도 될까요? 그러면 최선의 방안을 결정할 수 있을 것 같습니다."

라고 말한다.

어려움과 장애물들을 매니저, 팀리더, 동료에게 알리는 것은 그러한 어려움과 장애물들이 일어나는 동안 그 위험을 처리할 수 있게 해준다. 비록 디자이너는 할당된 업무를 완수할 능력이 없다는 것을 인정하는 불편함을 느껴야 하지만 팀의 입장에서는 바로잡을 충분한 시간이 있을 때 그 사실을 아는 것이 훨씬 낫다. 내 경우에 가장 소중한 디자이너는 프로젝트가 앞으로 나아가도록 도와주는 디자이너다.

마찬가지로 팀 구성원은 다른 사람의 도움을 알릴 수 있을 정도의 자신감을 갖춰야 한다.

단지

"베로니카는 큰 도움이 되었어요."

라고 말하는 대신에

"이 문제로 고민하다가 베로니카와 브레인스토밍을 했는데 그녀가 이 아이디어 중 몇 가지를 구성하는 것을 도와주었습니다."

라고 말한다.

따라서 책임은 합당한 사람에게 공을 돌리는 것을 포함한다.

관심과 존중

관심과 존중 덕목은 다음의 내용을 필요로 한다.

팀 구성원은 서로의 기여를 존중하고 자신의 작업이 다른 사람에게 어떤 영향을 미칠지 인식해야 한다.

친밀함은 성공적인 협업에서 중요한 역할을 한다. 팀 구성원이 서로를 밀접하게 알게 되면 서로의 강점과 약점을 알 수 있다. 이는 또한 그들의 결점과 한계를 알고 있다는 의미다.

이와 동시에 동료는 서로의 기여를 존중해야 한다. 좋은 협업은 건물의 디자인을 완성하기 위해 함께 일하는 설계사와 건축기사처럼 상호 보완되는 기술을 가진 동료가 필요하다. 내 생각에 훌륭한 협업은 서로가 가진 중복된 기술을 쓸모없다거나 해로운 경쟁으로 생각하지 않는 동료들에 의해 만들어진다. 이 시나리오에서 두 설계사는 영역을 나눠 설계하거나 프로젝트에서 리더와 기여자의 역할을 나누거나 그냥 함께 디자인하는 방법을 찾아낸다.

많은 갈등이 서로간의 존중이 부족해서 발생한다. 동료에 대한 무례는 그들의 성과를 해치거나 그 동료로부터 얻은 정보를 무시하게 하거나 그들을 나쁘게 대우하게 할 수 있다.

관심과 존중 덕목을 수용하려면 다음 세 가지가 필요하다.

- **한계, 선호, 스타일**: 팀 구성원은 서로의 강점, 약점, 접근법을 명확히 이해해야 한다.
- **존재**: 팀 구성원은 자신의 연락가능 상태를 분명히 알려야 한다.
- **자기인식과 자기존중**: 팀 구성원은 자신의 강점과 한계를 알고 있어야 한다.

한계, 선호, 스타일

내가 디자이너로서 크게 만족하는 한 가지 상황은 다른 디자이너의 작업 스타일을 알게 될 때다. 목표나 성과에 대한 논의와 단지 프로젝트를 위해 함께 일하면서 다른 디자이너가 어떻게 일하는 것을 선호하는지 알게 된다. 나는 그들이 좋아하는 도전과제들, 두려워하는 프로세스 그리고 선호하는 의사소통 방식을 이해하게 된다. 그들이 얼마나 많은 프로젝트를 처리할 수 있으며 특정 작업을 수행하는 데에는 얼마의 시간이 걸리고 이해관계자들과 대화를 이끌어 가는 것을 얼마나 편안해하는지 등을 짐작할 수 있게 된다.

디자이너를 그들이 힘겨워하는 상황이나 잘하지 못하는 상황으로 밀어 넣는 것은 무책임하고 무례한 일이다. 팀 구성원이 도전을 원하므로 아주 어려운 상황으로 이끄는 것과 그들의 역량을 전혀 모르는 상태에서 아주 어려운 상황으로 이끄는 것은 전혀 다른 일이다.

모든 디자이너가 도전을 좋아하지만, 또한 성공하길 좋아한다. 디자이너를 존중한다면 그들에게 불편한 상황, 업무 혹은 작업량을 할당할 때 주의 깊게 그리고 책임감 있게 해야 한다. 존중은 그들이 완전한 실패에 대한 두려움 없이 위험을 감수하고 안전하게 스스로의 한계를 넓혀 나갈 수 있는 토대를 마련해주는 것에서 시작된다.

존재

관심에는 실제적인 측면이 있다. 동료는 서로의 연락가능 상태를 알아야 한다. 이는 간단해 보일 수도 있지만 멀리 떨어진 작업공간이 점차 증가함에 따라 누가 자리에 있는지 없는지 아는 것만으로는 충분하지가 않다. 다음은 존재를 나타내는 몇 가지 다양한 상태다.

- 자리에 있지만 절대 방해받으면 안 됨
- 자리에 있으며 방해받고 싶지 않지만 긴급한 용무에 응할 수 있음
- 전화받는 중이나 인스턴트 메시지는 처리 가능
- 전화를 받으며 화면을 공유 중이므로 인스턴트 메시지 보내지 말 것
- 전화회의의 백-채널 채팅으로 연락 가능함
- 현재 자리에 없지만, 오전 11시까지 돌아올 예정
- 현재 자리에 없지만, SMS로 연락 가능함

원거리 작업자들은 자신의 존재를 알리기 위해 인스턴트 메시지 애플리케이션에 상태를 설정한다. 어떤 팀은 연락 가능성의 어느 단계에 있는지의 표시요청에 응답하는 코드를 개발한다.

존재를 알리는 것은 실질적인 가치가 있을 뿐만 아니라 팀의 친밀감에도 기여한다. 어떤 동료의 연락가능 상태와 존재를 확인하는 것은 그에 대한 존중을 보여주는 것이며 상호신뢰를 구축한다. 누구도 아무런 예고도 없이 사무실로 밀고 들어오는 사람과 일하는 데 편안함을 느끼지 않는다. 멀리 떨어져 작업하는 사람들에게는 연락 가능 상태를 존중하는 것이 사무실로 들어서기 전에 조용히 노크하는 것과 같다.

자기인식과 자기존중

디자이너는 스스로의 한계, 선호도, 스타일을 이해해야 한다. 스스로의 한계를 이해함으로써 디자이너는 자신의 역량과 프로젝트에 기여할 능력 그리고 얼마나 편안하게 도움을 요청할 수 있는지에 대해 솔직할 수 있다. "이 질문 중 몇몇은 무지해 보일 수도 있지만, 확실히 이해해두고 싶어서 그러는데요…"로 시작하는 질문을 하는 것은 디자이너가 자신의 한계를 편안하게 인정하고 있음을 나타낸다.

이처럼 편안하게 인정하는 디자이너는 스스로 증명해야 할 뭔가가 없거나 최소한 없는 것처럼 행동하는 것이다. 이런 디자이너는 자신이 실제보다 더 나은 사람으로 보이길 바라면서 자신의 한계를 숨기려고 하지 않는다. 이들은 고객이나 동료들의 눈에 자신이 어떻게 보일지 걱정하지 않는다. 좀 더 구체적으로 말하면 이런 디자이너는 자신의 부족한 점을 인정하는 것을 약점이나 무능력의 인정으로 생각지 않는다.

팀 노력의 중심이 프로젝트의 목표에서 벗어나게 되면 협업에 실패한다. 동료의 자기인식 부족은 프로젝트로부터 주의를 빼앗을 수 있다. 결과적으로 다른 팀 구성원들은 예상치 못한 공백을 메워야 하거나 기대를 조절해야 할 수도 있고 해당 작업을 수행할 능력이 없는 사람에게서 그 책임을 강제로 빼앗아야 할 수도 있다.

열린 마음과 정직

열린 마음과 정직의 덕목은 다음의 내용을 필요로 한다.

팀 구성원은 서로에게 직접적이며 정직해야 한다. 디자인은 의미 있고 건설적인 피드백을 토대로 성공하기 때문이다. 팀 구성원들은 새로운 아이디어, 비평 그리고 성장을 위한 기회에 열려 있어야 한다.

열린 마음과 정직은 물론 디자인 피드백 그 이상을 의미한다. 열린 마음은 관찰이나 피드백 혹은 비평에 동의하든 동의하지 않든 기꺼이 듣는 마음이다. 열린 마음은 다른 덕목들에서도 중요하다.

- **명확성과 정의**: 프로젝트 정의를 듣고 받아들이기
- **책임과 주인의식**: 설정된 역할과 책임 이해하기
- **관심과 존중**: 자신의 영역, 한계, 능력 깨닫기

노트:
열린 마음과 정직은 다른 모든 덕목에 배어 있으며 가장 본질적인 덕목이다. 이 덕목 없이는 다른 덕목들도 존재할 수 없다. 마찬가지로 열린 마음과 정직도 이들을 단련할 다른 덕목들이 없으면 의미가 없다. 만일 명확하지 않다면, 책임질 수 없다면, 존중하지 않는다면 진실은 오래가지 못할 것이다.

열린 마음을 가진 사람은 자신이 이해하고 있지 못하다는 것(명확성), 기대에 부응할 수 없다는 것(책임), 어떤 상황인지 모른다는 것(관심)을 기꺼이 인정한다.

열린 마음을 보완해 주는 것이 직접적이며 진실된 의사소통인 정직이다. 정직은 고지식한 진실성과는 다르다. 정직은 지혜와 절제를 포함하기 때문이다. 진실은 숨겨져서는 안 된다. 진실은 실행 가능하고 의미가 있으며 실용적이면서 들을 수 있도록 하기 위해 포장되어야 한다. 정직은 마음에 떠오르는 것을 무엇이든 이야기하는 것이 아니다. 그보다는 동료들의 성장을 돕고자 하는 바람과 존중하는 마음을 가지고 피드백, 방향성, 수정, 반대 견해를 전하는 것이다.

관심과 존중처럼 정직에도 '자아'의 요소가 있다. 만일 자기인식이 자신의 부족한 점, 영역, 한계에 대해 알고 있는 것이라면 자기정직은 그것을 인정하는 능력이다. 자기보호 심리학에서 모든 약점을 숨기라고 하는 것처럼 자신의 무지와 무능력을 투명하게 인정하는 것은 어려울 수 있다.

열린 마음과 정직의 다른 형태와 마찬가지로 자기정직도 협업의 다른 덕목에 통합돼 있다.

- **명확성과 정의**: 프로젝트의 근본적인 콘셉트나 할당된 업무를 진정으로 이해했는지 인정하는 것
- **책임과 주인의식**: 특정 수준의 책임을 받아들일 준비가 되어있는지 인정하는 것
- **관심과 존중**: 자신의 부족한 점과 한계를 인정하는 것

진실을 말하는 것과 진실을 받아들이는 것은 이 덕목에서 동전의 양면과 같다. 각 다른 덕목은 '말하기'와 '받아들이기'가 무엇을 의미하는지 나름대로 정의한다.

- 디자이너는 진실을 **명확성, 책임감, 존중**하는 마음을 가지고 말해야 한다.
- 진실을 받아들임으로써 디자이너는 그에 따른 결과를 이해하고 결과에 주인의식을 가지며 진실이 자신에게 의미하는 것을 인식해야 한다.

열린 마음과 정직은 구현하기 가장 어려운 덕목이다. 이 덕목을 구현한다는 것은 간단히 말해 이 덕목처럼 살고 이를 프로젝트에 투입하며 이 덕목을 실현하는 방식으로 행동한다는 것을 의미한다.

모든 프로젝트는 같은 위험에 직면한다. 협업의 덕목은 긍정적, 생산적 행동을 이끌어내는 원칙을 도입하여 이러한 위험을 완화시키려고 한다. 이러한 덕목은 팀 구성원이 서로 소통하고 맡은 바 책임을 다하며 구성원을 존중하도록 격려한다는 것이 점점 더 분명해질 것이다.

협업을 수용하는 것은 조직이 이러한 위험을 완화시킬 수 있는 한 가지 방법이다. 하지만 협업의 덕목을 구현하는 것에는 잠재적으로 불편한 위험과 행동이 수반된다. 표 8.1에서는 협업의 덕목과 관련된 추가적인 위험을 서술하며 그 위험들을 어떻게 경감시킬 수 있는지 설명한다.

표 8.1 협업의 덕목에 따르는 위험

덕목	위험	경감 방법
명확성과 정의	세부 사항들: 팀이 프로젝트에 관한 모든 부분을 명확히 하려다 사소한 세부 사항에서 헤맨다.	큰 그림을 상세히 설명하고 세부사항을 파고드는 데 충분한 시간을 할애할 수 있도록 프로젝트를 구성한다. 이것이 가능하지 않다면 범위에 대해서 냉혹해지도록 한다.
책임과 주인의식	발끝만 담그기: 사람들이 그들이 원하는 정도의 책임을 맡지 못할 수 있다.	주어진 책임하에서 성장할 기회를 찾도록 디자이너를 돕는다. 단 하나의 프로젝트에만 집중하지 않으면서도 성장하는 길을 디자이너에게 제공한다.
관심과 존중	주의: 팀 구성원을 존중한다는 것이 자칫 그들의 감정을 상하게 할까 봐 지나치게 신중해지는 것으로 변할 수 있다.	팀 구성원에게 디자이너는 직접적이고 건설적인 피드백을 바탕으로 성공할 수 있음을 알려준다.
열린 마음과 정직	정보과다: 열린 마음을 갖고자 하는 바람으로 서로에게 지나치게 많은 정보를 제공한다.	실행 가능한 방식으로 정보를 전달하는 법을 알려준다. 불필요한 정보를 쉽게 버릴 수 있게 해준다.

완벽한 프로젝트는 없지만, 디자인은 사람들이 직접적일 수 있고 자신의 책임을 이해하며 스스로 프로젝트에 기여하고 있다고 느끼는 환경에서 발전한다. 덕목에 따르는 이런 장애물들이 있음에도 이 덕목들은 다른 대안들보다 낫다.

협업의 구현

협업의 덕목은 협업의 세 가지 측면, 도구, 사고방식, 문화에 스며 있다. 좋은 도구, 올바른 사고방식 그리고 올바른 문화 모두 어떤 면에서든 협업의 덕목을 포함하고 있으며 이들은 좋은 협업으로 이끄는 행동을 지원하고 격려한다.

예를 들어, 다른 사람을 존중하며 행동하는 한 가지 방식은 회의를 요점에서 벗어나지 않게 하면서 짧게 끝내는 것이다. 이는 동료들이 시간을 낭비하지 않게 존중해주는 것이며 이해관계자와 고객들의 돈을 낭비하지 않게 존중하는 것이다. 이는 또한 동료들이 간결한 회의로도 충분히 목표를 성취할 수 있다는 것을 암시하여 그들의 능력을 존중한다는 것을 보여준다. 짧은 회의는 협업의 세 가지 측면에서 구현될 수 있다.

- **도구**: 공유 캘린더 소프트웨어는 회의 시간을 제한하는 데 기본이 된다.
- **사고방식**: 회의 주최자들은 회의를 가능한 한 짧게 유지하기 위해 의제를 구조화하며 미리 준비한 채로 회의에 참석하고 의제를 명확히 진술하고 회의가 초점에서 벗어나지 않게 한다.
- **문화**: 회사의 리더들은 솔선수범하고 조직은 정중한 회의 태도로 보답한다.

협업의 각 측면은 서로 다른 단계에서 작동하므로 덕목과 행동을 구현하는 데 다양한 방식이 있다.

올바른 도구의 선택

훌륭한 협업 도구를 찾는 일은 쉽지 않다. 어떤 하나의 도구로 팀의 모든 문제를 해결할 수는 없으며 하나의 도구가 모든 팀에 완벽한 경우도 없다. 예를 들어, 나는 인터넷 기반 파일 공유 시스템인 드롭박스 없이 작업하는 것은 상상할 수가 없다. 드롭박스를 이용하면 어떤 컴퓨터나 네트워크 기기에서든 작업 파일에 접근할 수 있다. 드롭박스는 파일의 버전을 관리해주므로 이전 버전의 문서로 되돌아가 작업할 수 있고 다른 이들과의 공동작업을 편하게 할 수 있게 드롭박스 폴더를 공유할 수 있다. 즉, 내 작업에서 드롭박스는 필수다. 이 책의 모든 내용은 역시 드롭박스에 저장되었다.

투명성과 책임

맨디 브라운 (Mandy Brown)
Editorially의 공동창설자, CEO

나는 모든 직원 사이에 벽과 문이 있는 맨해튼 도심지구의 전통적인 사무실에서 일했던 적도 있고 브루클린의 오픈 플랜식 스타트업 사무실에서도 일해 봤으며 모든 다양한 기술과 전문분야를 가진 사람들에 둘러싸인 공동작업 공간에서도 일했었다. 나는 원격에서 일하는 직원들을 관리하기도 했고 내가 원격에서 일해 보기도 했다. 나는 팀에 소속되기도 했고 리더가 되기도 했다. 서적, 웹사이트, 소프트웨어, 제품과 관련해서 일한 적도 있다. 이 각각의 다양한 협업에 모두 고유한 특징이 있었지만 변하지 않는 한 가지는 협업의 성공이 두 가지 요소에 좌우된다는 것이었다. 바로 투명성과 책임이 그것이다.

투명성

신뢰는 좋은 협업을 위해 대단히 중요하다. 신뢰를 형성하는 방법 중 하나는 관련된 모든 사람의 작업을 투명하게 하는 것이다. 즉, 팀의 모든 사람은 누가 무엇을 했으며 왜 그들이 그 작업을 했고, 또한 어떻게 자신의 작업이 전체 작업과 조화를 이루는지 알 수 있어야 한다. 투명성을 프로세스에 적용하는 방법은 다양한데 방법을 많이 적용할수록 더 좋다. 투명성은 작업이 투명하다, 투명하지 않다는 이분법적 측면이라기보다 투명성을 위한 다양한 행동을 지속적으로 얼만큼 늘려나가느냐의 문제다.

- 직접 만나거나 스카이프 혹은 구글 행아웃 등을 이용한 일일 스탠드업 미팅으로 자신이 하고 있는 작업을 알리고 필요한 도움을 요청할 수 있다. 각 스탠드업 미팅에서는 현재의 우선 사항과 각자의 작업이 우선 사항을 어떻게 다루는지 명확히 해야 한다.

- 진행 중인 작업은 될 수 있으면 빨리, 그리고 자주 공유돼야 한다. 소프트웨어 개발이라면 기능이 작동하기 전부터 코드 리뷰를 시작하는 것을 의미하고, 디자인이라면 화이트보드 스케치를 공유하는 것이다. 콘텐츠 경우에는 초안을 작성하기 전에 개요와 대략의 주제를 공유하는 것을 의미한다. 각각의 경우 일찍 공유함으로써 두 가지 목적을 달성할 수 있는데, 자신이 하고 있는 일을 동료들에게 아주 이해하기 쉬운 방식으로 알린다는 점과 가장 효과적인 시기에 피드백을 받을 수 있다는 점이다.

- 37Signals' Campfire와 같은 그룹 채팅 툴은 팀 구성원이 언제든지 들락날락할 수 있는 대화방을 여는 데 이상적이다. 이 툴은 전체 팀이 종일 같은 사무실에 있어도 대화가 계속될 수 있게 해주며 대화를 놓친 것 같은 미안한 마음을 느낄 필요도 없다. 대화방을 나와서 다른 작업에 집중하다가 다시 대화방에 돌아왔을 때도 모든 대화내용이 남아 있어 어떤 내용도 놓치지 않을 수 있

기 때문이다. 이와 마찬가지로 또 중요한 것은 기록이 됨으로써 다시 이전의 대화내용을 보고 결정이 어떻게 이루어졌는지 확인할 수 있다는 것이다. 즉, 불가피하게 깜빡 잊었다고 하더라도 이를 보완할 수 있는 기억장치가 있는 것이다. 실제적인 투명성과 진정한 투명성은 현재뿐만 아니라 관련된 과거도 포함한다.

책임

투명성의 필연적 결과는 책임이다. 자신이 무엇을 하고 있는지 확실히 해야 할 뿐만 아니라 그 작업에 대해 책임질 필요가 있다. 이것은 징벌을 위한 것은 아니다. 이는 단순히 누군가 약속을 이행했는지 그러지 못했는지에 관한 것이 아니라 좋은 작업을 인정하고 어떻게 개선할 수 있는지 공동으로 배우기 위한 방법이다.

- 모든 회의에서 기록 담당자를 정한다. 팀에서 누군가 이 작업을 특별히 잘하는 사람이 있다면 항상 같은 사람이 이 일을 할 수도 있고 아니면 작업을 공유할 수도 있다. 기록 담당자는 결정된 사안뿐만 아니라 다음 단계에 해야 할 일과 각 일에 배정된 사람들도 기록해야 한다. 작업이 어떻게 되어가는지 확인하기 위해 이후 모임에서 이전 기록을 검토한다. 계획대로 흘러가지 않았다면 그 이유가 무엇인지 함께 조사한다. 이때 누구의 잘잘못을 따지기보다는 프로세스와 작업을 검토하는 것이 중요하다. 물론 전에 들어본 내용이겠지만 기록하는 것이 쓸모없는 일이라는 생각에 빠지지 않도록 하자. 기록하는 것은 의견 일치를 명확히 표시하는 과정으로 충분히 주목할 만한 가치가 있다.

- 데이터를 공유한다. 버그가 잡힘. 해야 할 일들 완료. 기능들 적용됨. 이렇게 완료된 작업을 표시하고 그 작업이 가능하도록 한 사람들을 언급할 필요가 있는데, 이런 정보를 규칙적으로 알리는 공간을 마련한다.

- 회고를 위한 방안을 찾는다. 모두가 모여 자신이 무엇을 배웠으며 그것이 왜 중요한지 이야기하는 매주 혹은 격주의 회의는 개개인이 해야 할 작업을 완수하게 할 뿐만 아니라 자신의 기술을 계속해서 개발할 책임감을 느끼게 한다. 또한, 중요한 것은 이런 회의로 중요한 정보가 단지 한 사람의 머릿속에 머물게 두는 것이 아니라 팀 전체에 전할 수 있게 된다.

Editorially와 Typekit에서는 한 주를 회고하고 작업을 공유하며 다음 단계에 대해 깊이 생각하기 위해 한 주의 마지막에 어느 정도의 시간을 할당한다(Typekit의 동료 중 한 명은 이런 회의를 '주간 TED 컨퍼런스'라고 한다). 이런 모임은 우리들 개개인이 나무로부터 고개를 들어 숲을 바라볼 기회를 제공한다. 결국 우리가 만들고 있는 것은 전체에 기여하는 수많은 작은 부분들로 이루어진 생태계이기 때문이다. 우리의 작업 관계들이 이 시스템에 점점 더 가까워질수록 시스템은 더욱더 나아질 것이다.

그럼에도 모든 디자인팀에게 드롭박스가 필요하다고 주장하기는 좀 꺼려진다. 좋은 소식이라면 현재 파일 저장과 공유를 위한 제품이 십여 종류나 있다는 것이다. 그러므로 팀이 원하는 것을 선택할 수 있을 것이다.

훌륭한 협업 도구에 대한 목록을 나열하는 대신(이와 유사한 내용은 7장에서 다룬다) 얼마나 다양한 종류의 도구가 협업을 구현할 수 있는지에 대한 몇 가지 아이디어를 제시하려고 한다.

사고방식의 조정

협업의 덕목은 개인주의적 심리적 방식으로 자리 잡는다. 열린 마음, 존중, 명료성과 나머지들은 개개인을 중심에 두는 덕목들이다. 사고방식이 도구와 비교했을 때 가장 구체적인 요소이거나 문화처럼 가장 포괄적인 요소는 아니지만 좋은 협업은 개인에서 비롯된다. 앞선 장에서 설명했듯이 썩은 사과 하나가 한 집단 전체를 망쳐놓을 수 있다. 사고방식은 개개의 디자이너들이 최고의 제어력을 가진 영역으로 자신의 접근법을 제어할 수 있어야 한다. 그와 동시에 변경하기가 가장 어려울 수도 있는데 사고방식의 변화는 다음과 같은 것을 필요로 하기 때문이다.

- 태도의 근본적인 수정
- 상황을 인지하는 방법의 변화
- 그러한 상황에 자동으로 나오는 반응의 방향 수정

이 모든 것들은 뿌리 깊이 자리한 심리 상태로부터 기인할 수 있으며 그것을 바꾸는 데는 전문가의 도움이 필요할 수 있다.

다음은 협업적 사고방식을 실천하는 몇 가지 예를 나타낸다. 협업 사고방식은 몇 가지 특정 태도를 내포한다.

"나는 동료들로부터 많은 것을 배울 수 있다."

"비판이 불편하게 느껴지더라도 다른 관점 때문에 내 작업에 도움이 될 것이다."

"나는 작업을 완료할 수 없을 때 그것을 인정하는 것을 꺼리지 않는다."

"나는 다른 사람이 내 작업을 끝내는 것을 도와주려 참여하는 것을 감사하게 생각한다."

"이 작업이 비록 내 일은 아니지만 내 동료들이 성공하도록 도와주고 싶다고 강하게 느낀다."

"내 피드백은 가치가 있으며 내가 건설적인 조언을 제공할 수 있을 때 동료들은 더 잘해낼 수 있다."

"이러한 일들이 불편하지만 이들을 시도함으로써 나는 많은 것을 배울 것이다."

"내 진행상황을 동료들에게 계속해서 알리는 것이 좋을 것이다."

위의 예에서 묘사된 것과 같은 태도를 받아들이기는 쉽지 않다. 자신의 약점을 드러내고 패배를 인정하는 것이기 때문이다. 대부분 사람들은 삶의 많은 부분을 스스로 느끼는 자신의 부족함을 감추는 데 보낸다.

태도와는 별개로 협업의 사고방식은 세상과 환경을 이해하는 특정 방식을 내포한다.

"꼼짝할 수가 없군. 하지만 이것은 또 다른 시각을 도입할 기회야."

"어떻게 하면 고객을 프로세스에 좀 더 참여시킬 수 있을까?"

"이 사람은 작업이 좀 더 잘 될 수 있게 나를 도와주려는 것일 뿐이야."

"이 모든 작업을 주어진 기간에 완료하려고 하는 것은 비현실적이야. 상황을 알려야겠다."

"이 작업을 완료하지 못할 것 같다고 하면 매니저가 실망하겠지만 그 사실을 알리지 않는다면 나머지 팀 전체가 실패하는 결과를 가져올 거야."

"그들이 내게 요청하는 일이 내가 잘할 수 있는 일은 아니지만 내가 많은 도움을 요청하리라는 것을 그들도 알고 있어."

태도와 마찬가지로 위의 인식에 관한 예들도 디자이너가 세상을 보는 방식과는 다른 방식으로 환경과 상황을 이해하는 방식을 보여준다. 협업 사고방식의 핵심인 환경을 이해하고 올바른 태도로 반응하는 것은 때로 디자이너의 성격과 충돌할 수 있다.

기업 문화 평가하기

회사에 있는 모든 개개인이 협업의 덕목들을 받아들였다면 그 기업의 문화는 당연히 협업적일 것이다. 하지만 개개인의 행동방식이 기업의 정책을 만들어 내는 것은 아니다. 좋은 조직이 개인의 협업적 행동들을 받아들이더라도 그 조직의 구조, 정책, 장려책 및 다른 요소가 협업을 지원하지 않거나 격려하지 못할 수 있다. 개인이 협업적 방식으로 행동하는 것이 조직의 성격과 충돌할 수 있다.

조직에 협업의 덕목을 적용하는 데는 여러 방법이 있다. 그에 대한 예로써 팀의 구성, 팀이 사용하는 프로세스, 생산하는 결과물을 포함하여 프로젝트에 협업의 덕목을 적용하는 방법을 보여주려 한다.

모든 소프트웨어 방법론(애자일, 린, 워터폴)에 관한 논의에서 디자이너의 실질적인 관심사는 프로젝트가 어떻게 구성되느냐다. 잘 구성된 프로젝트는 협업의 덕목을 수용한다(표 8.2).

표 8.2 일상 업무에서의 협업 덕목

	팀 구성	프로세스	산출물
명확성과 정의	명확한 역할들	'단계'보다 중간점검에 좀 더 초점을 둔다	각 결과물에 대한 명확한 목적
책임과 주인의식	최종 의사결정권을 가진 리더를 확실히 정하기	계획과 궤도 수정을 위한 중간 점검 일정 확립	소유자를 확실히 정하기, 기여자의 책임을 확실히 정하기
관심과 존중	팀 구성원의 적절한 책임	이해관계자들과의 디자인 리뷰를 위한 충분한 시간	팀 구성원의 능력에 맞는 산출물

이 책은 결과적으로 개개인의 기여자를 위한 책이다. 그리고 그들이 기업문화에 대해 무언가를 할 수 있는 사람일 필요는 없다. 그런 개인의 디자이너들에게는 어떤 조직이 협업의 덕목을 수용하는 정도를 평가하는 방법에 대한 몇 가지 아이디어를 제공하려고 한다. 그 조직이 얼마나 협업을 수용하는지 알아보기 위해서 구직 면접 중에 이 질문들을 이용해보자(표 8.3).

표 8.3 협업 덕목의 관점에서 새로운 일자리 평가하기

질문 사항	바람직한 답변
프로젝트에서 사람들이 어떻게 함께 작업합니까?	프로젝트는 다음 사항으로 이루어집니다. • 개별 작업에 몰두하는 기간 • 잦은 공식적, 비공식적 리뷰 • 몇 차례의 집중적인 그룹 작업
디자이너의 직업적 성장 목표를 설정하는 사람은 누구입니까?	직업적 성장 목표는 다음에서 비롯됩니다. • 디자이너 자신 • 디자이너의 매니저와의 협업 • 관련된 프로젝트 리더로부터의 정보

질문 사항	바람직한 답변
스스로를 위해 설정하는 연간 목표는 몇 개나 됩니까?	디자이너들은 보통 1~3가지의 직업적 성장 목표를 가집니다. 각 목표에 대해 2~3가지의 측정 기준을 정합니다.
서로의 작업을 공유하는 어떤 방식을 사용합니까?	작업의 공유는 다음과 같이 합니다. • 프로젝트 내에서는 '동료 검토'를 이용 • 프로젝트 외적으로는 그룹공유회의를 이용 • 분기별 인사고과 기간을 이용
프로젝트 도중 크리에이티브 디렉터는 디자인 작업을 어떻게 검토합니까?	디자인 리더는 • 작업을 검증하기 위한 공식적 검토 회의를 잡습니다. • 진행상황을 확인하고 피드백을 제시하기 위한 비공식적 검토 회의를 잡습니다. • 언제든 비공식적인 검토를 할 수 있습니다.
팀 구성원들은 프로젝트에 무슨 일이 일어나고 있는지 최신 상황을 어떻게 파악합니까?	프로젝트팀은 • 진행 상황을 논의하기 위해 매주 만납니다. • 작업 할당을 위해 매주 만납니다. • 프로젝트 작업 공간에 회의록을 게시합니다.
자신이 적절한 작업량을 할당받았는지 확인해주는 사람은 누구입니까?	작업량의 균형에 대해서는 • 과도한 작업량은 아닌지 확인하는 것은 개개인의 디자이너에게 책임이 있습니다. • 가용 시간을 기반으로 작업을 할당하는 프로젝트 리더에게 책임이 있습니다. • 각 할당된 프로젝트에 대한 약속을 설정하는 관리자에게 책임이 있습니다.
팀은 실패를 어떻게 다룹니까?	실패가 디자인 커뮤니티에서 아주 많이 쓰는 용어가 됐지만, 근본적인 문제는 '얼마나 큰 실패인지'와 '이제 무엇을 해야 하나'입니다. 큰 실패는 축하할 일이 아니죠. 프로젝트는 최소한 몇 개의 작은 단계들의 반복으로 계획되어야 합니다(실패에 대한 좀 더 구조적인 접근법). 또한, 인사고과를 통해 나중에 디자이너가 유사한 실패를 피할 방법에 대한 방향을 제시할 수 있어야 합니다.
프로젝트에서 의사결정을 내리는 사람은 누구입니까?	프로젝트의 디자이너들에게 결정을 내릴 권한이 주어집니다. 프로젝트 리더는 프로젝트의 최종적인 방향을 결정하는 권한을 가집니다.

혼자 작업하는 디자이너들은 기업문화를 움직이는 일에 주눅이 들 수도 있겠지만 대신 자신이 제어할 수 있는 자신의 행동에 집중할 수 있다. 협업에 무관심하거나 오히려 적대적인 환경에서 이상적인 협업적 행동 방식을 따르는 것은 그 자체로 어려운 도전이자 성장의 기회이기도 하다. 다른 이들이 자신의 책상에서 떨어지지 않고 작업할 때 작업을 공유하기 위해 사무실에 들르는 디자이너는 약간의 따돌림을

받을 수도 있겠지만 아웃사이더가 되는 것이 아마도 우리가 애초에 디자인 분야에서 일하게 된 이유였을 것이다.

요약

겉으로 봤을 때 협업은 도구, 사고방식, 문화 이 세 가지가 전부일 수도 있다. 하지만 이들을 함께 묶어주는 것은 협업의 기반을 형성하는 네 가지 덕목이다.

- **명확성과 정의**: 협업에서는 자신이 말하고 일하는 것에 대해 솔직하며 프로젝트의 모든 부분에 신뢰할 수 있는 정의를 설정하는 것이 필요하다.
- **책임과 주인의식**: 협업은 자신의 행동, 결과물, 프로젝트에서의 기여에 책임을 느끼는 사람들에게 의존한다.
- **관심과 존중**: 협업은 팀 구성원이 서로 공감할 때 발전한다.
- **열린 마음과 정직**: 협업의 핵심 행동방식은 진실을 말하고 진실을 받아들이는 것이다.

앞선 7장에서는 도구, 사고방식, 문화의 세 가지 측면에서 협업을 논의했다. 이 장에서는 이 덕목들이 각 측면에서 어떤 식으로 구체화되는지 보여주면서 협업의 덕목을 설명했다.

- **도구**: 팀 구성원들은 자신의 현재 연락가능 상태를 알리기 위해 커뮤니케이션 도구를 사용한다.
- **사고방식**: 팀 멤버들은 다른 동료들을 존중하고 그들의 정보와 피드백을 희망하는 관점에서 상황에 접근한다.
- **문화**: 조직은 직원들의 작업에 영향을 줄 수 있는 새로운 정책을 투명하게 알림으로써 직원들에 대한 존중을 표시한다.

9

상황:
디자인 프로젝트에서
발생할 수 있는
환경과 시나리오

이 장에서는 디자인 프로젝트에서 마주칠 수 있는 30가지 이상의 다양한 상황을 설명한다. 여기서 '상황'이란 두 사람 이상의 사람들 사이의 갈등이나 이러한 갈등에 이를 수 있는 환경을 의미한다. 예를 들어, '화려한 기능에 의한 주의분산'이라는 상황은 다음과 같은 장면에 아주 잘 표현돼 있다.

디자이너: 카테고리 페이지 디자인에 대해서 몇 가지 초기 아이디어를 생각해봤습니다. 주요 구사항들의 우선순위를 약간씩 다르게 적용해서 세 가지 방식으로 구성해 봤습니다.

이해관계자: 저희는 소셜 네트워크 기능을 꼭 포함했으면 좋겠습니다.

디자이너: 전에도 그 부분을 언급하셨죠. 하지만 인트라넷의 회의실 예약시스템을 위해서는 회의실의 이용 가능 여부와 함께 '예약'과 '취소' 같은 핵심적인 기능에 중점을 둘 필요가 있다고 생각합니다.

이해관계자: 소셜 네트워크 기능은 어디에 있는 거죠? 저희는 직원들이 회의실 예약 내역에 대한 트윗을 바로 작성할 수 있으면 좋겠습니다.

상황의 이용방법

여기에서 살펴볼 상황은 상당히 구체적이며 어떤 때에는 상황들 사이에 약간의 차이가 있을 뿐 중복되기도 한다. 디자이너는 '의사소통이 서툴다'거나 '그 사람은 성미가 까다롭다'라는 것 이상의 분석을 필요로 함으로 여기 소개되는 상황들은 아주 상세하다. 이 상황들은 순전히 창의적 작업을 요구하는 프로젝트에만 국한된 것은 아니지만 그러한 프로젝트에 특징적이며 자주 발생하는 상황들이다. 그렇다고 해서 모든 디자인 프로젝트가 이런 모든 상황을 경험하지는 않는다.

1. **프로젝트 도중**: 디자인 프로젝트가 한창이라면 앞으로 소개할 상황들의 카탈로그는 프로젝트 참여자가 현재 경험하고 있는 장애물을 정확히 진단하는 데 도움이 된다.
2. **프로젝트 이후**: 디자인 프로젝트의 사후평가를 수행할 때 이 상황들을 프로젝트에 반영하여 프로세스나 팀 원동력이 깨진 곳이 어디인지 확인하는 데 이용할 수 있다.
3. **프로젝트들 사이에 혹은 새로운 프로젝트를 시작하기 전에**: 이 상황들을 과거의 프로젝트에 반영하여 특별히 어려웠던 상황을 확인하는 데 이용할 수 있다. 새로운 프로젝트를 시작할 때는 이 상황목록을 이용해 잠재적인 위험을 예측할 수 있다.

상황이란

이 장에서 설명하는 모든 상황은 이해를 돕는 인용구(허구지만 익숙한)와 설명을 포함한다. 또한, 모든 상황은 다음의 내용을 포함한다.

- **참조**: 해당 상황과 겹치거나 관련 있는 다른 상황들. 상황을 판단할 때는 이 관련 상황을 살펴보고 더 적합한 상황이 있는지 확인한다.
- **조짐**: 상황을 인지하는 데 도움을 주는 표현이나 징후.
- **가능한 패턴**: 상황에 도움이 되는 행동. 제공된 행동 목록이 전부는 아니다. 40가지 이상의 패턴이 있으며 각 상황에 적용해볼 수 있는 패턴이 여러 개일 가능성이 크다.

6장에서 갈등 모델의 세 번째 부분으로 패턴을 소개했다. 패턴은 디자이너가 상황을 다루는 데 이용할 수 있는 행동들이다.

상황들

- 디자인 무시
- 내부 경쟁으로 인한 주의 분산
- 화려한 기능에 의한 주의 분산
- 무엇이 필요한지 모름
- 노력이 무시됨
- 계획과정에서의 배제
- 잘못된 의견 일치
- 비일관적 기대
- 불충분한 진행상황
- 무관한 비교
- 명확한 정보의 부족
- 전반적인 상황에 대한 이해부족
- 의사결정자의 부재
- 안정적 전략의 부재
- 뒤늦은 요구사항
- 어조에 대한 오해
- 새로운 시각
- 계획의 부재
- 디자인 시간부족
- 팀플레이어가 아님
- 지나친 준비
- 불충분한 피드백
- 형편없는 프레젠테이션 또는 논의
- 디자인 작업에 소극적 참여
- 제때 받지 못한 답변
- 핵심 이해관계자로부터 분리
- 작업과 목표가 서로에게 적합하지 않음
- 조직화되지 않은 협업
- 근거 없는 디자인 방향
- 불합리한 제약사항
- 잘못된 범위

노트: 여기 나열된 것 이외의 상황을 경험한 적이 있습니까? 그렇다면 suggestions@desiningtogetherbook.com으로 제보해주세요.

이 상황들 하나하나가 모두 건전한 갈등의 유형이다. 이 상황들은 디자인팀이 해결해야 할 문제를 드러내 주므로 도움이 된다. 이 상황들은 모두 프로젝트의 핵심 요소를 서로 다르게 이해하고 있음을 보여준다.

디자인 무시

"왜 우리가 여기에 시간을 써야 하는지 모르겠어요."

때로 디자이너는 자신이 디자인업무 자체를 변호하고 있다고 느낄 때가 있다. 물론 디자인 과정 중 한 번쯤은 이해관계자와 다른 팀 구성원에게 디자인의 기본을 설명해줄 필요가 있기는 하지만 매번 회의 때마다 디자인의 가치를 정당화해야 된다면 좌절을 느낄 것이다. 때로 디자이너는 자신이 사용하는 기술도 정당화해야 한다. 디자인 결정과 그에 따른 접근법뿐 아니라 디자인 자체의 필요성까지 옹호하기 위해 시간을 보내게 된다면 모든 단계마다 갈등과 마주하게 될 것이다.

디자이너는 종종 프로젝트팀의 모든 사람이 디자인의 가치에 대해서 공감하고 있다고 간주하고 프로젝트 초기에 팀에게 그들의 역할, 가치, 기여에 관해 설명하는 시간을 가지지 않는다.

참조
- 디자인 작업에 소극적 참여 (좀 더 회의적인)
- 디자인 시간부족 (좀 더 적대적인)

조짐
- 모든 디자인 리뷰 전에 방법과 테크닉에 대한 설명이 필요
- 방법의 중요하지 않은 부분에 대한 질문
- 디자인팀을 아무렇게나 방치

가능한 패턴

패턴	예
의견을 반복한다	"이 일이 시간 낭비일 수 있다고 생각하는 것을 이해합니다. 그렇게 생각하시는 이유를 제가 제대로 이해하고 있는지 확인해 주시겠습니까?" (들었던 이유를 나열한다.)
의제를 예상한다	"죠는 이 작업이 예산에 어떤 영향을 주는지 그리고 프로세스에는 어떻게 도움이 될지 알고 싶어 할 것 같네요. 과거의 성공스토리를 보여주는 슬라이드 하나를 추가하도록 하지요."
영향을 알린다	"좋습니다. 이 작업이 가치가 없다고 생각된다면 없앨 수 있습니다. 우선 이후에 직면할 수 있는 몇 가지 위험에 대해 설명해 보겠습니다. 아마 위험을 완화할 다른 방법을 찾을 수도 있을 겁니다." 혹은 "왜 이 작업이 불필요하다고 생각하는지는 이해합니다. 일단 이 때문에 우리가 프로젝트에서 직면할 위험들과 왜 이 작업이 필수인지 설명해보겠습니다."

내부 경쟁으로 인한 주의 분산

"마케팅팀이 독자적인 웹사이트를 제작 중이다."

프로젝트팀의 구성원들이 경쟁자 때문에 주의가 분산된 나머지 프로젝트의 목표에 대한 초점을 잃게 된다. 경쟁자는 회사밖에 있을 수도 있지만 때에 따라서는 조직 내부에 있기도 한다. 다른 팀이 같거나 겹치거나 혹은 경쟁이 되는 목표를 위해 일하고 있을 수도 있다. 경쟁에 대해 지나치게 신경 쓰다 보면 프로젝트팀이 효율적으로 운영될 수 없다.

특히 사무실 내의 정치적인 문제와 같이 팀의 영역을 넘어서는 상황일 때는 더 나은 제품을 만드는 것만이 경쟁자를 물리치는 가장 나은 방법이다. 그러나 인간의 행동은 경쟁을 약화하는 것에 우선순위를 둔다. 이러한 생존본능이 나타나기 시작하고 팀 구성원들이 자신의 제품을 개선하는 데 시간을 투자하기보다는 다른 경쟁자를 깎아내리는 것에만 집착하게 되면 이 상황을 처리하기는 어려워진다.

참조

- 화려한 기능에 의한 주의분산 (외부적 방해)
- 무엇이 필요한지 모름 (좀 더 광범위한)
- 안정적 전략의 부재 (좀 더 근본적인)

조짐

- 관련 없는 프로젝트에 대한 내용으로 만든 요청 사항들
- 관련 없는 프로젝트나 비교로 설정된 디자인 리뷰 기준

가능한 패턴

패턴	예
우선순위 설정에 대한 도움을 청한다	"이 경쟁자에 대한 고려까지 하게 되면 프로젝트가 훨씬 더 복잡해집니다. 원래 계획에 따라서 이 요청사항들의 우선순위를 정하는 것을 좀 도와주시겠습니까?"
회의의 틀을 마련한다	"우리의 프로젝트에 대해 설정했던 성공 기준으로 이 경쟁상대를 자세히 살펴보고 이들이 무엇을 잘했고 무엇을 잘못했는지 알아봅시다. 이것으로 문제를 해결하는 더 나은 방법을 얻을 수 있을지 모릅니다."
이전 회의에 대해 설명한다	"이 경쟁상대를 통해 배울 수 있는 세 가지 교훈은 무엇입니까?"

화려한 기능에 의한 주의 분산

"우리 사이트에는 소셜 공유 기능이 필요해요."

팀 구성원들이 새로운 무언가를 발견하고 그것을 어떻게 프로젝트에 적용할 수 있을지 생각하면서 프로젝트의 핵심 목표에 대한 초점을 잃게 된다. '화려한 기능'은 대중이나 산업의 상상력을 사로잡는 아이디어나 기술에 대한 용어로 그러한 아이디어들은 현란하지만, 실체가 없다는 의미다. 실제로 화려한 기능은 가치가 있을 수도 있지만, 그것을 사용해야 할 이유가 충분하지 않다.

필요한 것이 아닌 새로운 것에 따른 디자인 결정은 내리기가 쉬워 매력적이지만 구현하거나 그에 대한 타당성을 보여주기가 쉽지 않다. 프로젝트 자원이 멋지고 새로운 것에 투여됨으로써 핵심 디자인 문제를 해결하는 데 필요한 자원이 모자라게 된다.

이 상황에서 한 가지 가능성 있는 결과는 몇몇 팀 구성원이 이 화려한 기능을 그냥 놓아주지 않고 모든 회의와 디자인 리뷰마다 이에 대해 얘기를 할 수도 있다는 것이다. 이렇게 되면 이들은 이 새롭고 화려한 기능을 프로젝트에 포함하지 않으면 프로젝트가 실패하는 것으로 생각할 수 있다.

참조
- 무관한 비교 (다른 종류의 잘못 해석된 정보)
- 잘못된 범위 (주의 분산의 결과)

조짐
- 사용자나 비즈니스 요구가 아닌 기술에 바탕을 둔 요구사항과 요청

가능한 패턴

패턴	예
현실로 만든다	"좋아요. 그런 기능을 어떻게 제품에 결합할 수 있을지 생각해 봅시다. 하지만 여전히 우리가 처음 시작했을 때와 같은 성공기준과 목표를 사용하는 것으로 가정하겠습니다."
워크숍을 잡는다	"함께 브레인스토밍을 해보죠. 그러면 이 새로운 요구가 제품 전반에 어떤 영향을 미치는지 알 수 있을 겁니다."
대안을 제시한다	"그럼 시안을 만들어서 원래의 콘셉트와 비교 대조를 해봅시다. 그러면 얼마나 나아질지 알 수 있을 거예요."

무엇이 필요한지 모름

"우리가 뭘 해야 하죠?"

프로젝트팀이 최선의 노력을 하더라도 디자인 문제를 명확히 설정하지 못할 수 있다. 클라이언트는 처음 시작할 때부터 완전한 목표를 정의해야 할 필요는 없지만, 디자인팀은 몇 번의 토론 후에는 디자인 문제를 확실하게 설정할 수 있어야 한다. 프로젝트가 본격적으로 시작될 때쯤이면 디자인팀의 모든 구성원이 프로젝트의 목표와 범위를 간추려 말할 수 있어야 한다.

디자인 문제에 대한 명확한 정의가 없으면 프로젝트팀은 서로 다른 방향으로 나아갈 수 있다. 각 팀 구성원이 서로 다른 판단 기준으로 디자인 방향을 설정하게 되면 서로 간에 갈등이 생길 수밖에 없다.

디자인 문제를 명확히 설정하는 것은 어쩌면 디자인 과정에서 가장 어려운 일일지도 모른다. 디자이너에게 있어 목표와 규정 요인을 설정하는 것은 매우 '디자인답지 않게' 느껴진다. 하지만 좀 불편하더라도 이런 노력을 들이면 팀은 성공이 무엇인지 알게 되고 결국에는 더 나은 결과를 얻게 된다.

참조

- 안정적 전략의 부재 (규정 요인이 바뀌는 것과 규정 요인이 없는 것)
- 잘못된 의견 일치 (이해 없는 동의)
- 의사결정자의 부재 (가능한 원인)

조짐

- 이해관계자가 프로젝트의 목표를 바꾼다.
- 이해관계자가 프로젝트 요구사항의 우선순위를 정하기 어려워한다.
- 프로젝트 목표에 대한 의견 일치가 되지 않는다.

가능한 패턴

패턴	예
출발점을 제공하다	"디자인 문제의 틀을 잡기 위해서 최종 결과를 염두에 두면서 시작해보죠. 여기 우리가 들었던 일반적인 아이디어에 바탕을 둔 몇 가지 아이디어가 있습니다. 이들 모두 최종안은 아닙니다. 각 아이디어에 대해서 어떤 점이 마음에 드는지 얘기해주세요."
합리적인 기대를 설정한다	"이 문제에 대해 정리하기가 망설여지는 것은 이해합니다. 하지만 문제를 명확히 정의하지 않았을 때 무엇이 가능하고 가능하지 않은지를 제가 설명해보겠습니다."
가정한다	"우리가 아직 어떤 성공 기준을 정의하지 않았기 때문에 우선 성공 기준에 대한 몇 가지 가정을 해보았습니다. 이 가정에서 시작하여 디자인 콘셉트를 얘기해보고 나서 그 가정들이 맞는지 다시 논의해봅시다."

노력이 무시됨

"우리는 서로 독립적으로 작업하고 있기 때문에 이건 사실 그다지 중요하지 않아요."

이해관계자나 팀의 다른 구성원이 특정 작업에 할당된 사람들이 제시한 결과물, 제안, 해결책을 무시하기로 결정한다. 이 같은 경우의 전형적인 예가 권리가 박탈된 디자인팀으로 그 팀의 구성원들은 스스로 기여한 가치를 무시하게 된다.

작업과 결과에 대한 협력이 없다면 이 팀은 분열되고 시간과 돈을 낭비하게 된다. 사업 이해관계자 또한 단절된 노력을 통합하는 데 시간을 낭비하게 된다.

권리가 박탈된 팀은 단절감에 대해 제어를 하지 못할 수 있다. 이러한 단절감은 고위층의 정치적인 문제나 방어적인 동료 또는 사소한 대인관계의 갈등에서 비롯된 것일 수 있다.

참조
- 계획에서의 배제 (권리 박탈에 대한 대안적 접근)
- 근거 없는 디자인 방향 (상호 보완적인 상황)

조짐
- 리뷰회의에 참여가 부족하다.
- 디자인 리뷰에 이해관계자가 참석하지 않는다.
- 추천내용을 무시하거나 상반된 방식으로 후속 결정이 내려진다.

가능한 패턴

패턴	예
실패를 행동으로 전환한다	"이런, 제 제안 중 어떤 것도 제대로 받아 들여지지 않았네요. 그럼 그중에 세 가지 주요 제안들을 살펴보고 무엇이 문제였는지 얘기해 보는 것은 어떨까요?"
상부상조	"자, 프로젝트의 처리해야 할 것들이 아직 많이 남아있네요. 무엇이든 제가 할 수 있는 부분에 도움을 주고 싶은데 무엇을 도울 수 있을까요?"
'상사' 핑계대기	"이 아이디어 중 몇몇은 상사의 아이디어였어요. 이것들을 함께 좀 살펴보죠. 그래야 그 아이디어들이 왜 디자인 콘셉트에 포함되지 않았는지 상사에게 설명할 수 있을 것 같아요."

계획과정에서의 배제

"이 모든 업무는 그녀가 해야 할 일인데 그녀가 회의에 참석하지 않다니 안타깝네요."

이 상황은 실제 업무를 실행하고 완수해야 하는 사람이 계획과정에 참여하지 않은 것이다. 이 사람들은 의도적으로 배제됐을 수도 있고 어쩔 수 없는 사정상 그렇게 됐을 수도 있다. 내 경우에는 끊임없이 불만이 있던 사람이 의도적으로 계획 회의에서 배제됐던 적이 있다.

이 상황에서의 갈등은 기여자가 그들 자신의 운명을 정할 기회가 없다는 것이다. 이들은 업무를 제대로 수행할 수 없으므로 좌절감이 더 커지고 애초에 자신을 계획 수립에서 제외되게 만든 행동만 더 부추기게 된다.

일반적으로 배제패턴의 내면에는 정치적 혹은 개인적인 무언가가 내포되어 있다. 이야기가 잘 통하고 요청받은 일은 무엇이든 해주는 사람이 배제되지는 않는다. 배제되는 사람들은 같이 일하기 힘들다고 생각되는 사람이거나 위협 또는 제어가 안 되는 사람들이다.

참조

- 작업과 목표가 서로에게 적합하지 않음 (부족한 계획의 결과)
- 제때 받지 못한 답변 (거의 동일)
- 팀플레이어가 아님 (좀 더 광범위한 문제)

조짐

- 계획수립 회의에 작업을 수행하는 모든 사람들이 포함되지 않는다.
- 계획에 방해될 수 있다는 우려로 특정 사람들이 제외된다.

가능한 패턴

패턴	예
성취를 인정한다	"이 계획들을 발전시키는 데 많은 진전이 있었던 것 같습니다. 우리가 필요로 하는 것을 모두 포함하고 있는지 확인하기 위해 좀 더 살펴보고 싶습니다."
영향을 알린다	"당신의 계획은 일리가 있지만 우리의 프로젝트 요구사항 중 몇몇을 수용하고 있지 않은 것이 좀 염려스럽습니다. 무엇이 빠져있는지 제가 설명해드리겠습니다."
업무범위를 줄인다	"정말 도와드리고 싶지만 제가 계획수립에 참여하지 않아서 무엇을 할 수 있을지는 확실히 모르겠습니다. X에만 중점을 두는 것은 어떨까요? 주어진 시간상으로 봤을 때는 그편이 합리적일 것 같습니다."

잘못된 의견 일치

"우리 모두 여기에 동의한 것 같네요."

이 상황은 팀이 합의에 이르렀지만(예를 들어, 방향이나 접근법에) 바탕에 깔린 가정이나 향후의 영향에 대해서는 실제로 이해하지 못한 경우다. 그것들을 제대로 이해했다면 아마 동의하지 않았을 것이다.

잘못된 의견 일치의 상황에서는 프로젝트가 제대로 진행되는 것처럼 보이지만 바탕에 깔린 가정이 나중에 밝혀지면 더 어려운 갈등에 부딪힐 것이다.

모든 사람이 동의하는 것으로 보이므로 이것이 문제라는 것을 감지하기가 어려울 수 있다.

참조
- 의사결정자의 부재 (팀이 다수의 의견 일치에 의존하는 이유)
- 불충분한 피드백 (팀을 잘못된 방향으로 이끌 수 있는 정보들)

조짐
- 아무도 질문하지 않는다.
- 아무도 암묵적인 추정에 이의를 제기하지 않는다.
- 아무도 의견이 일치된 디자인 결정이 끼치게 될 영향에 문제를 제기하지 않는다.

가능한 패턴

패턴	예
이야기를 요청한다	"좋습니다. 모두가 동의했으니 누군가 이 결정이 대상고객에게 어떤 영향을 미칠지 얘기해주실 수 있습니까?"
영향을 알린다	"모두 동의하기 전에 이 결정이 끼칠 영향을 자세히 얘기해봅시다."
개선할 수 있게 도움을 요청한다	"모든 사람이 여기에 동의하는 것은 도움이 되지 않습니다. 제 가정에 대한 이의를 제기해 주시겠습니까?"

비일관적 기대

"그건 제가 얘기한 게 아닌데요!"

회의 때마다 팀 구성원이 자신의 기대사항을 계속 변경한다. 그들은 팀이 디자인의 특정 부분을 작업하거나 어떤 개선사항을 포함시키거나 어떤 목표에 이를 것을 기대했을지도 모른다. 그 팀은 서로 해야 한다고 생각되는 작업을 열심히 하고 있지만 다른 동료들의 눈에는 그저 잘못된 것에 초점을 맞추고 있다고 생각될 수도 있다.

하지만 이 상황은 단지 잘못된 범위에서 그치는 것이 아니라 서로 합의하고 이해를 같이했던 기대사항들조차 계속 변하는 상황이다.

이 상황은 문서화를 이용해 다룰 수 있기는 하지만 상황이 시작되기 전에는 어떤 세심한 기록으로도 이러한 갈등을 방지할 수 없다.

참조
- 안정적 전략의 부재 (안내자 없는 팀은 일관성을 보이지 않는다.)
- 뒤늦은 요구사항 (또 다른 방식의 요구 변화)
- 새로운 시각 (새로운 시각에는 새로운 요구가 따른다.)

조짐
- 협의 과정에서 팀 구성원 사이의 단절이 나타난다.
- 미미한 성과에 대한 비난이 있다.

가능한 패턴

패턴	예
'상사' 핑계대기	"우리 프로젝트 매니저는 지난번 협의로 기존과 좀 다른 기대를 하게 되었더군요."
현실로 만들다	"좋습니다. 다음 단계에 대해 모두가 동의할 수 있게 여기 모두가 볼 수 있는 곳에 기록할게요."
합리적인 기대를 설정한다	"이것은 제가 업무에 대해 이해했던 것과 다르네요. 주어진 제약조건 하에서 제대로 업무진행이 되게 제가 무엇을 할 수 있고 할 수 없을지 얘기해보죠."

불충분한 진행상황

"작업이 얼마나 됐다고요?"

할당된 작업이 완료되지 않은 채이거나 디자인 문제가 해결되지 않은 채로 남았다거나 피드백이 완전하게 수용되지 않는 등 디자이너가 프로젝트를 진전시키지 못한 상황이다. 동료들은 디자이너의 작업 수행능력을 의심하게 되고 더딘 진행은 이후에 프로젝트 예산과 스케줄에 영향을 미친다.

작업 진행이 미진한 것은 보통 게으름과는 큰 관계가 없다. 대부분 다음과 같은 이유에서 비롯된다.

- 시간을 효과적으로 관리하지 못할 때
- 처리해야 할 일이 너무 많을 때
- 도움 요청을 잘 못할 때
- 당면한 디자인 문제를 해결할 능력이 없을 때

실적을 내지 못하는 디자이너에게 직접 얘기하는 것은 당사자를 방어적으로 만들거나 자신감을 떨어뜨려서 일의 진행에 더욱더 지장을 줄 수 있음을 알아 두자.

참조
- 계획의 부재 (불충분한 진행상황 계획의 부재로 인한 결과일 수 있다.)
- 팀플레이어가 아님 (팀에 참여하지 않아서 진전을 가져오지 못했다.)
- 잘못된 범위 (불충분한 진행상황은 올바른 일에 집중하지 않은 결과일 수 있다.)

조짐
- 디자인 리뷰 미팅에 참석하지 않는다.
- 디자인 리뷰 미팅에 준비되지 않은 채 나타난다.
- 디자인에 관한 기본적인 질문에도 방어적이 된다.

가능한 패턴

패턴	예
기본으로 돌아간다	"모든 사람이 긴밀히 협조할 수 있게 일일 점검 일정을 잡도록 합시다."
업무범위를 줄인다	"서로 잘 협조할 수 있게 간단한 일부터 시작합시다."
합리적인 기대를 설정한다	"무엇이 좀 더 적절한 업무인지 이해할 수 있게 좀 도와주시겠어요?"

무관한 비교

"이 웹사이트 봤어요?"

누군가 지금 당면해 있는 디자인 문제와 실용적인 관련성이 적거나 관련이 아예 없는 비교 사례를 가져온다. 예를 들어, 업무용 프로그램을 위한 브레인스토밍 회의에 콘텐츠 위주의 웹사이트를 가져오는 것과 같은 행위는 팀이 핵심 문제에 집중하지 못하게 만든다.

아마 모든 디자인 프로세스에서 당장 직면한 문제와 직접적인 관련이 없는 사례에서 많은 영감을 얻게 될 것이다. 물론 이러한 사례를 디자인 과정에 포함하는 것이 유용할 수도 있지만 현재의 문제와 직접적인 관련이 없는 사례를 수용할 때 주의를 기울여야 한다.

참조

- 명확한 정보의 부족 (비교는 오직 한 정보에만 기여한다.)
- 불합리한 제약사항 (디자인팀은 다른 무관한 제약사항 속에서 작업해야만 한다.)
- 무엇이 필요한지 모름 (명확한 목표 없이 팀은 방향을 잡기 위해 다른 요소를 찾는다.)

조짐

- 오로지 다른 제품에서 필요사항들과 성공기준을 끌어낸다.
- 목표, 대상 사용자, 사업 구상에서의 차이는 인식하지 못한 채 비교되는 제품으로부터 근거 없는 요구사항을 가져온다.
- 더 관련이 있는 비교 대상을 단지 멋지지 않다는 이유로 무시한다.

가능한 패턴

패턴	예
미시적/거시적 관점을 고려한다	"전략적 관점에서 봤을 때 이 경쟁자는 X, Y, Z를 시도하고 있습니다. 이들이 A, B, C를 포함하여 자신의 제품을 디자인했다는 것을 통해 이것을 명확하게 알 수 있으실 겁니다."
우선순위 설정에 대한 도움을 청한다	"이 비교 결과로 새로운 요구사항이 필요하다면 기존의 요구사항 및 목표를 바탕으로 새로운 우선순위를 정하는 것을 좀 도와주시겠습니까?"
영향을 알린다	"좋습니다. 만약 우리가 이 내용을 작업에 포함한다면 스케줄에 영향을 줄 것입니다. 또한, 저희 작업에도 영향을 줄 수 있습니다."

명확한 정보의 부족

"음…. 예… 사용자 조사할 예산이 없을 거예요."

디자이너가 문제를 정의하고 해결방안을 모색할 만큼 충분한 세부정보(요구사항들과 작업의 출발점 등)가 없는 경우다. 명확한 정보가 없으면 디자이너는 목표에 이르지 못한 채 제자리에서 맴돌고 허둥대거나 아니면 갈팡질팡할 수도 있고 교착상태에 빠지거나 조급한 추정을 내놓게 된다.

경험이 풍부한 디자이너는 자신에게 무엇이 필요한지 알고 충분한 정보 없이 계속 진행했을 때 발생할 위험을 예측할 수 있으므로 그대로 진행할지 말지를 결정할 수 있다. 만약 이러한 상황을 인지하지 못하면 디자이너는 수행성과 문제에 직면하게 된다. 정해진 기일에 작업을 완료하지 못하거나 올바른 정보 없이 작업을 준비하게 된다.

참조

- 핵심 이해관계자로부터 분리 (올바른 사람들로부터 올바른 정보를 얻지 못함)
- 안정적 전략의 부재 (의사결정을 위한 체계가 없다.)
- 무엇이 필요한지 모름 (특정 목적이나 목표가 없음)

조짐

- 할당업무에 대한 의미 있는 결과물을 내놓지 못한다.
- 디자이너에 대한 기본적인 질문에도 답하지 못한다.
- 왜 디자인 작업이 안 되는지 설명하지 못한다 (더 구체적인 제약사항이 필요하지만, 그것이 무엇인지 정의할 수 없다.)

가능한 패턴

패턴	예
계획을 세운다	"우리가 몇 가지 중요한 정보를 놓쳤기 때문에 디자인에 좀 신중한 접근방법을 취해야 할 것 같습니다. 여기 보시는 이것들이 우리가 디자인을 준비하고 정보에 대한 공백을 채우기 위해 취해야 할 단계입니다."
현실로 만든다	"디자인 과정에서 우리가 직면할 질문들과 정보가 부족할 때 이런 질문에 답하기가 얼마나 어려운지 알려드리겠습니다."
가정한다	"부족한 정보를 메우며 일을 진행해 나가려면 어느 정도 경험을 바탕으로 한 가정을 해나갈 것 같습니다. 물론 그런 추측을 바탕으로 진행할 때마다 그것에 대해 알려드리겠습니다."

전반적인 상황에 대한 이해 부족

"내부적으로 참 많은 일이 일어나고 있네요..."

팀이 프로젝트를 둘러싼 조직적, 사업적 혹은 운영적인 측면의 전반적인 상황을 이해하지 못한 경우다. 디자인 프로세스의 후반에서야 추가적인 이해관계자, 승인 프로세스, 임의의 사업 규정을 알게 된다. 프로젝트의 전반적인 상황을 아는 것은 디자이너가 어떤 접근법, 프로세스, 해결방안이 가장 적절할지 판단할 수 있게 해주므로 프로젝트의 성공을 위해서 매우 중요하다. 이러한 전반적인 상황은 단지 프로젝트뿐만 아니라 디자인 자체에 대해서도 제약사항들을 설정한다.

전반적인 상황이 파악되지 않은 상황에서는 예상치 못한 위험이나 장애물을 만나거나 디자인 프로젝트가 지연될 수 있다. 이해관계자들은 디자인팀을 '격리하는 것'을 중요한 역할로 생각하고 그런 역할을 포기하려고 하지 않을 수도 있다. 그들은 조직의 혼란으로부터 디자인팀을 보호하고 있다고 생각한다. 하지만 실제로는 이러한 혼란이 디자인 프로세스에 도움되는 통찰력을 제공한다.

참조
- 잘못된 범위 (전반적인 상황에 관해 알지 못하면 잘못된 것에 우선순위를 둘 수 있다.)
- 핵심 이해관계자로부터 분리 (올바른 사람과 얘기하고 있지 않아서 문맥을 놓칠 수 있다.)
- 안정적인 전략의 부재 (전반적인 상황에 관해 알지 못하면 팀은 전략적 기반이 변경되는 것을 알아차리지 못할 수도 있다.)

조심
- 추가로 검토자들을 도입
- 요청사항과 제약사항이 완전히 정의된 이후에 도입

가능한 패턴

패턴	예
한 가지를 선택한다	"내부적으로 훨씬 복잡하다는 것은 알고 있습니다만 적어도 X를 이해할 수 있으면 디자인 작업이 좀 더 생산적이 될 수 있을 것 같습니다."
상부상조	"훌륭한 제품을 만드는 것뿐만 아니라 당신이 성공할 수 있게 돕는 것도 제 일입니다. 내부적인 일을 운영하는 데 있어 제가 어떤 도움을 드릴 수 있을까요?"
가정들을 나열한다	"전후 사정을 자세히는 모르지만 몇 가지 가정을 하려고 하는데 이들 각각에 대해서 맞는지 확인 좀 해주시겠습니까?"

의사결정자의 부재

"그래서 이 사람들의 생각은 무엇입니까?"

결정권자가 최종 결정을 제때 내리지 못해서 디자인 결정이 지연되는 경우다. 여기에는 다음과 같은 다양한 상황이 있을 수 있다.

- 권한이 몇몇 이해관계자들 사이에 분산돼 있어서 승인을 위해서는 의견 일치가 되어야 한다.
- 권한이 한 사람에게 집중돼 있지만, 그 사람이 결정을 내릴 능력이 없다.
- 결정을 내릴 권한이 누구에게도 부여되지 않았다.
- 단 한 명뿐인 의사결정자가 팀과 분리돼 있다.

어떤 철저한 전략도 모든 디자인 결정을 자동으로 승인할 수는 없다. 때에 따라서는 충분한 협의가 필요하고 결정권자의 최종 결정이 필요하다.

참조

- 핵심 이해관계자로부터 분리 (의사결정자가 있지만, 프로젝트에 참여하지 않는 사람이다.)
- 제때 받지 못한 답변 (의사결정이 중앙집중적이지 않으면 응답은 빠르게 나오지 않는다.)
- 작업과 목표가 서로에게 적합하지 않음 (제대로 관리가 되지 않으면 작업이 의미 있는 결과를 낼 것이라고 누구도 보장할 수 없다.)

조짐

- 팀이 자주 결정을 미룬다.
- 팀이 결정하기 위해 투표에 의지한다.
- 회의가 절정에 이르렀을 때 이상한 정적이 흐른다.

가능한 패턴

패턴	예
의제를 예상한다	"모든 사람으로부터의 동의가 필요한 만큼 이 작업이 모든 문제점을 제대로 해결하는지 확인해 봅시다. 프로젝트의 처음에 세웠던 목표와 기준이 우리의 기본 원칙이 될 것입니다."
워크숍을 잡는다	"몇 가지 중요한 결정이 필요하므로 직접 체험에 기반을 둔 워크숍을 준비했습니다. 이 워크숍으로 우리의 결정이 의미하는 바를 직접적으로 알 수 있게 될 겁니다."
영향을 알린다	"중앙 집중된 의사결정권 없이는 빠르게 나아가는 데 어려움이 있을 것입니다. 이것이 스케줄에 어떤 영향을 미칠지 이야기 나눠 보도록 하지요."

안정적 전략의 부재

"그러니까 지난번 이야기를 나눴던 것과 달라졌군요…"

'안정적 전략'이란 프로젝트의 기본 토대를 의미한다.

- 프로젝트를 지원하는 **비즈니스** 즉, 조직, 비즈니스 프로세스, 제품이 기여하는 방식이나 제품이 조직의 사업구상에 맞춰지는 몇 가지 방식들.
- 디자인 작업을 규정짓는 **프로젝트 규정 요인**. 즉, 목표, 제약사항, 필요조건

프로젝트의 목표, 규정 요인 혹은 제약사항은 자주 변경된다. 이러한 요소가 변경되는 요인은 디자인팀의 외부에 있을 수 있지만, 때로는 디자인 프로세스 자체가 그러한 변경을 유발하기도 한다.

여기서 변형된 상황이 기본 토대가 아예 존재하지 않는 상황이다. 이 경우에 디자이너들은 전략이 계속 변하기 때문이 아니라 애초에 그런 것을 정의해 놓지 않았다는 것에 당황하게 된다.

참조

- 핵심 이해관계자로부터 분리 (핵심 이해관계자들을 모을 기회가 없으면 팀은 전략을 찾고 정의할 기회가 없다.)
- 근거 없는 디자인 방향 (충분한 근거 없이 디자인 결정을 내리는 것)
- 내부 경쟁으로 인한 주의 분산 (전략이 없으면 주의가 분산되기 쉽다.)

조짐

- "시작하기 전에 먼저 임원진과 가졌던 회의에 대해서 말씀드려야겠습니다."라고 회의를 시작한다.
- 이전에 함께 내렸던 결정에 대해 갑작스럽게 의문을 표시한다.

가능한 패턴

패턴	예
가정한다	"디자인하기 위한 몇 가지 원칙이 필요합니다."
핑계대기	"기한을 맞추려면, 디자인 방향을 더는 변경할 수 없을 것 같습니다. 최종 전략에 대한 결정을 2월 1일까지는 내려야 합니다."
프로젝트처럼 다룬다	"디자인을 이끌어갈 안정적인 전략이 필요하므로, 전략을 세울 약간의 예산과 시간을 좀 마련해봅시다. 여기 이것이 기본 토대를 마련하기 위한 다음 4주간의 계획입니다."

뒤늦은 요구사항

"생각해보니 ...도 필요할 것 같은데요."

대부분의 디자인 프로세스에서 초반에 약간의 시간은 요구사항을 정하는 데 쓴다. 이 프로세스로 디자인팀은 대부분 요구사항을 확인할 수 있다. 더 중요한 것은 뒤늦은 요구사항을 줄일 수 있다.

그럼에도 프로세스에 참가할 시간이 없었던 이해관계자, 누군가 잊고 있었던 것, 회사의 전체 체계에 영향을 미치는 비즈니스의 변화 등으로 뒤늦은 요구사항이 발생한다.

결과적으로 디자인팀은 새로운 요구사항이 디자인 작업을 완전히 바꾸어 놓는지 확인해야 한다. 아주 미묘한 변화라고 할지라도 디자인 방안에는 엄청난 영향을 끼칠 수 있다.

참조

- 새로운 시각 (프로젝트에 들어오는 새로운 사람에 의해 새로운 요구사항이 생긴다.)
- 디자인 작업에 소극적 참여 (지금 할 것인가 아니면 나중에 할 것인가.)
- 제때 받지 못한 답변 (새로운 요구사항인지 단지 시기 적절하지 못한 피드백인지)

조짐

- "여러분, 뭔가 생각이 났는데요..."라고 시작하는 말
- 기존의 디자인 프레임워크에 새로운 요구사항을 추가하는 방법을 찾지 못한다. "어쩌면 여기에 이걸 끼워 넣을 수도 있을 것 같은데?"

가능한 패턴

패턴	예
우선순위 설정에 대한 도움을 청한다	"새로운 요구사항이 주어졌으니 디자인을 다시 논의해야 할 것 같습니다. 가장 중요한 것이 무엇인지 우선순위를 정하는 것을 좀 도와주시겠어요?"
현실로 만든다	"새로운 요구사항들이 디자인에 어떤 영향을 미칠지 살펴봅시다. 제 생각엔 다른 제약사항을 고려해볼 때 이 새로운 요구사항을 추가할 방법을 찾을 수 있을 것 같지 않네요."
계획을 세운다	"네. 새로운 요구사항이 계획에 영향을 줍니다. 이것은 새로운 요구사항을 수용하기 위해서 어떻게 계획을 수정할 수 있을지에 관한 내용입니다."

어조에 대한 오해

"어제 이메일은 정말 퉁명스러웠어요."

회의의 또 다른 참석자가 의사소통하는 과정에서 직접적으로든 컴퓨터를 이용해서든 실시간이든 실시간이 아니든 적대감이나 무례한 감정을 심어주는 경우다. 그들은 메시지의 실질적 내용이 아니라 자신이 느낀 어조에 따라 반응한다. 안타깝게도 어떤 사람들은 아주 간단한 메시지에서조차 최악의 상황을 읽어내려고 한다.

이러한 상황이 발생하면 그 수신자가 메시지에서 감지한 어조를 그냥 넘겨버리지 못하고 프로젝트의 의사소통이 중단된다. 이런 경우 이 수신자는 메시지를 보낸 사람만큼 책임이 있다.

참조

- 팀플레이어가 아님 (다른 사람들과 교류하는 것을 좋아하지 않는다.)
- 불충분한 피드백 (자신을 제대로 표현하지 못한다.)
- 디자인 작업에 소극적 참여 (마음 내키지 않음=확신이 없음=쉽게 어조를 오해)

조짐

- 짧은 요청에 긴 비난으로 답한다.
- 별다른 악의가 없는 말에 감정적으로 반응한다.
- 별다른 악의가 없는 말에 대해 수행능력의 문제를 느끼거나 심지어는 해고의 불안을 느낀다.

가능한 패턴

패턴	예
소통채널을 바꾼다	"전화해서 미안합니다. 메일로는 잘 표현하지 못한 것 같아서요."
의견을 반복한다	"화가 나신 것 같군요. 제가 정확히 파악하고 있는지 확인하기 위해 무엇에 화가 나신 건지에 대한 제 생각을 설명해봐도 될까요?"
나중에 다시 돌아온다	"처음 당신의 메일을 읽었을 때 제게 상당히 화가 나신 줄 알았어요. 이제 모든 오해가 풀렸으니 당신의 피드백에 대해서 이야기해보고 싶습니다."

새로운 시각

"좀 늦게 참여하는 것 같지만..."

때때로 이해관계자와 관련된 가장 어려운 상황은 그들의 타이밍이다. 프로젝트팀은 이해관계자가 늦게 나타났을 때 두 가지 문제에 직면한다.

- 프로젝트 계획에 대해 이해하지 못하거나 제대로 인식하지 못하거나 상관하지 않는 새로운 이해관계자의 요구사항 관리하기.
- 실질적으로는 가치 있는 새로운 피드백 관리하기.

실제적인 정보와 관계없이 새로운 시각을 제시하는 이해관계자들은 그들의 입장이 급하게 기각되는 것을 좋아하지 않을 것이다.

참조

- 뒤늦은 요구사항 (새로운 시각과 마찬가지로 새로운 요구사항들은 프로젝트의 추진력을 떨어뜨릴 수 있다.)
- 계획의 부재 (계획은 이해관계자를 적절한 순간에 참여시키는 데 도움이 된다.)
- 불합리한 제약사항 (새로운 시각은 기존의 요구사항과 충돌되는 제약사항을 낳는다.),

조짐

- 예산이나 스케줄의 25% 이상이 마감된 후에 새로운 이해관계자를 만난다.
- 프로젝트팀의 누군가가 외부 사람에게 작업내용을 보여주고 난 후에야 그 외부 사람이 프로젝트의 중요한 이해관계자인 것을 알게 된다.
- 프로젝트 도중에 조직 이동을 겪는다. 따라서 보고 체계와 예산이 프로젝트 시작 당시와 다를 수 있다.

가능한 패턴

패턴	예
자신의 프로세스를 확고하게 한다	"프로젝트의 규정 요인을 고려했을 때 새로운 피드백을 수용하면서 기한을 맞출 수는 없습니다. 이 새로운 관점을 어떻게 다루어야 할지에 대해 논의할 수 있을까요?"
회의의 틀을 마련한다	"이런 경우가 처음이시겠지요. 아마 많은 다른 아이디어가 있으실 텐데 확인 차원에서 몇 가지 구체적인 질문을 드리겠습니다."
대안을 제시한다	"이 새로운 정보 때문에 몇 가지 선택사항이 생겼습니다. 옵션 A는 새 정보를 무시하고 계속 나아가는 것입니다. 옵션 B는 이것들의 우선순위를 정하고 그것이 스케줄에 어떤 영향을 주는지 확인하는 것입니다. 옵션C는 전체 스케줄을 다시 정비하는 것입니다."

계획의 부재

"그러니까 다음엔 뭘 하죠?"

이 상황은 프로젝트에 원하는 결과물, 작업, 계획 및 할당업무를 정의하는 계획이 부족한 것이다. 따라서 누구도 매주 그들이 무엇을 하게 될지 알지 못한다. 팀원들이 프로젝트의 목표 같은 계획의 한 측면은 알고 있지만, 프로젝트 목표에 이르는 방법과 같은 나머지 내용은 이해하지 못할 수도 있다. 최악의 경우는 계획이 아예 없어서 모든 팀원들이 자신의 직감에 따라 움직여야 하는 상황이다. 아무리 간단한 계획이라도 계획이 있으면 모든 사람이 협조할 수 있고 협력에 대해 논의하며 자신의 일에 책임질 수 있게 해준다.

매일 심지어 매주 자신이 무엇을 하게 될지 모르는 사람들은 스트레스를 받게 된다. 이들은 자신이 제대로 된 일을 하는 것인지 자신의 작업이 의미가 있는 것인지 의아해한다. 사람들이 서로 부딪치거나 그들의 작업을 조정하는 데 실패하는 등 운영상의 갈등이 나타난다.

참조
- 무엇이 필요한지 모름 (정의된 목표가 없어서 계획도 없다.)
- 작업과 목표가 서로에게 적합하지 않음 (프로젝트를 전진시키지 못하는 작업을 하고 있다.)
- 지나친 준비 (계획이 없으므로 팀은 준비되기도 전에 디자인을 시작한다.)

조짐
- 수일 혹은 수주 내에도 정해진 작업과 목표를 명확히 설명하지 못한다.
- 프로젝트의 중요시점을 명확히 설명하지 못한다.
- 중복된 작업이 발견된다.
- 미처 파악하지 못했던 의존관계가 발견된다.

가능한 패턴

패턴	예
'상사' 핑계대기	"우리가 계속해서 디자인 문제로 고민할 수도 있겠지만 제 상사는 제시간에 대한 보고를 원합니다. 어느 정도의 기본일정을 잡을 수 있다면 도움이 될 것 같습니다."
그림을 그린다	"보드에 다음 석 달 치의 달력을 그려보겠습니다. 이 석 달 후에 어느 정도 진행되기를 원하며 그렇게 하려면 매주 무엇을 해야 할지 생각해봅시다."
대안을 제시한다	"두 가지 가능한 접근방법이 있습니다. 한 번에 조금씩 결과물을 내거나 아니면 한 번에 모든 결과물을 내는 것입니다. 두 가지 계획이 어떻게 진행되는지 보여드릴 테니 어느 쪽이 더 나은지 알려주세요."

디자인 시간부족

"내일까지 대략적인 아이디어라도 구상해 봅시다. 괜찮겠죠?"

디자인팀이 디자인 아이디어를 만들어내는 데 충분하지 않은 스케줄을 짜도록 외부의 압력을 받는다. 이들은 아이디어를 개발하고 검토하고 다른 사람에게 설명할 수 있도록 적절한 형태로 만들기 위한 시간을 충분히 고려하지 않는다.

충분한 시간도 주지 않고 결과물을 내놓도록 하는 상황에 부딪힌 디자이너들은 프로젝트팀에 분개한다. 비이성적인 스케줄을 따르면 디자이너는 문제를 효과적으로 해결하지 못하는 디자인 콘셉트를 만들어 낼 수도 있다. 비록 일을 제대로 해냈다고 해도 이는 향후 작업에서의 불합리한 선례를 남기게 된다.

디자인팀은 그들의 프로세스를 기만함으로써 야기되는 위험은 무시한 채 디자인 문제에 몰두하거나 자신의 가치를 증명하고 싶을 수 있다. 또는, 요청하는 사람을 실망시키거나 자신들의 권위를 손상시키고 싶지 않기 때문에 요청을 거절하지 못하고 주저할 수도 있다.

참조

- 계획의 부재 (일정 관리를 안 하므로 시간이 없다.)
- 제때 받지 못한 답변 (늦은 피드백으로 인한 디자인 기간의 단축)
- 디자인 무시 (계획의 설계자가 디자인하는 데 필요한 것을 알지 못한다.)

조짐

- "전에는 빨리 해줬잖아요."와 같은 부적절한 비교
- "완벽한 게 필요한 건 아니에요. 그냥 약간의 아이디어만 있으면 돼요."와 같은 디자인 프로세스의 지나친 단순화
- "그 작업을 당신이 하지 않으면 그걸 해줄 다른 누군가를 찾아보겠어요."와 같은 위협

가능한 패턴

패턴	예
자신의 프로세스를 확고하게 한다	"이 스케줄로는 디자인 문제를 적절히 해결할 시간이 없습니다. 우리의 프로세스에서는 협업과 반복이 자주 필요한데 이 기간으로는 프로젝트에서 성공을 거둘 수 없습니다."
상부상조	"성공할 수 있게 도와드리고 싶지만, 현재 정해진 스케줄에 따르면 저희에게 충분한 시간이 없습니다. 이 일정이 어떻게 설정됐는지 좀 설명해주시겠습니까?"
합리적인 기대를 설정한다	"이 스케줄은 조금 비현실적입니다. 작업범위를 다시 한 번 검토해 봅시다. 저희가 무엇을 할 수 있고 무엇은 할 수 없는지 말씀드리겠습니다."

팀플레이어가 아님

"이 문제는 제가 해결할 수 있습니다."

팀 내의 어떤 사람은 다른 구성원과 관계 맺기를 거부한다. 이 사람이 만약 지휘권을 가진 자리에 있다면 이 사람은 좀처럼 다른 사람에게 업무를 위임하려고 하지 않거나 다른 사람들의 견실하지 못한 작업에 대해 끝없이 불평한다. 만약 기여자라면 다른 사람의 기여를 무시하거나 도움을 청하지 않거나 자신의 책임 외의 작업을 떠맡는다.

프로젝트에서 협력을 거부하는 한 사람 때문에 다른 팀 구성원들도 효과적으로 참여할 수가 없게 된다. 그들은 저항과 묵살에 직면하게 되고 작업 수행에 위협을 받는다.

때때로 이 상황은 단순히 협력이 부족한 상황보다 심각할 수 있다. 극단의 경우에는 한 사람이 지속해서 다른 사람의 작업을 실패하게 만드는 상황이 되는데 이러한 실패는 도움이 되는 종류의 실패가 아니다. 이 상황에서는 오로지 이 사람을 내보내는 것만이 성공을 보장할 수 있다. 이런 어쩔 수 없는 상황에서 다른 팀 구성원들은 최소한의 요구사항만 충족시키는 선에서 문제의 사람을 피해가거나 할당업무를 줄여야 한다고 느낄 수 있다.

참조

- 지나친 준비 (단독으로 일하는 사람은 이미 모든 것을 알아낸 후 회의에 들어오는 경향이 있다.)
- 디자인 작업에 소극적 참여 (이끌어 가려고도 따라 가려고도 하지 않는)
- 핵심 이해관계자로부터 분리 (자신의 지위를 이용해 투명한 의사소통을 막는다.)

조짐

- 책임 공유를 요구받으면 자주 방어적으로 반응한다.
- 그룹으로 하는 참여업무에서 고개를 숙인다.

가능한 패턴

패턴	예
도움을 요청한다	"프로젝트에 모든 사람이 의미 있는 기여를 할 수 있게 프로젝트를 체계화하는 것을 좀 도와주시겠어요?"
기본으로 돌아간다	"팀의 나머지 사람들과 보조를 맞추어 진행할 수 있게 일일 점검 일정을 잡아봅시다."
영향을 알린다	"팀이 너무 단절되어 있어서 프로젝트에 무슨 일이 일어나고 있는지 이해관계자에게 알리는 데 어려움을 겪고 있습니다."

지나친 준비

"이미 우리는 해결방안이 있는 것 같아요."

제작팀은 문제의 틀을 잡기 위해 초기 모형을 만들 수 있다. 하지만 초기 모형은 그 문제를 특정 방식으로 생각하게 고정시키기도 한다. 아이디어를 문서화하는 것은 디자인 문제를 정의하고 초기 아이디어를 검토하며 문제에 대한 공동 이해를 검증하기에 좋은 방법이기는 하지만, 더 다양한 아이디어를 억누르는 역할을 할 수도 있다.

문제를 정의하고 방향을 정하는 디자인 프로젝트 초기의 좋은 디자인 전략은 목표와 제약사항을 인증하고 전체적인 비전을 확립할 수 있을 정도만의 디자인을 이끌어내는 것이다. 한 가지 디자인 콘셉트가 너무 오래가면 고착상태에 빠지게 되고 몇몇 팀원은 이 초기 아이디어에서 벗어나는 것을 꺼리게 되어 갈등이 유발될 수 있다.

사람들은 익숙함을 선호하는 경향이 있어서 이 상황을 극복하기가 쉽지 않다. 사람들이 특정 디자인 콘셉트에 집착을 느끼고 이를 포기하지 않으려고 할 수 있다.

참조
- 근거 없는 디자인 방향 (디자인 콘셉트를 부실한 전략적 기반에 바탕을 두다.)
- 내부 경쟁으로 인한 주의 분산 (디자인 콘셉트를 다른 팀과의 경쟁에 바탕을 두다.)
- 무관한 비교 (디자인 콘셉트를 단 한 가지 정보에 바탕을 두다.)

조짐
- 프로젝트의 초반부터 일련의 결정을 정당화하거나 제거하는 데 디자인 원칙이 아닌 디자인 결정들에 의존한다.

가능한 패턴

패턴	예
워크숍을 잡는다	"최고의 디자인은 반복에서 생겨납니다. 모든 사람이 아이디어를 내놓을 기회를 줍시다. 어떤 다양한 아이디어가 있는지 알 수 있을 것이고 이 디자인을 검증하기 위한 사례를 뽑아낼 수 있을 겁니다."
질문한다	"시작이 좋습니다. 디자인 결정과 우선순위에 대해서 몇 가지 물어봐도 될까요?"
이야기를 요청한다	"사용자에게 가장 중요한 이 세 가지 작업을 수행하는 데 어떻게 이용할 수 있는지 설명해주세요."

불충분한 피드백

"제가 보기에는 좀 잘못된 것 같아요."

이것은 디자인팀이 현재 버전의 무엇이 문제인지 무엇을 개선해야 할지 또는 다음에 해야 할 일이 무엇인지 등을 분명히 해주지 못하는 피드백을 받는 상황이다. 동료들로부터 이러한 정보를 얻는 것은 디자이너의 책임 중 한 부분이지만 팀 구성원 사이의 부조화는 이 프로세스를 쓸데없이 거추장스럽게 만든다.

피드백이 불충분하면 디자인팀은 어떻게 진행해야 할지 모르게 되고 팀의 다른 구성원에게 방향을 제시하지 못할 수 있다. 결국, 디자인팀은 작업수행(우리가 프로젝트에 가치를 더하고 있는 것일까?)이나 운영(의사소통을 잘하고 있는 것인가?)에 대한 좌절감에 사로잡혀 성공할 수 있을지 없을지 판단할 수 없게 된다.

이 상황을 더 어렵게 만드는 점은 사람들이 이를 인지하지 못하거나 중요한 피드백을 제시할 능력이 없다고 스스로 인정하지 않는 것이다. 또한, 디자이너들은 적절한 질문을 하지 못할 수도 있다. 프로젝트의 의사소통이 지속해서 서툴렀다면 참여자들은 과거의 실패를 통해서 좋은 피드백을 얻지 못할 수 있다.

참조

- 어조에 대한 오해 (피드백을 제시하지 못하는 것에 대한 실망을 인신공격으로 오해한다.)
- 화려한 기능에 의한 주의 분산 (다른 화려한 기능에 눈이 팔려 의미 있는 피드백을 주지 못한다.)
- 무엇이 필요한지 모름 (중요한 피드백을 제시할 만큼 프로젝트에 대한 배경지식이 충분치 않다.)

조짐

- 회의에서 명확한 조치 항목이 나오지 않는다.

가능한 패턴

패턴	예
회의의 틀을 마련한다	"초반에 주신 견해들에 감사합니다. 여기 제가 피드백을 받고 싶은 몇 가지 구체적인 질문이 있습니다."
작은 노력부터 시도한다	"훌륭한 전체적인 피드백을 주셨습니다. 이제 디자인 하나하나씩 살펴보면서 개개의 디자인 결정에 대한 의견을 들어 볼 수 있을까요?"
비유를 바꾼다	"자, 그럼 이제 본인이 시스템 사용자라고 생각하시고 가장 중요한 작업을 어떻게 완수하실지 제게 한 번 보여주시죠."

형편없는 프레젠테이션 또는 논의

"이런 질문으로 당신을 곤란하게 해드리고 싶진 않지만..."

디자인팀이 제대로 된 설명을 하지 못해서 프로젝트 이해관계자가 디자인 작업을 이해하지 못하는 상황이다. 디자이너가 갑작스럽게 콘셉트를 보여달라는 요청을 받았을 수도 있고 이해관계자의 질문에 충분히 대비하지 못했을 수도 있다. 어쩌면 디자인팀이 기대했던 참여자와 다른 참여자가 나타났을 수도 있다("CEO도 오십니다. 괜찮겠지요?" "음, 이건 내부 회의였는데요").

디자인 작업의 진행은 이해관계자가 디자인 콘셉트를 이해할 때까지 중단될 수 있고 고품질의 작업이 형편없는 프레젠테이션으로 과소평가 될 수도 있다.

디자인 프로세스는 즉흥적임과 신중함 사이에서 균형을 이뤄야 한다. 디자인을 즉석에서 소개하는 것이 꼭 불합리한 것은 아니지만 이에 따르는 잠재적 위험도 이해해야 한다.

참조

- 뒤늦은 요구사항 (프로세스에서 또 다른 갑작스러운 변화)
- 새로운 시각 (또 하나의 갑작스러운 변화로 보통 뜻밖의 프레젠테이션 때문에 발생한다.)
- 디자인 시간 부족 (다른 작업을 계획할 시간이 충분하지 않음)

조짐

- 프레젠테이션을 하루 전에 공지함
- 별도의 사람들이 추가로 프레젠테이션에 참석함
- 회의 의제가 명확하지 않음
- 회의 초대에 참석자를 명시하지 않음

가능한 패턴

패턴	예
합리적인 기대를 설정한다	"회의에 참석하게 되어 기쁩니다. 하지만 추가 준비 없이 얼마나 도움이 될 수 있을지 모르겠습니다. 제 생각에 제가 커버할 수 있는 부분은..."
자신의 프로세스를 확고하게 한다	"죄송합니다. 더 준비하지 않고서는 참여하기가 힘들 것 같습니다. 저는 그냥 앉아서 여러분이 관심을 둔 것에 대해 듣는 것으로 만족하겠습니다."
질문한다	"이 프레젠테이션이 무엇에 관한 것인지 이해할 수 있게 좀 도와주시겠습니까?"

디자인 작업에 소극적 참여

"그림은 동료에게 맡길게요."

팀의 어떤 구성원들은 창작게임과 브레인스토밍 등에 적극적으로 참여하지 않을 수 있다. 수많은 아이디어를 만들거나 접근방법을 검증하기 위한 협력회의는 디자인 프로세스의 필수요소다. 제품(웹사이트 및 다른 것들)을 디자인하는 작업은 조직의 수많은 사람과 관련이 있으므로 보통 이러한 회의에는 많고 다양한 사람이 참여하기 마련이다. 이들 중 몇몇은 이러한 작업을 가볍게 여기거나 불필요하게 여긴다.

이는 '미꾸라지 한 마리가 온 물을 흐려놓는' 상황으로 한 사람의 소극적인 행동이 전염되어 팀의 다른 구성원의 의욕도 꺾일 수 있다. 이것은 팀의 나머지 구성원으로 하여금 그 디자이너의 접근법에 의문을 품게 하고 결국 방법론적 갈등으로 바뀔 수 있다.

이 디자이너는 자신의 역할이 다른 이가 디자인 프로세스를 좋아하게 만드는 것이 아니라 훌륭한 제품을 제작하는 것으로 여길 수 있다. 만일 이런 소극적인 참여자가 활발하게 참여할 수 있게 솔선수범하는 사람이 없다면 이 상황을 해결하기는 쉽지 않다.

참조
- 팀플레이어가 아님 (팀과 분리되어 일하기를 선호한다.)
- 디자인 무시 (참여하거나 이해하는 데 무관심)
- 뒤늦은 요구사항 (지금 참여하지 않는다면 결국에는 나중에 새로운 정보를 제시하게 될 것이다.)

조짐
- 회의가 흥미진진해지려고 할 때 회의를 떠난다.
- 디자인 회의의 참석을 거절한다.
- 다른 행동으로 전환한다(노트북이나 전화를 체크한다).

가능한 패턴

패턴	예
출발점을 제공한다	"사실 해야 할 일이 많진 않습니다. 어디서부터 시작해야 할지 몇 가지 보여드리죠."
자신의 프로세스를 확고하게 한다	"이게 불편하실 수도 있지만 한번 시도해 보시죠. 모든 사람이 참여해야 가장 효과가 좋습니다."
영향을 알린다	"좋아요. 지금 참여하고 싶지 않은 걸 이해합니다. 하지만 당신이 중요한 정보를 가지고 있으면 나중에 우리가 그에 대해서 책임질 수 없을지 모릅니다."

제때 받지 못한 답변

"[이 인용부분은 의도적으로 공백으로 남겨둡니다.]"

피드백, 다음 단계들, 필요한 정보 또는 작업 진행에 필요한 사항에 응답 받지 못하고 있는 상황이다. 이렇게 필요한 답변을 얻지 못해서 진행하지 못하는 상황은 운영상의 문제로 이어질 수 있으며 자신의 작업 성능에 영향을 줄 수 있다.

유감스럽게도 무반응의 패턴은 논의 대상을 디자인 자체에서 커뮤니케이션 채널로 이동시키게 된다. 따라서 소중한 시간을 다양한 디자인 콘셉트의 장점에 대해 논쟁하고 토의하는 데 쓰는 대신 아무개를 참여시키는 가장 좋은 방법을 고민하는 데 쓰게 된다. 아무개의 정보 없이 얼마나 더 많은 작업할 수 있을지 고민하고 그 사람을 어느 정도까지 귀찮게 해도 될지 고민한다.

참조

- 뒤늦은 요구사항 (늦어진 응답에는 추가 요구사항이 따라올 수 있다.)
- 불충분한 피드백 (늦은 응답과 쓸모 없는 응답 중 어느 것이 더 나쁜지 우열을 가리기 어렵다.)
- 조직화되지 않은 협업 (조직화가 없으면 팀은 필요할 때 피드백을 받을 수 없다.)

조짐

- 자주 회의에 빠진다.
- 자주 이메일을 무시한다.
- 직접 부탁해도 요청에 응답하지 않을 구실을 찾아낸다.

가능한 패턴

패턴	예
자신의 프로세스를 확고하게 한다	"일을 더 진행하기 전에 피드백이 필요합니다. 계속 진행하는 데 문제가 없을지 확인하기 위해 함께 디자인을 살펴봤으면 좋겠는데요. 오늘 15분 정도 시간을 내주실 수 있습니까?"
영향을 알린다	"이 피드백 없이는 기한까지 디자인을 완성할 수 없을 것 같습니다. 당신의 피드백 범위에 따라 다르겠지만, 당신의 견해를 듣고 그에 따른 다음 초안을 제출하는 데 최소 일주일은 필요합니다."
출발점을 제공한다	"아직 당신으로부터 필요한 피드백을 받지 못했습니다. 제가 무엇보다도 필요한 것은 두 가지 질문에 대한 답변입니다."

핵심 이해관계자로부터 분리

"이건 제가 부사장님에게 가져갈게요. 뭐라고 하시는지 나중에 알려드리죠."

관료주의적인 계층 때문에 디자이너가 진짜 클라이언트나 고객으로부터 분리되어 있다고 느낀다. 이러한 분리는 조직의 산물일 수도 있고 몇몇 팀 구성원에 의해 적극적으로 만들어진 것일 수도 있다.

'전화 효과(역자주: 이야기가 여러 번 다른 사람에게 전달되면서 왜곡되는 현상)'는 아이디어에 대해 의사소통하고 정보를 요청하며 피드백을 이해하는 디자이너의 능력을 방해한다. 팀 구성원 특히 관료주의적 계층의 일부로 고객으로부터 디자이너를 분리하는 역할을 하는 사람들은 이 문제를 업무능력 문제로 여길 수 있다.

관료주의적 계층은 기업문화 일부일 수도 있지만, 디자이너와 팀 사이의 기존 갈등은 디자이너가 이런 장애물을 피해 가는 것을 어렵게 한다. 이해관계자와 직접 일할 수 있게 요구함으로써 디자이너는 '말썽꾼'처럼 보일 수 있고 관료층은 의사소통 채널로서의 자신의 중요성을 보존하려고 애쓴다. 이러한 분리를 해소하는 첫 번째 단계는 신뢰를 구축하는 것이다.

참조

- 조직화되지 않은 협업 (중요한 참여자와 접촉할 수 없으면 작업을 조직화하기가 어렵다.)
- 새로운 시각 (이해관계자의 시각을 효과적으로 통합하지 않으면 프로젝트의 방향성 자체가 무효화될 수 있다.)
- 불합리한 제약사항 (팀이 핵심 정보에 접근하지 못한 채 디자인하도록 강요받는다.)

조짐

- 디자인팀의 참여 없이 중요한 이해관계자에게 디자인 콘셉트를 전달한다.
- 회의를 아주 드물게 하면서 이해관계자나 고객에게 노출을 제한한다.

가능한 패턴

패턴	예
워크숍을 잡는다	"여러분의 시간에 제한이 있는 만큼 시간을 최대한 활용하려고 합니다. 그러기 위해 다음 주중 아침에 몇 시간을 이용하여 디자인 브레인스토밍을 하려고 합니다."
자신의 프로세스를 확고하게 한다	"이 사람들이 프로젝트의 성공을 위한 중요한 정보를 가지고 있습니다. 그들의 참여 없이는 우리의 업무를 수행할 수 없습니다."
작은 노력부터 시도한다	"프로젝트의 현재 단계는 그 사람들의 제한된 참여를 기반으로 구성해보겠습니다. 하지만 다음 단계에서는 그들을 좀 더 많이 참여시키는 것을 목표로 합시다."

작업과 목표가 서로에게 적합하지 않음

"모든 사람이 온종일 이어지는 브레인스토밍 회의가 필요하다고 합니다."

때로 디자이너는 합리적이지 못한 디자인 작업에 참여한다. 그런 작업은 프로젝트를 전혀 진전시키지 못하거나 진전시키더라도 비효율적이 된다.

디자이너가 프로젝트와 관련된 작업을 하고 있다면 그것이 어떻게 비생산적일 수가 있을까? 디자인팀이 항상 했던 방식으로 설명서를 준비하고 있다고 가정해보자. 하지만 프로젝트가 새로운 프로젝트이므로 이 프로젝트만의 독특한 요구사항이 존재한다. 이 요구사항은 참여한 모든 사람으로부터 이전과는 다른 행동방식과 책임을 요구할 수 있다. 물론 이전의 방식에 의존하는 것이 옳은 경우도 있겠지만, 이는 이전 방식이 현재 상황에 적합하다는 것에 대해 모두가 동의한 뒤에 사용해야 할 것이다.

반복해서 사용할 수 있는 프로세스가 있을 수도 있지만 좋은 디자인팀이라면 모든 프로세스가 그때그때의 상황에 맞춰져야 한다는 것을 이해한다.

참조

- 무엇이 필요한지 모름 (목표를 모르기 때문에 작업을 할당할 수 없다.)
- 잘못된 범위 (약간 변형된 상황으로 작업은 올바르지만, 그 초점이 잘못됨)
- 화려한 기능에 의한 주의 분산 (어긋남의 증상 중 하나는 쉽게 주의가 분산되는 것이다.)

조짐

- 모든 작업 및 결과물 각각에 대한 필요성을 검증하지 않는다.
- 그 작업이 프로젝트의 목표에 어떻게 도움이 되는지 설명하지 못한다.

가능한 패턴

패턴	예
기대를 설정한다	"우리의 프로젝트 계획이 이러한 작업을 필요로 하지만 저는 이것이 우리의 목표를 이루는 가장 나은 방법이라고 생각하지 않습니다. 제가 예상하는 결과에 대한 당신의 기대를 정해봅시다."
첫 단계에 대해 묻는다	"이제 우리가 어느 방향으로 나아가야 할지 알게 되었는데요. 그럼 가장 먼저 해야 할 일이 무엇일까요?"
계획을 세운다	"한 발 뒤로 물러서서 목표를 다시 확인해보고 우리가 올바른 작업을 하고 있는 것인지 한번 뒤돌아보도록 하죠."

조직화되지 않은 협업

"그러니까 우리 중 누가 이걸 하고 있는 거죠?"

어떤 프로젝트 팀은 계획도 없고 장기적으로 어디로 나아가야 하며 그에 이르기까지 필요한 작업이 무엇인지에 대한 전체적인 방향성도 없다. 또, 어떤 팀은 프로젝트의 목표를 이해하고 작업과 결과에 대해 어느 정도 알고 있지만, 사람들이 함께 일하기 위한 체계는 갖추지 못할 수도 있다.

사람들이 함께 일하는 방법을 모르면 결정을 개인적으로 내려야 할지 아니면 그룹으로 내려야 할지 모르게 된다.

이 상황은 계획이 부족해서라기보다는 협업을 반대하는 문화나 태도로부터 발생할 수 있다. 개인적이든 기업문화적이든 간에 공동작업에 대한 뿌리 깊은 거부감은 바꾸기 어려울 것이다.

참조

- 작업과 목표가 서로에게 적합하지 않음 (사람들이 다른 목표를 위해서 작업한다.)
- 팀플레이어가 아님 (한 사람이 다른 방식으로 작업한다.)
- 의사결정자의 부재 (중심 권력이 없이는 아무도 협업을 조정하지 못한다.)

조짐

- 계획회의의 부재
- 이해가 부족한 스케줄
- 회의의 의제 부재
- 이해가 부족한 다음 단계들

가능한 패턴

패턴	예
책임을 진다	"우리가 함께 일한 방식에 대해 제가 좀 더 점검해볼 필요가 있는 것 같습니다. 일단 한발 물러서서 모든 종속관계를 전체적으로 살펴봅시다."
출발점을 제공한다	"서로 다른 작업을 하고 있군요. 디자인 문제의 어느 한 부분부터 다시 시작해서 모두가 같은 기반 위에 있도록 합시다."
문제를 열거한다	"정해진 시간 내에 처리할 수 있게 모든 종류의 종속관계를 나열해봅시다. 프로토타입이 최종 목표이니 거기서부터 시작합시다."

근거 없는 디자인 방향

"있잖아요. 제가 모형을 좀 만들었어요."

디자인팀 외부의 누군가가 창의적인 방향을 설정하기 위한 시도로 화면 디자인이나 콘셉트 혹은 다른 결과물을 준비한다. 디자이너가 아닌 사람이 디자인 결과물을 가지고 나타나면 이는 디자이너의 작업성과가 부족하다는 것을 의미하므로 팀은 긴장감을 느낄 수 있다. 디자이너들은 새로운 열망을 가진 디자이너가 아닌 사람을 디자인 프로세스를 교착상태에 빠뜨리거나 방해할 '골칫덩어리'로 여기게 된다. 또한, 더 나아가 디자이너는 세계를 디자이너와 디자이너가 아닌 사람 두 집단으로 나누기 시작한다(서문 참조).

보통 이러한 디자이너가 아닌 사람의 의도는 디자인팀에 지장을 주거나 방해하려는 것이 아니라 그저 참여할 방식을 찾고 있는 것이다. 갈등은 다음과 같은 경우에 발생한다.

- 앞선 경우와 달리 비디자이너가 디자인팀에 대한 불신을 가지고 있을 때.
- 아이디어나 열정의 순수한 표현에 디자인팀이 부정적으로 반응하여 결과적으로 해당 팀원을 배제하기로 할 때.

참조

- 안정적 전략의 부재 (디자인 자체에 근거가 없으므로 디자인 방향도 근거가 없다.)
- 디자인 무시 (디자인의 기본 원리를 받아들이지 않는다.)
- 화려한 기능으로 인한 주의 분산 (엉뚱한 내용을 이용해 디자인을 이끌어간다.)

조짐

- 첫 디자인 회의에 완성된 콘셉트를 가지고 온다.
- 비평은 받아들이지 않은 채 모든 디자인 콘셉트가 완전히 합의된 것으로 간주한다.

가능한 패턴

패턴	예
질문한다	"멋진 결과물입니다. 여러 가지 질문이 있는데 우선..."
책임을 진다	"작업 고맙습니다. 그런데 저는 이해관계자에게 프로토타입과 자세한 설명서를 만드는 것에 대한 책임을 지고 있습니다. 이걸 출발점으로 삼는 것은 괜찮겠네요. 하지만 디자인팀도 뭔가 참여했다는 것을 보일 필요가 있습니다."
성취를 인정한다	"이거 멋지네요. 열심히 작업하신 것 같습니다. 여기에서 내린 디자인 결정과 왜 그렇게 하게 되었는지 저희에게 설명해주시겠어요? 그중 일부를 다시 논의하거나 프로젝트 일부로 세부사항을 좀 더 다듬고 싶습니다."

불합리한 제약사항

"그 디자인이 모든 웹 브라우저에서 똑같이 보였으면 좋겠어요."

디자이너는 제약사항을 통해 발전하며, 한계를 통해 문제에 대한 좋은 해결책이 무엇인지 더 잘 이해할 수 있게 된다. 하지만 어떤 프로젝트는 의미 없는 제약사항으로 제한을 받기도 한다.

디자이너가 이러한 한계를 물리치려고 하지만 그 제약사항을 완화할 기회를 얻지 못하면 갈등이 발생한다. 또, 한편으로는 제약사항에 맞게 작동하는 해결책을 찾아냈지만, 팀의 다른 구성원이 그 디자인을 받아들이지 못할 수도 있다.

참조

- 무관한 비교 (불합리한 제약사항의 한 형태로 [임의의 애플제품 이름]과 같은 스타일로 만들어주세요.)
- 명확한 정보의 부족 (디자인의 기반이 되는 것의 또 다른 결핍)
- 팀플레이어가 아님 (또 다른 제약으로 누군가 기여하길 원하지 않는다.)

조짐

- '이건 그냥 이 방식이어야 한다'라는 식으로 필요성을 정당화한다.
- 서로 맞서는 요구사항에 동등한 우선권을 부여한다.

가능한 패턴

패턴	예
미시적/거시적 관점을 고려한다	"우선 왜 이것이 존재하는지에 대해 개괄적으로 설명해주신 다음에, 이것이 어떻게 나타나는지 자세히 설명해주시면 이 제약사항을 이해하는 데 도움이 될 것 같은데요? 제품에 부정적인 영향을 주지 않으면서 규칙을 따를 수 있는 다른 방법을 찾을 수 있을지 알고 싶습니다."
우선순위 설정에 대한 도움을 청한다	"이들 제약사항 중 몇몇은 서로 상충되고 제품의 요구사항에 지장을 줍니다. 다른 요구들과 관련해서 제약사항의 우선순위를 정하는 것을 도와주시겠습니까?"
현실로 만든다	"좋습니다. 이 제약사항에 맞는 것을 그리는 것부터 시작해 봅시다. 그러면 이 제약사항이 디자인 문제를 해결하는 데 방해가 되는지 알 수 있을 겁니다."

잘못된 범위

"이 작업을 제가 하기로 되어 있지 않았다는 게 무슨 말이죠?"

디자이너가 엉뚱한 일을 하는 것으로 이는 다양한 방식으로 나타난다. 어쩌면 디자이너가 할당된 업무를 잘못 이해했거나 프로젝트의 다른 부분을 작업했을 수도 있고 어쩌면 디자이너가 자신의 작업의 우선순위를 잘못 정했을 수도 있다. 불필요할 수도 있는 일에 많은 시간을 쏟는 것으로 예산과 스케줄에 영향을 줬을 수도 있다.

이는 디자이너에게 있어 가장 굴욕적인 상황일 수 있다. 제대로 작동하지 않는 무언가를 디자인한 것과 완전히 엉뚱한 것을 디자인해 놓은 것은 전혀 별개의 문제다. 디자인팀은 프로젝트를 정상궤도에 올려놓아야 할 뿐만 아니라 이제 해당 디자이너의 업무 이해 능력에 의문을 품게 된다. 이러한 상황은 디자이너의 자신감을 약화시킨다. 여기서 잘못하면 디자이너가 어려움을 수용하는 대신에 완전히 포기해 버릴 수 있다.

참조

- 안정적 전략의 부재 (올바른 작업을 했지만 막판에 바뀌어 버린다.)
- 계획의 부재 (계획이 없으면 무슨 작업을 해야 할지 알기 어렵다.)
- 조직화되지 않은 협업 (노력이 중복된다.)

조짐

- 회의를 시작하며 "이것이 여러분이 기대하고 있던 것인지 확실치 않지만"이라고 이야기한다.
- 원하는 결과에 초점을 맞추지 않고 허둥대는 프레젠테이션

가능한 패턴

패턴	예
책임을 진다	"제가 작업을 명확히 이해하지 못했습니다. 했어야 할 작업에 대해 제가 정확히 알고 있는지 논의해 봅시다. 얼마나 빨리 지연을 만회할 수 있을지에 대해서는 다시 알려드리겠습니다."
성과를 인정한다	"디자인의 이 부분에 노력해주신 것에 감사합니다. 그런데 저는 제가 다른 부분을 할당했다고 생각해서 다른 것을 기대하고 있었습니다. 우선 이 부분에 대해 간단히 이야기를 나누고 제가 필요한 작업에 관해 얘기해보고 어느 부분에서 의사소통이 잘못되었는지 찾아봅시다."
기본으로 돌아간다	"할당업무를 적어놓았으니 이제 무엇이 필요한지에 대해 우리 모두 공유하고 있습니다. 서로 진행상황을 알리기 위해서 몇몇 중간시점과 점검에 대한 스케줄을 짜도록 합시다."

10

특성:
자신과 동료 평가하기

이 장에서는 디자이너와 함께 일하면서 마주할 수 있는 15가지 이상의 다양한 특성을 설명한다. 특성은 디자이너의 특징이다. 팀의 역학을 이해하는 데 도움을 주는 특성들은 재능과는 크게 관련이 없고 대신에 디자이너가 환경에 반응하는 방법이나 다른 사람과 소통하는 방법 그리고 세상을 인지하는 방법에 영향을 준다.

예를 들어, 내가 추상 수준이 높은 작업을 가장 잘한다는 것을 우리 팀이 알고 있다면, 실제 디자인을 만드는 상세 디자인 단계에서 내게 좀 더 시간을 줄 수 있을 것이다. 우리 팀의 누군가가 일반적으로 성급하게 자동반응을 보여준다는 것을 알고 있다면 좀 더 건설적인 피드백을 요청하기 전에 별도의 검토 회의를 잡아서 그들이 내 작업을 좀 더 이해할 수 있는 시간을 줄 수 있을 것이다.

특성들

- 융통성
- 스타일의 집착
- 추정 한계치
- 창의적 계기
- 문제의 정의
- 희망하는 작업운율
- 교조주의
- 피드백의 포맷
- 인정하기와 인정받기
- 자동반응
- 추상수준
- 제어권에 대한 인식
- 선호 환경
- 선호 관점
- 작업량
- 디자인 리뷰회의
- 투명성

어떤 특성은 본질적으로 있거나 없다는 식으로 결정되는 특성도 있다. 예를 들어, 투명성의 경우 디자이너가 좀 더 개방적인 행동패턴을 보이거나 아니면 그렇지 않을 것이다.

디자이너는 부정적인 특성은 0으로 낮추고 긍정적인 특성은 11까지 끌어올려야 한다. 다시 말해, 투명성과 같은 긍정적인 특성은 스스로 기르려고 노력해야 하며, 독단적인 태도와 같은 부정적인 특성은 없애려고 애써야 한다.

대부분 특성은 서로 다른 양극단이 있다. 예를 들어 '문제의 정의'에서 한쪽 극단에 있는 디자이너는 디자인 문제의 본질에 대해 성급한 결론을 내리는 반면 다른 쪽 극단에 있는 디자이너는 프로젝트의 정보들을 근거로 하여 디자인 문제의 특성을 밝히려고 애쓴다. 이와 같은 특성에 대해서는 불안감을 낳을 수 있는 특성의 양극단을 피해야 한다. 특별히 더 나은 방향이 없는 다른 특성에 대해서는 디자이너가 그 특성의 어느 수준 정도에 있는지 아는 것만으로도 도움이 된다.

왜 마이어브릭스의 성격유형을 이용하지 않을까?

마이어브릭스(Myers-Briggs)의 성격유형이나 다른 성격 평가 도구의 팬이라면 왜 이 책의 갈등 모델에서는 디자이너를 평가하는 데 그런 종류의 인정받는 툴을 사용하지 않는지 의문이 들 것이다. 이 장에서 설명하는 많은 특성은 사실 다른 성격 평가 도구에서도 다루고 있다.

그 이유는 디자이너를 평가하는 방법에 있어 독단적인 태도를 보이려는 것이 아니라(이 장 후반의 '교조주의'를 참조), 팀의 구성원들은 서로의 특징을 이해해야 한다고 믿기 때문이다. 이러한 이해는 더 나은 프로젝트 계획, 더 나은 자원의 할당 그리고 좀 더 매끄러운 상호작용과 협업으로 이어진다. 이처럼 디자이너는 자신의 취향, 스타일, 접근방법 및 동료들의 그러한 특성을 설명하기 위해서 언어가 필요하다. 이 책에서 사용하는 모델의 장점은 다음과 같다.

- **구체성**: 이 모델은 성격의 광범위한 범주보다는 매우 구체적인 특성을 강조한다. 디자이너가 마주치는 다양한 상황을 위해서는 구체적인 수준에서 특징에 관해 이야기하는 것이 좀 더 실용적이며 유용하다.
- **구별성**: 구체성의 또 다른 결과로 이 모델은 특성을 분리해서 생각한다. 따라서 한 가지 특성이 있다는 것이 자동으로 다른 특성을 소유한다는 것을 의미하지는 않는다. 구별성은 제한적인 정보에 근거해 부당한 평가를 할 가능성을 줄인다.
- **범위**: 이 모델은 양극성(외향적인 사람 대 내향적인 사람, 느낌 대 판단과 같이)이 항상 의미 있는 것은 아니며 어떤 특성은 본질적으로 디자이너에게 있거나 없고 또는 바람직하거나 바람직하지 않다는 것을 알려준다.
- **특수성**: 이 모델은 특별히 디자이너와 창의적인 직업인을 대상으로 만들어진 것이다.

특성들의 이용방법

특성들의 구체성은 디자이너가 디자인 프로세스에 직접적인 영향을 주는 각 행동과 시각을 되새겨 보는 데 이 특성들을 이용할 수 있음을 나타낸다. 나는 디자이너들에게 조언할 때 우선 그들이 이러한 특성에 대해 각 어느 위치에 있는지 이해하라고 권장한다. 그리고 대화를 통해서 그들의 작업 수행에 가장 직접적으로 부정적인 영향을 미치는 특성을 찾아낸다.

특성을 살펴보면서 자신은 각 특성에 대해 어느 위치에 있는지 생각해보자. 그리고 다음과 같은 특성을 찾아보자.

- 팀의 다른 사람들로부터 자신을 구별한다: 디자인팀에서 여러분을 특별히 가치 있는 기여자로 만드는 것은 무엇인가?
- 당신을 방해한다: 당신이 원하는 디자이너가 되는 것을 막는 것은 무엇인가?

이러한 특성들은 자기 성찰뿐 아니라 동료에 대한 이해 향상에도 도움을 준다. 특성을 검토하면서 특별히 어려운 동료에 대해 생각하면서 다음과 같이 적용해 볼 수 있다.

- 이 특성이 설명할 수 없는 행동의 원인이 되는지
- 이 특성이 그 동료와 작업하는 것을 어렵게 하는지
- 이 특성이 팀 구성원에게 걱정을 일으키는지
- 특성이 기업이나 팀 문화를 거스르는지

작업을 저해하는 행동을 바로잡는 만병통치약은 존재하지 않는다. 하지만 특별히 문제가 되는 특성에 모든 관심을 집중함으로써 생산적이고 구체적인 논의를 이끌어 낼 수 있다.

각 특성에 대한 설명에서는 그 특징의 한 극단을 드러내는 누군가의 인용구를 보여준다. 또한, 특성 자체에 대한 설명과 함께 그 특성이 드러나는 방식을 자세히 열거한다. 어떤 경우에는 양극단에 대해 설명하기도 하고 다른 경우에는 특성을 포함하는 다양한 방식을 논의하기도 한다.

융통성

"새로운 상황에서는 그런 대로 대처가 되지만 디자인 프로세스 자체에 대한 실험을 할 때는 어려운 것 같아요."

어떤 이들은 새로운 상황에 능숙하게 대처하고 어떤 이는 그렇지 못하다. 하지만 디자이너는 규모와도 씨름해야 한다. 즉, 디자이너는 프로세스나 방법론 혹은 프로젝트 구조의 더 큰 변화에 직면할 수 있다.

웹디자인 사업에서는 웹디자인의 방법론적 트렌드와 씨름한다. 예를 들어, 내가 이 사업을 시작했던 때로 돌아가 보면 디자인팀은 그들의 정교하고 광범위한 사용자 조사 테크닉들에 대해 장점을 내세웠다. 하지만 추세가 다른 쪽으로 바뀌자 디자인 서비스 구매자들은 사용자 조사를 더 적게 요구했다.

디자인팀은 일반적으로 특정 방법이나 프로세스를 고수한다. 어떤 팀은 새로운 기술에 대한 실험을 좋아할 수 있다. 디자이너는 이러한 각 상황에 대해서 얼마나 잘 대처해나갈 것인지 이해해야 한다.

극단적인 경우

- **융통성이 없다**: 상황의 변화를 만나거나 자신의 프로세스를 변경해야 하는 어려움을 겪을 때 불안해하거나 방어적이 된다.
- **변화를 갈망한다**: 같은 프로세스를 수행하거나 같은 프로젝트를 처리하고 계속해서 같은 상황을 경험하면 불안해한다.

스타일의 집착

"제 스타일은 제품의 목적을 보완해주는 질감을 포함시키는 겁니다."

때때로 디자이너는 그들의 지문과 같은 역할을 하는 디자인 요소 즉, 고유 스타일을 가지려고 애쓴다. 예를 들어, 내 아내와 나는 팔려고 내놓은 집을 살펴보는 걸 좋아하는데 최근에 개조한 집에 들어가자마자 건축가가 누구인지 알 수 있을 정도로 독특한 스타일의 건축가도 있다.

일반적인 평범한 디자이너도 자기 스타일의 특징적 요소를 보유하고 있어야 할까? 이 논의의 양쪽 모두 나름의 의견이 있을 것이다. 이 논의에서 좀 더 살펴봐야 할 부분은 디자이너가 이러한 요소를 자진해서 내려놓을 수 있는가 하는 것이다. 어떤 디자이너는 언제나 그러한 스타일 요소를 추가했다가 프로젝트가 진행되면서 마지못해 그러한 요소를 빼게 된다. 또 다른 디자이너는 그런 요소를 초반에 공간을 메우는 정도의 의미로 사용한 후에 적당한 대안이 나오면 제거한다.

웹 사이트를 제작할 때 내 디자인 스타일은 밀도 있게 정보를 표시하는 것이다. 많은 내용을 웹페이지에 채워 넣길 좋아하는데 이는 90년대에 유행했던 방법이지만 나는 아직도 그만두지 않고 있다. 내 프로세스의 시작은 그렇게 하지만 좀 더 간결하고 가볍게 디자인하기 위해서 초안 다듬기를 반복한다.

스타일 집착의 두 가지 차원

이 특성에는 두 가지 차원이 있다. 해당 디자이너가 독특한 스타일을 갖고 있는지와 그 디자이너가 그 스타일을 모든 디자인에 적용하는지다. 디자이너가 정말 독특한 스타일이 있는지는 별개의 문제고 여기서의 핵심은 디자이너가 그 스타일을 얼마나 많이 사용하고 얼마나 집착하느냐다.

추정 한계치

"작업에 필요한 정보가 충분하지 않아서 제 생각을 좀 채워 넣었어요."

디자이너는 거의 항상 불완전한 정보로 작업하며 정보의 공백을 메우기 위해 스스로 추정을 한다. 모든 디자이너는 뭔가 가치 있는 것을 만드는 데 필요한 정보의 최소수준, 최소한계치를 가지고 있다. 디자이너는 디자인 문제를 의미 있게 해결하기 위해서 얼마나 많은 정보가 필요한지 자신의 최소한계치를 이해해야 한다.

단지 목표가 있을 때만 좋은 디자이너가 좋은 디자인을 만들 수 있다고 말하려는 것은 아니다. 좋은 디자이너는 특정 문제에 대해 어느 수준의 정보가 필요한지 이해하고 그 정보에 대한 추정들이 책임질 수 있는 수준을 넘어가게 될 때를 알고 있다.

극단적인 경우

- **엄청난 야심가**: 이 스펙트럼의 한쪽 끝에 있는 디자이너는 일을 진행하는 탄력을 잃지 않으려 계속해서 세부정보를 추정해 넣는다. 결국, 완전히 잘못된 결과가 나올 위험이 있다.
- **성인군자**: 이 스펙트럼의 다른 한쪽 끝에 있는 디자이너는 자신이 생각하기에 필요한 정보를 모두 얻지 못하면 작업을 진행하지 않으므로 빈틈없이 철저하지만, 작업속도가 느리다.

창의적 계기

"일단 대상 사용자의 동기를 이해하면 저는 어떤 것이든 디자인할 수 있습니다."

내가 만난 대부분 디자이너는 디자인 작업과 관련해서 그들을 사로잡고 흥분시켜 줄 어떤 것, 계기가 있어야 했다. 이것이 단순히 그들이 제품에 느끼는 개인적인 흥미라기보다는 그들을 편안하게 만들어 아이디어를 생산할 수 있게 하는 것을 의미한다.

디자이너들은 몇 가지 계기가 있는데 다음은 내 경우에 해당하는 것들이다.

- 이해하기 어려운 소프트웨어에 대한 정보를 회사 경영진들을 위해 요약하는 작업을 하면서 제품에 흥미를 느끼게 됐다.
- 두 명의 사용자 인터뷰 후에 우리의 대상 고객이 흥미롭고 통찰력 있는 사람들로 구성되어 있다는 것을 알게 되자 의료서비스의 새로운 비즈니스 모델에 대한 조사가 매력적이 되었다.

디자이너의 계기를 이해하게 되면

- 디자이너가 프로젝트에 적극적으로 참여할 수 있게 하는 것이 무엇인지 알게 된다.
- 디자이너가 왜 영감을 받지 못하거나 열정적이지 않은지 설명할 수 있게 된다.
- 서로 다른 디자이너에게 어느 프로젝트를 할당해야 할지 알게 된다.

계기의 예

이 특성에는 극단적인 경우나 차원이 없지만, 디자이너가 일반적으로 갖는 몇 가지 계기는 다음과 같다.

- 대상 사용자에 대한 통찰력
- 중요한 근본적인 콘셉트에 대한 정의
- 비즈니스 모델의 명료화
- 친한 동료와의 작업
- 특정 타입의 제품에 대한 작업

문제의 정의

"세 가지 핵심으로 프로젝트를 요약할 수 있겠습니다..."

어떤 디자이너는 제한적이거나 헷갈리는 정보만으로도 디자인 문제를 잘 짚어낸다. 이들은 프로젝트의 목표를 이해하고 해결방안을 생각해 내는 데 필요한 단계를 알고 있다. 이해관계자들은 그들이 무엇을 필요로 하는지 정확하게 표현하는 경우가 드물고 심지어는 그렇게 해야 한다고 생각하지도 않는다. 요구사항들은 잘못 전달된 정보와 정보의 부족, 잘못된 정보나 무지로 인해 무엇이 정말 필요한 것인지 알 수 없게 혼란스러워진다. 어떤 디자이너는 그런 진흙탕 속에서도 디자인 문제를 찾아내고 거기에 집중할 수 있다.

극단적인 경우

- **정의하지 못한다**: 극단적인 한 경우는 디자이너가 한정된 정보만을 바탕으로 디자인 문제를 요약하거나 특징을 찾으려고 애쓰는 것이다. 이렇게 되면 문제에 대한 접근방법이나 요구사항에 맞는 디자인 콘셉트를 찾아내는 디자이너의 능력이 저하된다.

- **성급한 결론을 내리다**: 극단적인 다른 경우 디자이너는 결국 과제에 대한 잘못된 해석으로 무책임하고 걷잡을 수 없는 추정들로 부족한 정보를 채우게 된다.

희망하는 작업운율

"주간 업무점검을 하면 좋을 것 같아요."

작업운율은 디자인 작업의 생산 리듬을 의미하며 규모가 큰 팀에서는 논의할 만한 가치가 있다. 나는 최소한 부분적인 피드백을 얻을 수 있을 만큼의 진전을 이루면서 매일 작업점검을 하기를 좋아하는 디자이너와 일해 본 적이 있다. 또한, 어떤 디자이너는 다른 사람에게 보여주기 전에 아이디어를 좀 더 발전시키고 다듬을 충분한 시간을 갖길 바라면서 주간 점검을 선호한다.

작업운율을 항상 디자이너가 정할 수 있는 건 아니다. 대신 다음 요소로 정의된다.

- **업무량**: 여러 프로젝트를 동시에 진행하고 있는 디자이너는 다른 프로젝트에 대한 희생 없이는 한 프로젝트를 빠르게 진행하기 어렵다.
- **고객 문화**: 프로젝트 팀의 다른 사람들이나 프로젝트의 나머지 이해관계자가 디자이너의 리듬에 맞추지 못할 수 있다. 조직의 문화가 더 빠르거나 느릴 수 있고 또는 많은 이해관계자 사이의 조정이 필요할 수도 있다.

하지만 일반적으로 디자이너에게는 자신의 취향에 따라 외부적인 요소를 조정하면서 결과물에 대한 리듬을 설정할 권한이 있어야 한다.

극단적인 경우

- **매주 혹은 좀 더 드물게**: 이 특성의 한쪽 끝에 있는 디자이너는 정기적인 상호작용을 매주 혹은 좀 더 드물게 하는 것을 선호한다. 이러한 상호작용들은 좀 더 공식적이거나 훨씬 더 다듬어져 있을 것이며 여전히 생산적이고 유용할 수 있지만 모든 프로젝트에 맞는 것은 아니다.
- **매일**: 이 스펙트럼의 끝에 있는 디자이너는 매일 혹은 한 주에도 여러 번씩 소통하기를 좋아한다. 이들은 그 정도의 기간에도 의미 있는 논의를 할 정도의 충분한 진전을 이룰 수 있다고 확신한다.

교조주의

"적절한 방법이라는 것은…"

어떤 디자이너는 엄격하게 방법론을 고수해야 하는데 이들은 그 방법을 말 그대로 정확히 따라야 한다고 주장한다. 이들은 교과서적인 방법론을 벗어나는 프로젝트들을 교착상태에 빠뜨린다. 이들은 방법론을 다른 방식으로 적용한 디자이너들과 정면으로 부딪치게 된다.

방법론적 교조주의에서 좀 더 위험한 것은 아마도 특정 방법이 모든 경우에 적합하다는 믿음일 것이다. 독단적인 디자이너는 그들의 프로세스를 포기하려고 하지 않을 뿐만 아니라 자신의 프로세스가 모든 프로젝트에 적합한 것은 아니라는 사실을 인정하지 않는다.

내 성격을 여기에 비추어 봤을 때 내 경우엔 중도적 접근법을 선호한다. 독단적인 디자이너와 함께했던 경험으로 봤을 때 그들은 디자인 프로세스에서 걸림돌로 작용하는 경우가 많다. 성공적인 협업자는 자신의 프로세스를 신뢰하고 가볍게 타협하지 않지만 유연한 접근법의 필요성에 대해서 인정해야 한다. 서로 다른 프로젝트는 서로 다른 요구사항을 가지며 좋은 디자인 프로세스는 프로젝트의 미묘한 차이도 수용한다.

방법론에 대한 교조주의가 가장 일반적이긴 하지만 디자인에는 무수히 많은 종류의 종교전쟁이 있다. 디자이너는 방법론 외에도 다음 요소에 대해 교조주의적일 수 있다.

- **도구**: 어떤 디자이너는 디자인 콘셉트를 잡을 때 특정 도구를 깊이 신뢰한다. 그 신념이 너무나 깊어서 다른 도구는 대단히 질이 낮거나 잘못된 것이라고 생각한다.
- **기법**: 방법론보다는 좁은 개념으로써 기법은 특정 문제를 해결하거나 특정 작업을 완수하기 위한 방식이다. 방법들과 마찬가지로 디자이너는 특정 기법이 어디에 어떻게 적용되는지에 대한 강력한 의견이 있을 수 있다.
- **프로젝트 운영**: 디자이너를 포함한 프로젝트 참가자는 프로젝트가 어떻게 구성되고 조직되고 운영되어야 하는지에 대해 강하게 느끼기도 한다.

극단적인 경우

- **교조주의적이다**: 이 한쪽 극단에 있는 디자이너는 특정 주제에 대해서 매우 단호하게 느끼며 지속해서 올바른 작업방법을 사람들에게 교육할 기회를 찾곤 한다.
- **순종적이다**: 다른 쪽 극단에 있는 디자이너는 방법, 도구, 기법 혹은 디자인 프로세스의 다른 부분에 대한 아무런 의견이 없다.

피드백의 포맷

"여러분이 많은 질문을 해주시면 제게 큰 도움이 될 것 같습니다."

효과적인 피드백을 주는 것은 아마도 디자인 소프트 스킬의 핵심일 것이다. 훌륭한 디자이너는 의미 있고 유용하며 성공적인 작업을 수행할 뿐만 아니라 균형 잡힌 개입과 비평으로 다른 이들도 그러한 결과를 이룰 수 있게 돕는다.

하지만 모든 동료가 피드백에 능숙한 것은 아니다. 디자이너는 피드백을 주는 것뿐만 아니라 피드백을 요청하는 것도 잘할 수 있어야 한다. 생산적인 피드백을 요청한다는 것은 다음을 의미한다.

- 유용한 답변을 이끄는 질문을 한다. 디자인을 좀 더 개선하려면 "네", "아니요"보다는 더 자세한 답변이 필요하다.
- 피드백을 원하는 아이디어의 **특정 주제나 관점을 식별**한다.
- 참여자가 디자인 결정에 대한 배경을 이해할 수 있게 **충분한 배경지식 제공**한다.

디자이너는 동료로부터 최대한의 정보를 얻을 수 있게 피드백 회의를 진행해야 하는 한편, 자신에게 가장 효과적일 수 있는 방식으로 피드백을 요청해야 한다.

바람직한 피드백의 분류

피드백을 분류하는 방식은 다양하다. 다음은 가장 많이 쓰는 몇 가지 방식이다.

- **체계적인 vs. 체계가 없는**: 피드백이 특정 구조를 따르는 방식으로 전달되는가? 아니면 좀 더 자유롭게 흐르는 대화형식인가?
- **폭넓은 vs. 구체적인**: 피드백이 광범위하게 제공되는가("저는 레이아웃이 좀 마음에 안 들어요")? 또는 특정한 문제에 겨냥되는가("이 페이지의 이 부분에는 여백이 너무 많은 것 같습니다")?
- **개념적 vs. 실행**: 피드백이 근본적인 개념에 관한 것인가? 또는 디자인의 특정 측면을 논하는가?
- **제안 vs. 이슈**: 피드백이 구체적인 제안들을 제시하는가? 또는 단지 핵심 이슈들을 강조하는가?

인정하기와 인정받기

"저는 제가 기여한 바에 대해 동료들이 인정해 주지 않을 때 신경이 쓰입니다."

창의적인 작업은 인정을 받으며 발전한다고 말하기도 한다. 물론 디자이너가 월급을 받지만, 그들을 계속해서 앞으로 나아가게 하는 것은 직접 가리키며 "내가 작업했어."라고 할 수 있는 제품, 빌딩, 웹사이트 혹은 그 무언가이다. 많은 디자이너가 참여하는 프로젝트에서 각 디자이너는 인정받고 있다는 것을 느끼고 싶어한다.

다른 특성들처럼 인정도 흑과 백으로 확실히 나뉘는 것이 아니다. 어떤 디자이너들은 매번 인정해주는 것을 즐기지만, 또 다른 디자이너들은 가끔 고개를 끄덕이는 것 정도가 필요할 뿐이다. 자신의 기여가 전혀 인정받지 못해도 상관없다는 디자이너는 거의 본 적이 없다. 작업의 본질로 미루어 볼 때 알아보고 인정해 주는 것이 하지 않는 것보다 안전하다.

여기서 인정을 받는 것과 인정하는 것을 하나로 묶어놓은 것은 두 가지가 필연적으로 관련이 있어서가 아니라 단지 방법의 유사성 때문이다. 경험으로 봤을 때 인정받기를 원하는 사람들이 인정을 하는 데 있어서 특별히 잘하거나 못하지는 않는다.

극단적인 경우

이 특성은 두 부분으로 이루어진다. 디자이너는 인정을 잘하거나 그렇지 못하다. 일반적으로 훌륭한 디자이너는 다른 이들의 기여에 대해 공개적으로 투명하게 인정한다.

자동 반응

"멋지네요!"

세상을 단 두 가지로만 나눠서 보는 것만큼이나 불공평하기는 하지만, 경험에 따르면 사람들은 누군가의 작업을 봤을 때 격려나 비판 중 한 가지 반응을 보인다. '격려하는 사람'은 즉시 작업에 대해 칭찬하고 열의를 보이며 들인 노력에 고마워한다. 이들도 건설적인 피드백을 주기는 하지만 그런 건설적인 피드백을 위해서는 현재의 열광이 사라질 때까지 잠시 기다려야 한다.

이와는 반대로 작업과 관련해서 잘못된 것만 즉시 알아보는 사람이 있다. 그들의 즉각적인 반응은 이의를 제기하거나 허점을 찾고 모든 것을 버리고 다시 시작하도록 하는 것이다. 이들도 물론 결국에는 최소한 아이디어의 몇몇 부분에 동의하면서 의견을 반대로 바꿀 수도 있다.

이 반응에 있어 가장 근본적인 것은 사람들은 마치 열광적인 지지를 보내거나 비판하는 것을 절대 멈출 수 없을 것처럼 매번 같은 방식으로 반응한다는 것이다. 뇌의 이성적인 부분이 이런 자동 반응을 극복하고 나면 더 균형 잡히고 유용한 비평을 제공하게 된다.

극단적인 경우

- 응원단장: 이 특성의 한쪽 극단에 있는 사람은 누군가의 작업에 즉시 긍정적인 열광을 보인다.
- 비평가: 다른 쪽 극단에 있는 사람은 누군가의 작업에서 모든 문제점을 즉시 찾아낸다.

추상 수준

"디자인 틀과 콘셉트를 갖추고 일하는 것을 좋아합니다."

디자인을 보는 한 가지 방식은 일련의 콘셉트들에 대해 집중도를 점차 늘려가는 과정으로 보는 것이다. 이 과정의 끝에 가면 디자인은 완전히 집중이 잘된 하나의 제품이 되지만 초기에는 모호한 혼돈상태다. 이런 모호한 상태의 극단에서 디자이너는 추상적인 아이디어와 광범위한 콘셉트로 작업한다. 마치 수학에서 좀 더 상위의 추상적인 개념으로 작업하는 것처럼 이런 상태의 디자인은 이해하기가 쉽지 않다. 집중의 극단에 들어서면 디자이너는 매우 구체적인 판단을 내리며 작업한다. 아이디어들이 구체적이므로 이해하기는 쉽지만, 그 수가 많다.

모든 디자이너는 자신에게 맞는 편안한 방식이 있다. 어떤 디자이너는 좀 더 추상적인 상태에서 작업하면서 제품의 근본적인 구조나 틀을 확립하기 위한 콘셉트를 만드는 것을 좋아한다. 이들은 자신이 추상하는 것이 최종 인터랙션, 공간, 기능으로 포함될지 예상할 수 있다. 하지만 이들은 콘셉트 수준에서 작업하는 것을 더 선호한다. 또 다른 디자이너는 구체적인 것에 좀 더 편안해한다. 이것이 꼭 큰 그림과 세부사항들로 구분되는 것은 아니지만, 그와 비슷하게 생각할 수는 있을 것이다. 추상성도 마찬가지로 끝없는 세부사항들을 가질 수 있는데 이는 결국 내용의 문제다. 디자이너가 페이지 둘레에 특정 디자인 요소들을 넣기 좋아하는가 아니면 페이지 둘레에 콘셉트를 나타내는 박스 넣기를 좋아하는가?

디자이너는 결국 추상의 모든 수준에서 작업하게 된다. 흔치는 않지만 한 가지 수준에서만 작업하고 나머지는 다른 사람에게 맡기는 경우도 있다. 훌륭한 디자이너는 추상적인 일과 구체적인 일 중의 어느 부분에서 도움이 필요한지 알고 있다.

극단적인 경우

- **추상성의 전문가**: 이 스펙트럼의 한쪽 끝에 있는 디자이너는 프로젝트의 근본적인 콘셉트에 관해 생각하기를 좀 더 편안해한다. 이들은 우아하게 프로젝트의 요구사항을 통합할 수 있는 구조와 콘셉트를 통해 생각하기를 좋아한다.

- **현실성의 귀재**: 다른 쪽 끝에 있는 디자이너는 제품 자체에 대한 구체적인 측면을 다루기를 선호한다. 이들은 비록 결정이 우아하지 않고 현실적인 타협이 필요하더라도 제품의 현실성을 판단하는 것을 선호한다.

제어권에 대한 인식

"제가 게임 판에서 말을 움직일 수 없다면 전 그 게임에 흥미가 없어요."

디자이너와 제어 사이에는 복잡한 관계가 있다. 대략적으로 말하자면 핵심 문제에 대한 디자인 결정을 내리는 데 있어 완전한 자유를 느끼고 싶어한다. 이들은 임의적인 제약사항을 피하고 디자이너가 아닌 사람들이 제품에 대해 영향력을 행사하는 것을 막고 싶어한다. 하지만 디자이너는 최종 제품을 완전히 제어할 수는 없으며 다양한 요구사항을 수용하고 프로젝트 규정요인을 충실히 지켜야 한다는 것을 알고 있다.

이 특성은 디자이너가 중요한 기여를 할지 아니면 단지 명령을 따를지 스스로가 얼마나 제어권을 가지고 있다고 자각하는지를 나타낸다. 제어권에 대한 인식은 당연히 프로젝트 구성과 관련이 있다. 자신의 운명에 대해 디자이너가 갖는 제어권은 프로젝트에 따라 달라지며 환경과 다른 참여자가 제어권에 영향을 준다.

실제적인 제어권은 그에 대한 인식에 있어서 그다지 중요하지 않다. 일반적으로 한 사람이 행사하는 제어의 규모는 그 사람이 인식하는 제어의 규모에서 비롯된다. 궁극적으로 디자이너는 프로젝트의 어떤 부분에 자신이 영향을 미칠 수 있으며 어떤 부분이 합당한 자신의 제어권을 넘어서는지 현실적으로 평가해야 한다. 하지만 일반적으로 디자이너는 그들의 영향과 제어에 대한 선입관을 가지고 프로젝트에 참여하게 된다.

극단적인 경우

- **나는 졸병일 뿐**: 이렇게 극단적인 경우 상황과는 관계없이 디자이너는 스스로 어떤 제어권도 가지고 있지 않다고 생각한다. 그들에게 있어서 자주적인 프로젝트란 항상 언덕 너머 저편에 있는 것과 같다.
- **내가 없으면 이 프로젝트는 실패할 거야**: 이렇게 극단적인 경우 디자이너는 자신이 결정을 좌지우지하는 유일한 사람이라고 생각한다.

선호 환경

"편안한 의자와 헤드폰만 있으면 어떤 디자인도 할 수 있어요."

다양한 디자이너들이 다양한 환경에서 활동하고 있다. 어떤 이들은 조용한 고독을 선호하고 또 어떤 이들은 전략상황실 같은 혼란스러운 공간에서 작업하기를 선호한다. 누군가는 꼭 프로젝트와 관련된 일이 아니더라도 다른 사람들과 자주 의사소통하는 것이 그들의 정신 건강에 필요하지만, 또 다른 사람들은 다른 사람들과의 구조적이며 정형화된 의사소통을 선호한다.

오늘날 디자인 분야의 현실은 단일한 디자인 프로젝트(혹은 활동이나 작업)의 공간에서도 다양한 환경에서 작업하게 된다. 디자이너는 작은 회의실에서 여러 지역과 함께하는 컨퍼런스 회의로 커피숍 테이블로 또 중역회의실로 계속 옮겨 다닌다. 마치 각 사용성 테스트를 하는 것처럼 돌아다니게 된다.

차원

극단적인 경우 대신에 디자이너는 자신의 환경을 다양한 관점이나 변수로 특징지을 수 있다.

- **소음 수준**: 주변의 소음은 어느 정도인가?
- **노출**: 자신의 책상에서 사람들의 움직임을 얼마나 볼 수 있는가?
- **차단**: 완전한 사생활과 무간섭을 위해서 자신의 개인적 공간을 차단할 수 있는가?
- **모임**: 쉽게 모일 수 있는가?
- **다양성**: 쉽게 자신의 주변을 바꿀 수 있는가?
- **편의시설**: 휴식, 기분전환, 음식물에 대한 접근이 쉬운가?
- **익명성**: 익명성이 보장되는가?

선호 관점

"저는 세밀한 사람입니다."

추상의 수준과는 달리 관점은 디자이너가 사용하기 좋아하는 기본 구성요소에 대한 것이라기보다는 그들이 프로젝트를 알아보는 방식에 대한 것이다. '프로젝트를 알아본다'는 것은 새로운 무언가를 시작하는 것에 대한 불안감을 극복하기 위해 핵심적인 부분을 이해하는 디자이너의 능력을 의미한다. 디자이너는 언제 프로젝트가 자신에게 분명해지는지를 생각해봄으로써 자신이 선호하는 관점을 가장 잘 이해할 수 있다.

나는 누가 누구에게 이야기해야 하며 누가 제품이나 프로세스로부터 가치를 끌어내고 이 제품이나 프로세스를 특히 어렵게 하는 작은 차이는 무엇인지와 같은 비즈니스 배경을 이해했을 때 프로젝트가 분명해진다. 일단 이러한 기본 이해가 있으면 나머지 디자인 프로세스에 확신을 가지고 진행할 수 있다.

다른 디자이너는 프로젝트의 모든 세부사항을 확인하고 거기서부터 만들어가는 접근법을 취할 때 프로젝트를 가장 잘 이해한다. 세부사항이란 소프트웨어의 경우라면 전체 요구사항들을 의미하고 웹사이트라면 사이트에 통합되는 모든 콘텐츠 목록이 될 것이다. 어떤 디자이너는 이런 세부사항에서 편안함을 느낀다. 반면 나는 모든 큰 요소가 어떻게 상호작용하는지 이해한다면 이러한 세부사항이 도움은 되겠지만, 불안 수준과는 무관하다.

관점의 특징짓기

시각은 한 가지 척도만 있는 것이 아니라 디자이너가 선호하는 시각을 특징짓는 몇 가지 다른 방법이 있다.

- **프로젝트 계획**: 어떤 디자이너는 예산, 일정, 자원과 관한 것들을 확인하고서야 비로소 프로젝트에 대한 이해가 분명해진다.
- **디자인 프로세스**: 어떤 디자이너는 조사, 생산, 모델링과 같은 디자인의 한 특정 영역을 검토하는 것을 좋아한다.
- **비즈니스 문제**: 제품이 어떤 시장에 적합할지 확실히 알았을 때 프로젝트에 대한 이해가 분명해진다.

- **근본적인 구조**: 어떤 디자이너는 제품의 기본을 구성하는 추상적인 콘셉트를 이해하고 난 후에야 효과적으로 작업할 수 있다.

- **기본 구성요소**: 어떤 디자이너는 모든 프로젝트 정보에 대한 전체 목록을 얻을 때까지 불안해한다.

작업량

"네 개 이상의 프로젝트를 진행하면 실패하기 시작한다."

예외도 있겠지만 모든 디자이너는 하나 이상의 프로젝트 사이에서 적당한 균형을 유지해야 한다. 한 조직이나 한 고객만을 위해 작업하는 디자이너에게도 여러 다른 작업이 동시에 생겨난다. 이런 작업은 범위나 영역, 기간에 있어 다양하다. 디자이너는 다양한 프로젝트에서 서로 다른 역할을 하며 다른 수준의 업무를 맡는다. 다양한 이해관계자 및 팀들과 작업할 수도 있다. 또한, 같은 사람들과 서로 다른 입장에서 일하기도 한다. 프로젝트가 단 두 개라도 생각해야 할 일이 많다.

디자이너는 프로젝트 작업량에 한계가 있다. 디자이너는 자신의 한계점을 더 잘 알고 이해할수록 더 좋다. 따라서 내가 세 가지 이상의 프로젝트를 하게 되면 효율이 떨어진다는 것을 알아두면 좋고, 내 최적의 프로젝트 조합은 하나의 큰 프로젝트와 두 가지 중간 프로젝트다라고 알아두면 더욱 좋다.

극단적인 경우

- **집중적인**: 이 스펙트럼의 끝에 있는 디자이너는 한 프로젝트에 집중해서 한 가지 작업을 할 때 가장 잘할 수 있다.

- **문어발식**: 이 스펙트럼의 끝에 있는 디자이너는 여러 가지 작업을 함께 수행할 때 더 잘할 수 있다.

디자인 리뷰회의

"제가 이야기하는 도중에 편하게 끼어드세요. 무엇이든 생각나는 아이디어와 피드백을 듣고 싶습니다."

디자인 리뷰는 디자이너가 이해관계자와 다른 팀 구성원으로부터 편견 없는 조언을 얻을 수 있는 디자인팀에게 아주 중요한 도구다. 디자인 리뷰는 일반적으로 프로젝트 전반에 걸쳐 진행하는 데 공식적이거나 비공식적일 수 있고 즉석에서 마련될 수도 있으며 프로젝트 계획에 이미 포함되어 있을 수 있다. 디자인 리뷰는 신선한 시각을 제공하며 외부로부터의 리뷰로 디자인의 품질을 보강하는 데 도움을 준다.

어떤 의미에서 디자인 리뷰는 디자인의 도구이며 디자이너는 이 도구를 어떻게 이용할 것인지에 대한 견해가 있어야 한다. 어떤 디자이너는 작업의 현재 상태에 대한 비형식적인 회의를 선호하는 한편 또 다른 디자이너는 구체적인 항목에 대한 피드백을 받길 선호한다.

디자이너는 자신의 취향을 인식함으로써 원하는 피드백을 얻을 수 있는 방향으로 회의를 이끌어 갈 수 있다.

차원들

디자인 리뷰의 구조는 다양한 차원에 따라 측정할 수 있다.

- **형식**: 공식적인 프레젠테이션 vs. 즉흥적인 회의
- **의사소통**: 많은 대화 vs. 프레젠테이션 이후의 질의응답
- **참가자**: 규모가 크고 다양한 사람들로 이뤄진 그룹 vs. 일대일
- **간격**: 매주 여러 번 vs. 매주 한 번이나 좀 더 드물게

투명성

"저는 계획을 지나치게 드러내고 싶지 않아요."

마음을 터놓고 솔직해지는 것은 협업의 덕목이다(8장 참조). 하지만 많은 디자이너가 동료들에게 솔직해지고 그들의 솔직한 조언에 마음을 여는 데 어려움을 느낄 수 있다.

디자이너는 얼마나 자신 있게 동료들과 솔직하게 지내며 그들의 비판, 피드백, 조언에 얼마나 열려 있는지 생각해 보아야 한다.

극단적인 경우

- **다 알려진 사람**: 어떤 디자이너는 사고 과정을 절제하는 데 서툴다.
- **전혀 모르겠는 사람**: 어떤 디자이너는 생각과 감정을 전달하는 데 서툴다.

11

갈등 패턴:
해결에 이르기 위한
행동방식

패턴은 어려운 상황을 다루는 행동방식이다. 이 패턴들은 다음을 제안한다.

- 상황을 다루는 방법(실패를 행동으로 전환한다)
- 상황을 보는 방식(미시적/거시적 관점을 고려한다)
- 대화의 틀을 잡는 방식('상사' 핑계를 댄다)
- 대화 도중에 사용할 수 있는 기법(그림을 그린다)

패턴은 개략적인 출발점으로 만들어진 것이다. 어떤 책도 모든 상황을 다룰 수 있는 완벽한 비법을 제시할 수 없다.

네 가지 유형의 패턴을 기억해보자.

- **공감**: 서로 간의 이해를 형성한다.
- **참여**: 프로젝트에 좀 더 직접적으로 참여시킨다.
- **방향수정**: 올바른 것에 집중할 수 있게 한다.
- **재구성**: 상황을 논의하기 위해 다른 방법을 사용한다.

패턴을 사용하는 원칙도 기억해보자.

- **정답은 없다**: 어떤 정해진 상황에 하나의 정답만 있는 건 아니다. 특정한 상황에서 어느 패턴이 제대로 작동하면 올바른 답이 되지만 그 패턴이 다음번 유사한 환경에서 적용되지 않을 수도 있다.
- **다양한 결과**: 하나의 정답이 있는 것이 아니므로 어떤 패턴이든 특정한 상황을 다루기 위해 새로운 접근법을 도입할 수 있다.
- **완벽한 것은 없다**: 모든 패턴이 모든 상황에 적용되는 건 아니다. 어떤 상황에 당연해 보이지 않는 패턴의 적용을 생각해 보는 것은 의미 있는 연습이 될 수 있겠지만 실전에서는 참담한 결과를 가져올 수도 있다.
- **수렴성**: 어느 주어진 상황에서 몇 가지 패턴이 같은 결과 혹은 같은 접근법을 내놓을 수 있다. 이는 이러한 다양한 패턴 사이의 차이가 무의미하다는 것이 아니라 단지 이 특수한 상황을 생각해 볼 만한 다른 방법이 별로 없을 수도 있다는 것을 의미한다.
- **안전구역**: 디자이너는 몇몇 패턴이 자신에게 특히 편안하게 느껴진다는 것을 알게 되고 그러한 패턴을 자주 사용하게 될 수도 있다. 하지만 때때로 문제를 푸는 가장 좋은 방법은 새로운 무언가를 시도해 보는 것이며 이러한 새로운 방법이 참여자를 놀라게 할 수 있기 때문에 특히 효과적일 수도 있다.

이 장의 패턴 설명에서는 다음 사항을 각각 제시한다.

- **예시**: 대개 허구적이지만 익숙한 인용구로 어떻게 패턴을 사용할 수 있는지 보여준다.
- **설명**: 패턴의 사용방법에 관한 짧은 설명
- **유형 또는 유형들**: '패턴들'(다음 페이지 참조)에서 발견되는 한 가지 이상의 유형들
- **사용 시점**: 패턴이 도움되는 환경 유형에 대한 설명

패턴에 관한 최종 메모: 패턴은 이 책 전반에 걸쳐 등장하는 같은 주제에 기반을 두고 있으므로 많은 패턴이 서로 유사하게 느껴진다. 갈등을 다루는 테크닉에는 사람들이 이야기하는 것을 다시 고쳐 말하거나 문제를 처리할 수 있는 크기로 나누거나 주인의식을 갖게 하거나 의사소통을 단순화시키는 것 등이 포함된다. 이런저런 주제가 몇 번이고 되풀이해서 나타나지만, 각 패턴은 각 주제에 대해 다른 시각을 제공하며 어떤 패턴들은 다른 방식으로 주제를 조합한다.

패턴 이용 방법

패턴을 사용하는 데는 한 가지 올바른 방식이 있는 것이 아니다. 한 가지 간단한 방법은 책장을 넘기면서 현재의 문제에 대해 가능성 있는 해결책이 눈에 띄는지 살펴보는 것이다.

또 다른 접근법은 상황을 다루는 몇 가지 방식을 찾아 각 방식이 해당 갈등과 맞는지 머릿속으로 상상해 보는 것이다.

패턴은 디자이너가 자신의 경향과 행동방식을 이해하도록 돕는다. 패턴을 살펴보고 상황과는 별개로 가장 편안하게 느껴지는 패턴이 무엇인지 가장 불편하게 느껴지는 패턴은 무엇인지 정해본다. 편안한 패턴은 어떤 공통점이 있고 불편한 패턴과는 어떤 점이 다른지 곰곰이 생각해 본다. 이러한 자기 성찰로 전체적인 마음가짐에 대한 이해를 도와줄 시각이나 태도의 본질이 드러날 수 있다.

마지막으로 다음번에 갈등을 접했을 때 시도할 만한 새로운 패턴을 골라 주머니 속에 넣어둔다. 갈등을 자신의 마음가짐을 시험할 기회로 사용해보자.

패턴들

- 성취를 인정한다
- 의제를 예상한다
- 이야기를 요청한다
- 도움을 요청한다
- 첫 단계에 대해 묻는다
- 질문한다
- 자신의 프로세스를 확고하게 한다
- '상사' 핑계 대기
- 할 테면 해보라고 한다
- 과거의 교훈을 되새긴다
- 소통 채널을 바꾼다
- 비유를 바꾼다
- 동료의 좋은 자질을 생각한다
- 나중에 다시 돌아온다
- 영향을 알린다
- 미시적/거시적 관점을 고려한다
- 자기 일/동료들의 일을 고려한다
- 실패를 행동으로 전환한다
- 그림을 그린다
- 문제를 열거한다
- 회의의 틀을 마련한다
- 기본으로 돌아간다
- 상부상조

- 개선할 수 있게 도움을 요청한다
- 우선순위 설정에 대한 도움을 청한다
- 워크숍을 잡는다
- 가정들을 나열한다
- 계획을 세운다(실행계획의 세부사항)
- 가정한다
- 현실로 만든다
- 대안을 제시한다
- 맛보기로 보여준다
- 한 가지를 선택한다
- 중요한 문제에 집중한다
- 포트폴리오에 우선순위를 둔다
- 출발점을 제공한다
- 이전 회의에 대해 설명한다
- 업무범위를 줄인다
- 의견을 반복한다
- 작은 승리를 추구한다
- 합리적인 기대를 설정한다
- 목표를 보여준다
- 자신의 작업을 보여준다
- 작은 노력부터 시도한다
- 책임을 진다
- 프로젝트처럼 다룬다

성취를 인정한다

"와우. 대단한 일을 해냈네요. 얼마나 노력했는지 알 수 있을 것 같아요. 제가 모든 것을 제대로 잘 이해하고 있는지 확인해주시겠어요?"

다른 사람이 기여한 작업, 노력 혹은 아이디어를 무시하지 않는다. 그것을 강조하는 것에서 시작하여 좀 더 구체적인 논의로 넘어간다. 그리고 상대방으로 하여금 장점에서부터 시작할 기회를 제공한다.

유형   참여
사용 시점   상대방의 작업에 관심을 두고 성과와 개선기회를 적절히 조율하고자 할 때 사용한다.

의제를 예상한다

"당신에게 특별히 중요한 몇 가지 사안이 있다는 것을 알고 있어요. 그래서 그것들을 즉시 다루려고 합니다."

팀의 다른 구성원이나 프로젝트 이해관계자와 논의하기 전에 그들에게 중요한 것이 무엇인지 생각한다.

유형   공감
사용 시점   경쟁하거나 대립하고 있는 사람들과 함께하는 회의에 들어갈 경우 그들의 최고 관심사항을 염두에 두고 있음을 보여주기 위해 사용한다.

이야기를 요청한다

"무슨 말씀을 하려는지 이해할 수 있을 것 같습니다. 혹시 우리의 대상 고객이 이 제품을 사용하려고 했을 때의 시나리오를 보여주실 수 있을까요?"

그들의 아이디어나 생각 또는 요구사항을 이야기 형식으로 설명해 줄 것을 요청한다.

유형   재구성
사용 시점   누군가 자신의 요구사항을 추상적으로 표현하려고 애쓰고 있을 때, 그들이 좀 더 분명히 설명할 수 있게 돕고자 할 때 사용한다.

도움을 요청한다

"이 디자인 문제 때문에 골머리를 앓고 있습니다. 제가 더 많은 시간을 허비하기 전에 혹시 올바른 길을 찾을 수 있도록 도와주실 수 있으세요?"

누군가에게 작업을 도와달라고 직접 요청한다.

유형 참여

사용 시점 도움이 필요할 때. 디자인 문제를 풀기보다는 자신을 증명하는 데에 사로잡혀 있을 때. 작업에 참여할 누군가가 필요하며 그들의 참여를 요청해야 할 때 사용한다.

첫 단계에 대해 묻는다

"관리 계획을 세우셔야 하는데 솔직히 어떻게 하실지 잘 모르겠네요. 첫 단계가 어떻게 될지 얘기해 주실 수 있나요?"

목표를 성취하기 위한 시도에서 첫 단계가 어떻게 되는지 물어본다.

유형 재구성

사용 시점 누군가 작업을 수행하는 방안을 구상하는 데 어려움을 겪고 있을 때. 우선은 작은 부분에만 집중하게 하고 싶을 때 사용한다.

질문한다

"네. 좋은 출발인 것 같습니다. 원하시는 목표를 제가 제대로 이해하고 있는지 확인하기 위해 몇 가지 좀 여쭤보겠습니다."

성급하게 결론을 내리는 대신 지금 무슨 이야기가 오가고 있는지 서로 확실히 해두기 위해서 질문한다.

유형 재구성, 참여

사용 시점 항상 디자이너에게 있어 대답을 경청하는 것을 제외하고는 좋은 질문을 할 수 있는 것보다 더욱 필수적인 기술은 없다.

자신의 프로세스를 확고하게 한다

"요구사항, 제약사항 및 기타 프로젝트 규정요인을 정확히 이해하지 못한 상태에서 바로 디자인을 시작할 수는 없습니다. 시작하고 싶은 마음을 이해하지만 그 전에 문제를 신중하게 정의해 봅시다."

활동, 결과물, 목표에 대한 충분한 세부사항을 제공하면서 기본이 되는 스케줄과 프로세스를 참가자에게 상기시킨다.

유형   방향수정

사용 시점   누군가 뒤늦은 요구사항과 같이 프로세스에서 벗어나거나 프로세스를 위태롭게 할 수 있는 요인을 내놓을 때 사용한다.

'상사' 핑계 대기

"우리가 직면하고 있는 제약사항을 이해하지만 저는 프로젝트 매니저에게 약간의 좋은 소식을 전달해야 합니다. 첫 중간검토 시점까지 우리가 무엇을 할 수 있고 무엇을 할 수 없을지 얘기해 봅시다. 그렇게 하면 예상이 좀 더 명확해질 것 같습니다."

"제가 뭔가 약속드리기 전에 우선 파트너에게 확인해야 합니다."

참석하지 않은 다른 팀 구성원을 희생양으로 삼아라. 상황에 인간적인 면모를 더함으로써 좀 더 열심히 절충안을 찾거나 무지를 용서할 수도 있다.

유형   재구성

사용 시점   불합리한 제약사항을 만나거나 질문에 바로 대답할 수 없어서 곤란할 때 사용한다.

할 테면 해보라고 한다

"이해관계자가 이번 주까지 디자인 작업이 끝나길 기대하고 있다고 알고 있습니다. 그들은 지난주 월요일에 초안을 받았지만, 저희는 아무런 답변을 들은 바가 없습니다. 정해진 시간에 끝마칠 수 있게 그들이 제때에 피드백을 줄 수 있을까요?"

불가피한 결론에 도전하고 관련된 모든 사람에게 문제에 대처할 책임을 묻는다. 다른 팀 구성원에게 자신의 요청이 어떤 영향을 미치는지 이해할 수 있게 돕는다.

유형	재구성
사용 시점	의미 있는 결과 그대로 단지 디자인팀에 압력을 가할 목적으로 불합리한 요청사항을 제시했을 때 사용한다.

과거의 교훈을 되새긴다

"지난번에 이와 같은 프로젝트를 했을 때 몇 가지 문제를 만났었죠. 이 프로젝트에 너무 깊이 들어가기 전에 지난 프로젝트나 이와 유사한 다른 프로젝트들에서 우리가 깨달았던 모든 것의 목록을 나열해봅시다."

이전 프로젝트나 상황, 과제에서 나타났던 문제들, 장애들, 어려움들에 관한 목록을 만든다.

유형	참여, 방향수정
사용 시점	프로젝트 팀이 이전 작업에 대해 그리고 어떻게 하면 더 잘할 수 있었을지 생각해보는 시간을 갖지 않았을 때 사용한다.

소통 채널을 바꾼다

"저기, 갑자기 전화 걸어서 미안합니다. 이메일 상으로 우리가 혼선을 빚고 있는 것 같아서요."

의사소통을 위한 다른 '채널'을 찾는다. 어떤 때는 이메일에서 전화로 바꿀 수도 있고, 직접 만나는 것에서 이메일로 바꿀 수도 있으며, 인스턴트 메신저에서 화상통화로 옮길 수도 있다. 또, 어떤 때는 공적 영역을 벗어나서 대화한다는 것을 의미한다.

유형	재구성
사용 시점	의사소통 매체가 참여자들이 명확히 자신의 생각을 표현하는 능력에 영향을 미치고 있을 때 사용한다.

비유를 바꾼다

"우리는 활동들을 일련의 병행하는 과정으로 보고 있는데 제 생각에는 프로젝트를 중간점검의 모음으로 봐야 한다고 생각합니다. 각 중간점검 시점에 알게 될 모든 것에 대해 동의하도록 합시다."

복잡한 아이디어를 분석하고 설명하는 데 다른 개념을 사용한다.

유형 재구성

사용 시점 참여자가 해결 중인 문제가 아닌 비유에 집착하거나 오래된 문제를 바라보는 새로운 방법이 필요할 때 사용한다.

동료의 좋은 자질을 생각한다

"이 상황에서 나단은 어떻게 할까?"

자신 없는 상황에 부닥쳐 어려움을 겪을 때 그 상황을 잘 다룰 수 있는 사람에 대해서 생각한다. 그들은 어떻게 행동할 것인지 생각하여 그런 행동을 어떻게 현재 상황에 적용할 수 있을지 생각해 본다.

유형 방향수정

사용 시점 특히 불안감이나 좌절감을 유발하는 상황에 직면했을 때. 때로 다른 사람인 것처럼 상상하는 것은 그들의 능력뿐만 아니라 용기도 이용할 수 있게 해준다.

나중에 다시 돌아온다

"이 문제로 계속 빙글빙글 돌고 있는 것 같습니다. 자료를 좀 검토하고 생각할 여유가 필요합니다. 수요일에 다시 모일 수 있을까요? 서둘러 결정을 내리기보다는 옳은 결정을 내리고 싶습니다."

참가자가 상황을 좀 더 신중하게 고려할 수 있을 때까지 행동을 취하는 것을 연기한다.

유형 공감, 방향수정

사용 시점 상황을 감당할 수 없게 되어 참여자가 합리적이고 적절한 기여를 할 수 없을 때 사용한다.

영향을 알린다

"다음 주까지 피드백을 받지 못하면 완료일정을 미뤄야 합니다. 피드백을 받지 못해서 프로젝트 후반에 뒤늦은 요청사항을 처리하느라 일이 더 많아질 것 같아 염려됩니다."

가능한 한 가장 단순한 용어로 결정에 대한 결과를 말한다.

유형   재구성

사용 시점   참여자가 프로세스나 프로젝트 결과물에 대한 부정적인 영향을 알지 못한 채 결정을 내릴 때 사용한다.

미시적/거시적 관점을 고려한다

"이 작업을 끝내지 못함으로써 한편으로 동료들에게 더 많은 일을 부담시켰을 뿐만 아니라 다른 한편으론 고객과의 관계에서 신뢰와 신용을 잃게 되었습니다."

"좋습니다. 지금까지는 상위레벨에서 논의를 해왔네요. 프로젝트의 세부사항으로 들어가서 이 중요한 결정이 매일의 작업에 어떤 영향을 줄지 살펴봅시다."

넓음 대 좁음 또는 고수준 대 저수준의 두 개의 다른 각도에서 상황을 살펴본다. 새로운 시각을 받아들이는 것은 새로운 문제와 방안을 드러내는 데 도움이 된다.

유형   방향수정

사용 시점   참여자가 한 가지 관점에만 집중하여 프로젝트나 작업의 목표를 망각하고 있을 때 사용한다.

자기 일/동료들의 일을 고려한다

"그들의 임무는 우리의 아이디어를 구현할 수 있고 현재 시스템에서 작동하는지 확인하는 것이고 당신의 임무는 그들의 제약사항을 이해하고 개선된 해결책을 제시하는 것입니다."

이해관계자와 다른 팀 구성원은 단지 그들의 일을 하고 있을 뿐이라는 것을 동료에게 상기시켜줌으로써 비판에 대한 불안감을 줄이고 격려한다.

유형   재구성

사용 시점   대립이 지나치게 악화돼 참여자가 서로의 우려를 들으려 하지 않을 때 사용한다.

실패를 행동으로 전환한다

"당신의 피드백을 따르면 이 결과가 만족스럽지 않다는 것을 알겠습니다. 무엇이 잘못됐는지에 대한 목록을 만들고 우선순위를 정합시다. 커뮤니케이션의 실패에 대해서는 나중에 다시 분석할 수 있을 것입니다. 우선은 다시 정상으로 돌아오는 데 무엇이 필요한지에 집중합시다."

난관에 빠진 결과를 다음 작업을 위한 출발점으로 삼는다.

유형 방향수정

사용 시점 이러한 결과를 극복하는 것이 불가능하다고 생각하면서 절망적인 태도로 실패에 접근하는 사람을 상대할 때 사용한다.

그림을 그린다

"무슨 말씀을 하시는지 이해하기가 정말 어렵습니다. 제가 한번 그림으로 그려봐도 될까요? 어디가 잘못됐는지 알려주십시오."

생각을 정리하기 위해서 시각보조자료, 즉흥적인 스케치, 화이트보드, 다이어그램 혹은 그 밖에 시각화 방법을 사용한다. 참여자가 그림을 그리거나 다른 사람의 그림에 참여할 수 있게 격려한다.

유형 재구성

사용 시점 참여자가 서로의 설명을 이해하는 데 어려움을 겪고 있을 때 사용한다.

문제를 열거한다

"참 많은 일들이 있네요. 제가 모든 것을 정확히 이해하고 있는지 확인해 봅시다. 들었던 내용에 대한 목록을 만들어 보겠습니다."

사람들이 이야기 중에 또는 이야기된 내용을 요약하기 위해서 주요한 불만사항이나 우려에 대한 목록을 만든다.

유형 방향수정

사용 시점 상충하는 우선순위나 다른 관점을 포함한 복잡해 보이는 상황을 분류할 필요가 있다.

회의의 틀을 마련한다

"논의해야 할 내용이 많습니다. 그중 다뤄야 할 두 가지 큰 주제가 있는데요. 엔지니어링 팀으로부터의 디자인 피드백과 디자인 명세서를 준비하기 위한 다음 단계에 관한 것입니다. 이 회의의 목적은 엔지니어링 팀으로부터 피드백 항목을 수집해서 명세서에 올리는 것입니다. 모든 문제에 대한 목록을 만들 때까지는 집중력을 잃지 않도록 합시다."

주제와 목표를 명확히 설명하며 대화의 체계를 잡는다. 가능한 한 주제에서 벗어나지 않도록 논의의 범위를 벗어나는 항목을 구별한다.

유형   참여, 방향수정
사용 시점   참여자가 회의의 핵심에 집중하는 데 어려움을 겪거나 목표로부터 주의를 분산시키는 몇몇 사람 때문에 의제가 장악 당하고 있을 때 사용한다.

기본으로 돌아간다

"복잡한 부분이 너무 많아서 우리가 놓치는 부분이 있지 않을까 염려됩니다. 작업을 계속 파악할 수 있게 인트라넷에서 공유할 수 있는 할 일 목록을 사용하도록 합시다."

프로젝트팀이 긴밀히 협조하고 일을 순조롭게 진행할 수 있게 믿을 수 있는 프로젝트 운영 툴과 기법을 사용한다.

유형   방향수정, 참여
사용 시점   프로젝트 운영의 기본사항에 신경 쓰지 않아 팀이 제어가 안 되는 채로 돌아가기 시작할 때 사용한다.

상부상조

"이 디자인 프로젝트가 당신의 작업에 얼마나 중요한지 알고 있습니다. 당신이 이 프로젝트에 성공하고 더 큰 프로젝트 일정에 맞출 수 있게 하고 싶습니다. 이 목표를 달성할 수 있게 당신을 도우려면 제가 무엇을 하면 될까요?"

다른 사람의 목표에 따라 팀의 작업과 팀의 역할을 조정한다. 어떻게 팀의 목표가 개개인의 목표와 보조를 같이하는지 보여준다.

유형	공감
사용 시점	이해관계자나 참여자가 스스로 다른 사람과 경쟁하고 있다거나 팀의 나머지 사람들의 반대편에 서 있다고 생각할 때 사용한다.

개선할 수 있게 도움을 요청한다

"물론 이 디자인 문제에 완전히 잘 맞지는 않지만, 첫 번째 시도를 해 보았습니다. 이걸 좀 더 개선할 수 있게 도와주시겠습니까? 디자인 목표에 부합되게 하려면 무엇을 할 수 있을까요?"

작업을 초안으로 삼아 조언과 피드백을 요청한다. 참여자가 디자인의 향상에 도움을 줄 수 있는 지식이 있는 중요한 전문가가 되게 한다.

유형	참여
사용 시점	참여자가 건설적인 피드백을 주길 꺼려하거나 주지 못할 때 사용한다.

우선순위 설정에 대한 도움을 청한다

"제게 생각해볼 것들을 많이 주셨는데요. 이 목록을 함께 살펴보고 무엇이 가장 중요한지 우선순위를 정해볼 수 있을까요? 만약 '모든 것이 다 중요하다'는 결과가 나오면 아마도 뭔가 다른 문제가 있을 것 같습니다. 냉정하게 우선순위를 정해보도록 하지요."

참여자에게 문제, 요구사항, 피드백 혹은 후속 작업이 필요한 다른 어떤 것에 관하여 우선순위를 정할 것을 요청한다.

유형	방향수정
사용 시점	프로젝트의 제약사항 내에서 계획을 실행하고 작업을 완료하기 위한 팀의 능력에 영향을 줄 수 있는 여러 문제가 나타났을 때 사용한다.

워크숍을 잡는다

"디자인 피드백에 관련해 계속 같은 자리를 맴돌고만 있어서 디자인의 핵심 쟁점에 관심을 집중시킬 수 있게 일련의 활동을 계획했습니다."

마치 팀 구성원이 트레이닝 워크숍에 참여하듯이 프레젠테이션과 결합한 참여활동을 모아 회의를 구성한다. 활동을 좀 더 참여적으로 만듦으로써 팀은 모든 이해관계자를 관여시킬 수 있다.

유형 참여

사용 시점 활동적으로 프로젝트에 기여하기 위해서 구조화가 필요한 팀 사람들과 작업할 때 사용한다.

가정들을 나열한다

"이 작업을 진행하기 위해서 몇 가지 가정을 해야 했습니다. 제 가정에 대해 말씀드리겠습니다. 그러면 왜 이런 결정을 내리게 됐는지 아실 수 있을 겁니다."

팀이 프로젝트를 진행하려고 내린 경험적인 가정을 나열한다. 가정은 제품, 프로젝트 수행, 계획 또는 목적 등 어떤 내용과도 관련이 있을 수 있다.

유형 재구성

사용 시점 팀 결정의 많은 부분은 나머지 참가자가 모를 수도 있는 정보에 기반을 두고 있다. 참여자가 기본 가정에 대해 서로 다르게 이해한 상태로 회의에 들어갈 수도 있다. 가정의 목록은 결정을 정당화하거나 가정을 검증하는 도구로 사용할 수 있다.

계획을 세운다 (실행계획의 세부사항)

"모든 피드백을 고려했을 때 일정에 대해 다시 논의할 필요가 있습니다. 활동과 기대를 조정할 수 있도록 다음 몇 주간 계획을 정해볼 수 있을까요?"

목표, 목표를 이루기 위한 활동 목표로 이끌 일정을 확인한다. 목표가 여러 개면 반드시 우선순위를 정한다.

유형 재구성

사용 시점 일의 양은 압도적으로 많고 어떻게 진전을 이룰 수 있을지에 대한 다음 단계가 명확하지 않을 때 사용한다.

가정한다

"대상 고객에 대한 데이터가 많이 부족합니다. 제품에 대한 약간의 가정을 기반으로 대상 고객의 개략적인 윤곽을 잡아보려고 합니다."

알려지지 않은 정보가 프로젝트 목표에 도달하는 데 있어 걸림돌이 되지 않게 한다. 빠진 정보에 대해서는 경험에서 우러나온 추측을 한다. 프로젝트팀과 그러한 추정을 공유하여 디자인 결정의 근거를 제공하도록 한다.

유형 방향수정

사용 시점 디자인 프로세스를 시작할 준비가 되어 있지만 이해하는 데 있어 약간의 공백이 있을 때 사용한다.

현실로 만든다

"이 아이디어가 잘 작동할지 알 수 있는 유일한 방법은 그것들을 시도해보는 것입니다. 지금 잠깐 시간을 갖고 이 요구사항을 추가했을 때 화면이 어떻게 보일지 살펴봅시다."

추상적인 아이디어를 실제로 구현하여 사람들이 좀 더 구체적인 것을 알 수 있게 한다.

유형 방향수정

사용 시점 참여자가 실행 가능성에 대한 고려 없이 아이디어와 피드백을 던져주고 있을 때 사용한다.

대안을 제시한다

"원하시는 게 뭔지 이해할 것 같습니다만 제약사항을 명확히 할 수 있게 세 가지 서로 다른 접근법을 제가 설명해보겠습니다."

두세 가지의 아이디어, 콘셉트, 해결책 혹은 접근법을 제시해 참여자가 쉽게 비교 대조해볼 수 있게 보여준다.

유형 참여

사용 시점 해결책을 평가할 명확한 기준이 없는 애매모호한 문제가 있을 때 사용한다. 몇 가지 대안을 제시함으로써 참여자가 한 가지 접근법이나 해결책이 '옳은지' 결정하는 대신 일련의 대안을 비교 대조해볼 수 있게 한다. 나는 종종 이 패턴을 새로운 프로젝트를 소개할 때 이용해서 사람들이 문제에 접근하는 다양한 방식을 이해할 수 있게 돕는다.

맛보기로 보여준다

"내일 우리는 세 가지 서로 다른 콘셉트를 살펴볼 것입니다. 내일 보시게 될 콘셉트에 대해 약간 소개해 드리겠습니다."

앞으로 무엇을 볼 것인지 혹은 참여자가 무엇에 대한 견해를 밝혀야 하는지에 대한 기대를 설정하기 위해서 다가올 작업을 간략히 보여주거나 설명한다. 정해진 일정 전에 사람들을 참여시키는 것은 어느 정도의 주인의식을 불러일으킨다.

유형 참여

사용 시점 몇몇 기본 가정에 이의를 제기하는 아이디어나 접근법을 보여줄 경우 핵심 참여자에게 올바른 태도를 심기 위한 방법으로 사용한다.

한 가지를 선택한다

"당신은 이 작업에 대해 여러 가지 많은 비평을 해주셨고 모두 훌륭한 피드백입니다. 우선 맨 처음 얘기하셨던 것에 초점을 맞추어 보면 기능에 대한 상대적인 우선순위에 대해 염려하고 계신데요. 각 기능을 살펴보면서 그 우선순위를 정해볼 수 있을까요?"

집중하기 위해 목록에서 한 항목을 선택한다.

유형 방향수정

사용 시점 팀이나 참여자는 그들이 다양한 문제에 직면해 압도되는 느낌을 받는다. 여러 가지 문제를 다룰 때는 우선 한 항목을 선택해서 시작하는 것이 좋은 방법이다.

중요한 문제에 집중한다

"고객의 피드백 중 어떤 것은 디자인을 향상시키지 못할 것이라는 점에 동의합니다. 하지만 우리에게는 다가올 더 큰 문제가 있습니다. 제 생각엔 지금은 맞서는 것을 피하는 편이 나중에 생길 것들을 처리하는 데 좀 더 유리한 위치를 차지할 수 있을 것 같습니다."

현재 일어나고 있는 갈등과 맞설 올바른 시간을 선택한다.

유형 공감

사용 시점 이후에 발생할 대립과 비교했을 때 최종 결과에 미치는 영향이 작은 갈등에 직면했을 때 사용한다.

포트폴리오에 우선순위를 둔다

"이 프로젝트가 정한 방향성이 전적으로 만족스럽지 못합니다. 우리가 이 프로젝트의 목표를 달성할 수 있을지 모르겠지만 제 스스로 직업적 목표를 향상시키는 데 이 프로젝트를 사용할 수는 있을 것 같습니다."

프로젝트 작업으로 개인적 목표를 이루는 방법을 찾는다. 이는 '포트폴리오를 위한 좋은 작품을 제작한다'거나 '갈등을 더 잘 해결한다'와 같은 구체적인 목표가 될 수 있다.

유형 방향수정

사용 시점 프로젝트나 작업의 맥락이 너무 손상되어 그 안에서 개인적 의미나 만족을 찾기가 어려워졌다.

출발점을 제공한다

"문서를 준비할 때 전적으로 기능성에 중점을 두고 작성해주세요. 당신을 위해 예시 몇 페이지를 준비해 봤습니다."

작업의 기대 수준을 정하는 예시를 제공한다. 출발점은 바라는 결과물에 대한 모델이 된다.

유형 공감

사용 시점 해당 프로젝트나 작업, 팀에 대한 경험이 없는 새로운 누군가에게 작업을 위임할 때 방향과 기대수준을 설정하기 위해 사용한다.

이전 회의에 대해 설명한다

"이번 회의에 들어가기에 앞서 지난번 회의에서 중요했던 부분만 간략히 말씀드리겠습니다. 지난번에는…"

현재 회의에 대한 준비로 이전 회의의 내용을 요약한다.

유형 재구성

사용 시점 단기 기억력이 좋지 못한 사람들과 일할 때 이전 회의에서 핵심 사항에 모두 동의했음을 확실히 하기 위해 사용한다. 이 패턴은 이해관계자가 회의 때마다 습관적으로 마음을 바꿀 때 특히 유용하다.

업무범위를 줄인다

"다음번 회의를 위해서 A, B, C 파트를 완성할 필요가 있습니다. 내일 내부 중간점검을 하도록 합시다. 그리고 거기에서는 A에 집중하도록 합시다."

"다음 고객 회의 전에 무엇을 다루어야 할지에 대한 좋은 아이디어가 있는데 작업을 좀 더 나눌 수 있다면 도움이 될 것 같습니다. 수요일에 중간점검일정을 잡을 수 있을까요? 제가 A 파트에 대한 몇 가지 아이디어를 준비하겠습니다."

범위를 제어할 수 있게 작은 크기의 작업으로 나눈다.

- **유형**   방향수정
- **사용 시점**   방향성이 모호하거나 서로의 기대가 어긋나기 쉬운 큰 프로젝트를 처리할 때 작업을 작은 부분으로 나누면 디자인 문제에 집중하기가 쉬워지고 서로의 기대를 조율하기도 편해진다.

의견을 반복한다

"말씀하신 이야기를 제가 확실히 이해했는지 확인해보겠습니다…"

이해와 지지를 확인시켜주기 위해서 다른 사람의 주장을 그대로 되풀이하여 말한다. 상대방의 진술을 그대로 되풀이하는 것은 이야기하고 있는 내용을 경청하고 있음을 보여주는 것이다.

- **유형**   공감
- **사용 시점**   참여자가 서로의 입장들을 이해하지 못하고 있다고 느낄 때는 서로의 말을 반복해야 한다. 다른 참여자들이 점차 배제되고 있다고 실망스러워하거나 걱정하는 것처럼 느껴질 때는 서로의 말을 반복해 주어야 한다.

작은 승리를 추구한다

"이 프로젝트를 수행할 수 있는 많은 방법이 있습니다. 한 가지 방법에 집중하고 그것을 제대로 할 수 있게 노력합시다."

"이 디자인의 여러 가지 다른 측면을 다같이 처리하는 데 애를 먹고 있다는 걸 알고 있습니다. 그중 하나를 해결할 만한 아이디어가 있습니다. 우선 그것부터 시작합시다."

성공의 실례를 보여주거나 성공의 토대를 마련하기 위해서 아무리 작은 일이라도 승리를 목표로 한다.

유형　　방향수정

사용 시점　팀이 수많은 문제에 직면해 있고 모든 문제를 열정적으로 해결하려 하지만 그것을 어렵게 하는 환경에 있다. 다른 모든 사람을 자기편으로 끌어들이기 위해서 작은 승리를 이용한다.

합리적인 기대를 설정한다

"제가 다음 주쯤까지 완수하길 바라시는 일이 많다는 것 알고 있습니다. 그때까지 제가 할 수 있다고 생각되는 것, 머지않아 할 수 있다고 생각되는 것, 그리고 전체를 다 작업하는 데는 얼마나 걸릴지에 대해서 말씀드리겠습니다."

작업이 얼마나 걸릴지에 대해 확실히 설명한다. 임의의 기한을 위해서 일정을 절충하는 것은 피한다. 미리 정해진 일정 내에서 할 수 있는 작업의 범위 그리고 미리 결정된 작업범위를 위해 필요한 시간에 대해서 솔직하게 이야기한다. 프로젝트팀이 지나친 요구를 하는 경우는 드물다.

유형　　방향수정

사용 시점　범위가 정해져 있거나 일정이 정해져 있는 요청을 받거나 특정 작업수행에 대해 수락하는 입장에 있을 때 사용한다.

목표를 보여준다

"비교적 상세한 프로젝트 계획을 세워 놓고 있지만, 목표에 대해 좀 더 잘 이해하고 싶습니다. 프로젝트가 끝났을 때 어떤 결과를 원하시는지 설명해 주시겠습니까?"

이해관계자에게 프로젝트나 작업에 대해 희망하는 결과를 가능하면 생생하게 설명해 달라고 요청한다. 이는 그들에게 최종 디자인을 있는 그대로 설명해달라는 것이 아니라 그들이 무엇을 얻게 될 것인지 확실히 알게 하기 위함이다.

유형　　공감, 참여, 방향수정

사용 시점　팀이 활동에 지나치게 중점을 두고 있으며 원하는 결과에 대한 공동합의를 하지 않았을 때 사용한다.

자신의 작업을 보여준다

"최종 디자인을 보셨으니 이제 여기까지 이르기 위한 중간단계들을 보여드리겠습니다."

"최종 디자인에 이르기까지 아직 갈 길이 멀지만, 현재는 어떤 상태인지 보여드리겠습니다. 지금 피드백해주실 게 있다면 정말 듣고 싶습니다. 하지만 지금부터 보실 것은 최종 결과가 아니라 중간 단계에서 작업 중인 결과물이라는 것을 잊지 마세요."

프로세스 중에 핵심 결정 포인트를 밝힌다. 핵심 결정을 보여줌으로써 노력을 입증하고 디자인 결정에 대한 기반과 근거를 마련해주며 디자인 프로세스에 참가자들을 참여시킨다.

유형   참여

사용 시점   매일 매일의 디자인 프로세스에 참여하지 못하는 이해관계자에게 디자인 아이디어를 보여줄 때 사용한다.

작은 노력부터 시도한다

"전혀 새로운 디자인 프로세스를 도입하기는 쉽지 않을 것 같습니다. 전체 프로세스를 바꾸는 대신에 요구사항을 요청하는 프로세스의 시작 부분에 새로운 활동을 추가해 봅시다."

더 큰 영향을 끼치기 위해 프로젝트, 문화 혹은 조직에 작은 변화를 도입한다.

유형   방향수정, 참여

사용 시점   팀이나 조직의 관습이 너무 견고해서 새로운 방식으로 문제를 생각하거나 접근하는 것이 두렵거나 실현 불가능한 것처럼 보일 때 사용한다.

책임을 진다

"업무를 완료하지 못했습니다. 이번 주 초에 미리 알렸어야 했는데요. 이 때문에 팀이 곤경에 빠질 것이라는 사실을 알고 있습니다. 이 간격을 메우기 위해서 제가 무엇을 할 수 있을까요?"

자신의 실수에 정직하고 솔직하자. 어려움을 처리하는 데 도움을 제공한다.

유형   공감

사용 시점   다른 팀 구성원이나 프로젝트의 성공에 영향을 주는 실수에 직면했을 때 사용한다.

프로젝트처럼 다룬다

"테스트 기간에 받은 모든 피드백을 어떻게 처리하면 좋을지에 대해 합의하기가 쉽지 않습니다. 우선순위를 정하는 데 도움을 줄 계획을 세워서 실행해봅시다."

갈등을 해결하는 방향으로 이끌어 줄 목표, 활동, 의존성, 역할 및 기타 체계를 세운다.

유형   재구성

사용 시점   해결책을 위한 세심한 계획이 필요할 정도로 복잡한 갈등에 직면했을 때 사용한다.

12

협업 행동방식:
덕목들 몸에 익히기

협업을 위한 행동방식들은 출발점이라기보다는 습관이다. 앞 장에서 설명한 갈등 패턴들은 뭔가 잘못되고 있을 때 시도해보는 치료약과 같다. 반면 협업의 행동방식은 8장에서 설명한 덕목의 확장이며 마찬가지로 2장에서 설명한 사고방식의 확장이다. 이 행동방식들은 매일매일의 업무에 적용하고 길러야 하는 습관이다. 이러한 습관을 매일매일의 행동에 포함함으로써 프로젝트 팀은 좀 더 협업을 잘하며, 좀 더 효율적이 될 수 있고, 좀 더 나은 결과를 만들 것이다.

이번 장은 가장 일반적인 행동방식의 목록을 나열하고 그 행동방식을 설명하는 것으로 시작한다. 이 장의 각 항목은 행동방식에 대한 설명, 행동방식을 수용하기 위한 간단한 방법, 왜 해당 행동방식이 협업에 중요한지에 관한 설명을 담고 있다.

노트:
물론 이러한 행동방식과 갈등 패턴 사이에는 약간의 겹치는 부분이 있다. 그러한 출발점 중 몇몇은 훌륭한 습관을 만들게 된다.

행동방식의 사용방법

갈등 패턴과는 달리 협업의 행동방식은 필요할 때 급히 꺼내 쓰는 도구가 아니다. 대신 이러한 행동방식은 길러져야 하며 결과적으로 긴 시간을 투자해야 한다.

어떤 행동방식이 어떤 사람에게는 매우 자연스러울 수 있지만 어떤 사람들은 자신의 성격과 맞지 않는다고 느낄 수 있다. 다양한 행동방식에 대해 편안하다고 느끼거나 불편하다고 느끼는 것은 어느 정도는 사고방식에 달려있다. 즉, 행동방식을 바꾸는 것이 사고방식을 바꾸는 문제는 아니다. 이 두 가지는 서로 분리될 수 있는 것이 아니다. 불편하게 느껴지더라도 몇몇 행동방식을 스스로 강요함으로써 자신의 사고방식이 바뀌기 시작한다. 마찬가지로 스스로 상황을 다르게 보도록 강요함으로써 개개인은 이러한 협업 패턴을 좀 더 편안하게 느낄 수 있다.

팀에 변화를 가져오기

팀이나 조직의 행동방식에 변화를 주는 것은 어려운 일이다. 사람들이 의사소통하고 함께 일하는 방식은 기업문화에 뿌리 깊이 새겨져 있다. 작게 시작하여 서서히 변화를 늘려가는 것이 일반적으로 변화를 꺼리는 그룹에 적용하기 가장 좋은 방법이다. 표 12.1은 몇몇 행동방식을 작은 범위에서 시작하는 방법에 대한 예를 설명하고 있다.

표 12.1 조금씩 단계적으로 행동방식 바꾸기

행동방식	현재 문화	희망하는 변화	작은 변화
의사결정을 집중시킨다.	프로젝트에서 중요한 결정을 내리는 데 합의에 의존한다.	팀이 모든 프로젝트의 초기에 최종 결정을 내리는 책임을 질 리더를 정한다.	새로운 프로젝트의 특정 측면에 대한 결정을 내릴 기준을 요청한다. 프로젝트 전반에 걸쳐 그 목표나 기준을 참조한다.
의미 있는 결과를 내는 도구를 이용한다.	모든 프로젝트에서 그 유용성과는 상관없이 같은 도구와 기법을 되풀이해서 사용한다.	프로젝트 리더가 과거의 경험을 바탕으로 각 프로젝트에서 사용할 도구와 기법을 결정한다.	한 가지 특정 활동이나 제품에 대해서 같은 정보를 다른 방식으로 표현하도록 요청하여 기존방식과 비교해 본다.
'제자리를 맴돌고 있을 때' 그것을 인지한다.	팀 리더가 작업이 어떻게 이루어지는지 관심이 없다.	일의 진전이 없을 때 팀 구성원이 그것을 인식하며 팀 리더는 항상 그 문제에 대해 팀원들과 함께 확인한다.	새로운 작업을 받으면 확인을 한 번 요청한다.

스스로 변화 가져오기

내가 워크숍에서 했던 한 가지 연습은 개개인의 성과와 취향을 뒤돌아 보기 위해서 행동목록을 이용하는 것이었다. 개개인에게 행동목록을 살펴보고 어떤 행동이 그들의 강점에 영향을 주며 어떤 행동이 가장 불편한지 정직하게 평가하게 하는 것이다.

예를 들어, 다음은 내 강점에 영향을 주는 행동들이다.

- 구체적인 답변을 하게 되는 질문을 한다. (나는 질문하는 것을 좋아한다.)
- 건설적인 비판을 수용한다. (나는 새로운 아이디어를 듣는 것을 좋아한다.)
- 회의는 짧게 집중해서 한다. (회의를 빨리 끝내는 것을 좋아한다.)

반면에 다음과 같은 행동들은 개인적으로 불편하다.

- 진행상황을 알린다. (나는 일이 기대했던 것보다 더 오래 걸린 것을 인정하기가 싫다.)
- 의미 있는 결과물을 내는 도구를 이용한다. (나는 새로운 도구를 사용하는 것을 싫어한다.)
- 대화에 참여한다. (나는 오히려 비동기 커뮤니케이션을 선호하는 사람이다.)

강점과 약점을 발견함으로써 워크숍 참여자들은 자신의 약점들을 개선하기 위해 노력하고 해결책을 찾게 된다. 이러한 해결책은 실행가능하고 측정할 수 있어야 한다. 예를 들어, 내 경우 '대화에 참여한다'라는 방안을 위해 다음과 같은 행동을 할 수 있다.

- 자신이 주제에서 벗어나는 것을 허락하자
- 자신의 생각을 설명하는 동료를 격려하기 위해서 좀 더 자세한 질문을 한다.
- 회의 장소로 좀 더 편안한 장소를 제안한다.
- 매주 동료 한 명과 함께 커피를 마신다.

워크숍에서는 사람들이 짝을 이뤄서 이런 결정에 대해 서로에게 이야기하여 일종의 사회적 공약으로 만들게 된다. 여러분도 신뢰하는 동료나 매니저와 이와 같은 일을 할 수 있을 것이다.

행동방식

- 구체적인 답변을 하게 되는 질문을 한다
- 의사결정을 집중시킨다
- 능력과 성과에 관한 기대를 명확히 한다
- 진행상황을 알린다
- 기회를 독차지하지 않는다
- 건설적인 비판을 수용한다
- 위험을 감수한다
- 의미 있는 결과를 내는 도구를 이용한다
- 즉흥적인 커뮤니케이션을 권장한다
- 대화에 참여한다
- 의사소통을 위해 다양한 감각을 사용한다
- 역할 정의를 한다
- 다른 사람들에게 실수를 통해 배울 수 있는 여유를 준다
- 의사소통 계획을 마련한다
- 프로젝트 계획을 마련한다
- 의사결정 체계를 마련한다
- 모든 논의에 대해 목표를 가진다
- 회의는 짧게 집중해서 한다
- '제자리를 맴돌고' 있을 때 그것을 인지한다
- 솔직하게 비판한다
- 장점을 활용한다
- 결정의 근거를 제공한다
- 기여를 인정한다
- 경쟁을 줄인다
- 자신의 업무성과를 되돌아 본다
- 일정을 존중한다
- 여유시간 여부를 설정한다
- 업무성과에 대한 기대를 설정한다

구체적인 답변을 하게 되는 질문을 한다

점점 더 직접적이고 상세한 응답을 할 수 있게 질문을 구성한다. 질문이 구체적인 결정이나 방향을 확인해 줄 수 있다면 '예/아니오'로 답할 수 있는 질문도 괜찮다.

덕목 명확성과 정의

방법 "어떻게 생각하세요?"와 같이 광범위한 질문을 피한다.

디자인이나 계획의 구체적인 측면을 가리킨다. "사용자 조사를 바탕으로 구조를 만들었는데 이 구조에서는 세 가지 핵심기능과 그 기능들의 우선순위를 고려했습니다. 이 기능들이 인터페이스에 들어간 위치와 그 명칭을 좀 봐 주세요. 괜찮은가요?"

다양한 결정에 따른 영향을 알린다. "이 방식으로 인터페이스를 구성하면 사용자가 세 가지 핵심 기능에 바로 접근할 수 있지만 다른 기능을 이용하려면 스크롤해야 합니다. 이에 대해 어떻게 생각하십니까?"

이유 명확성은 구체성을 필요로 한다. 폭넓은 인정이나 애매모호한 확인은 사람들이 잘 모를 수도 있는 것에 동의하게 만들어 오해를 불러일으킬 수 있다.

의사결정을 집중시킨다

프로젝트의 최종 의사결정은 결국 한 사람이 하게 된다. 물론 예산, 창작, 일정 등 다양한 종류의 결정이 있고 각 결정을 서로 다른 사람이 할 수도 있다.

덕목 책임과 주인의식

방법 프로젝트의 초기에 디자인에 관한 최종 결정권이 누구에게 있는지 묻는다. 디자인 방향과 접근법을 의사결정자에게 확인한다.

이유 협업을 위해서는 모두가 공동의 목표를 위해 작업하고 서로의 작업방식이 조율되어 있어야 한다. 중심이 되는 의사결정자가 없으면 활동은 혼란스러워지고 팀이 아무 방향으로나 흩어질 수 있다.

능력과 성과에 관한 기대를 명확히 한다

프로젝트 참여자는 매번 무엇을 언제까지 할 수 있는지 명확히 해야 한다. 참여자는 할당된 업무를 수행할 능력에 대한 위험을 알리고 대안 일정을 제시하도록 한다.

덕목	책임과 주인의식
방법	작업을 할당받으면 수행해야 할 작업과 언제까지 완료해야 하는지 프로젝트 리더와 반드시 조정한다.
	할당작업에 필요한 시간을 추정하는 데 도움을 요청한다.
이유	협업에서 모든 참여자가 자신이 맡은 부분을 성공적으로 수행하는 것은 중요하다. 개개인이 맡은 부분을 서로 이해함으로써 참여자가 서로 신뢰할 수 있게 된다.

진행상황을 알린다

프로젝트 참여자는 자신의 작업이 어디쯤 진행되고 있는지 솔직하게 서로에게 알려야 한다.

덕목	책임과 주인의식
방법	프로젝트 리더에게 변경사항을 알리는 주기를 정한다.
	변경사항을 알리는 데 이메일이나 다른 전자 메시지에서 단순한 형식을 사용한다.
이유	협업은 팀 구성원 사이의 조직화 그 이상을 의미하지만 조직화는 협업에 있어 필수 구성요소다. 이런 조직화는 모든 사람이 다른 사람들이 할당받은 업무의 진행상황을 아는 것에서 시작한다.

기회를 독차지하지 않는다

모든 프로젝트 참여자가 기여할 수 있게 한다. 프로젝트를 경쟁적인 스포츠로 만들지 말자.

덕목	관심과 존중
방법	주저 없이 대화에 불쑥 끼어드는 경향을 인정하고 여럿이 모였을 때 어떤 말을 하기 전에 15분을 기다린다는 스스로의 목표를 정한다.
	모든 할당업무에 "예"라고 하는 것은 자신의 신뢰성을 깎아내릴 수 있다는 것을 인식한다.
	좋은 작업을 해내는 것 이외에 자신이 증명해야 할 것은 아무것도 없음을 상기한다.
이유	협업은 적은 정보보다는 많은 정보에 가치를 두고 마찬가지로 다양한 관점을 중시한다.

건설적인 비판을 수용한다

비판을 개인적 인신공격으로 받아들이기가 쉽다. 그렇게 되면 상대의 의견을 제대로 듣지 못하고 방어적이 된다.

덕목 책임과 주인의식

방법 피드백을 주는 작업으로부터 그 개인을 분리하기 위해서 '자기 일/동료들의 일을 고려한다'는 패턴을 사용한다.

충격을 완화하기 위해 비평을 예상한다.

비평은 귀를 기울이는 것이다. 동료들이 자신의 작업에 대해 의견을 말할 때 단순한 평가뿐만 아니라 그 피드백에도 귀를 기울여야 한다.

이유 훌륭한 디자인은 반복과 검증, 개선으로부터 비롯된다. 비평은 이 사이클에서 필수다.

위험을 감수한다

전체 프로세스에서 얼마간의 기회를 잡을 수 있게 준비한다. 또한, 실패에 대한 책임을 질 각오를 한다.

덕목 책임과 주인의식

방법 본격적으로 작업에 착수하기 전에 위험에 따르는 부정적인 결과를 분명히 한다.

다른 동료들의 위험에 자발적으로 참여하되 그들도 이 사실을 알게 하라.

이유 디자인 프로젝트는 한 단계에서 다음 단계로 간단히 아무 일 없이 이어지는 그런 무난한 작업이 아니다. 좋은 디자인은 디자이너가 위험을 감수하는 것에서 나온다. 두려울 수도 있지만, 책임감을 가지고 위험을 감수하면 보람을 느낄 수 있다.

의미 있는 결과를 내는 도구를 이용한다

프로젝트에 실질적인 기여를 하는 도구, 기법, 애플리케이션과 구조를 사용한다. 기계적으로 반복해서 사용하는 도구를 철저히 검토해야 한다.

덕목 명확성과 정의

방법 모든 활동이나 산출물의 가치에 질문하고 그것이 어떻게 프로젝트를 진전시키며 어떻게 다음 단계로 이끄는지 이해하려고 노력한다.

이유 특정 결과를 위해 특정 도구를 사용하는 것에 대한 근거를 마련해 두는 것은 그 프로세스의 시행과 전체 팀으로부터의 지원을 얻는 데 도움을 준다.

즉흥적인 커뮤니케이션을 권장한다

프로젝트 참여자가 즉흥적이고 즉석에서 마련된 리뷰나 회의로 인해 자신의 작업을 잠시 중단할 수 있게 한다. 사람들은 서로의 사무실에 잠깐 들르거나 전화를 사용하거나 혹은 다른 협업 기술을 이용해서 서로 연락할 수 있다.

덕목 명확성과 정의

방법 연락가능 상태를 표시하기 위해 일정표를 사용한다.

팀 구성원이 서로에게 참여할 수 있는 여러 방법을 제공하기 위해 다양한 커뮤니케이션 채널을 도입한다.

이유 창의성과 팀의 친화력은 즉흥성으로부터 발전한다. 오늘날의 작업공간은 커뮤니케이션에 방해가 되어서는 안 된다. 때에 따라서 창의적인 프로세스에는 즉각적인 피드백이 필요하다.

대화에 참여한다

디자인 콘셉트, 요구사항 및 프로젝트의 다른 측면을 설명할 때 회의와 질의/응답을 이용한다. 모든 업무를 비동기적으로 처리하지 말고 대신 팀 구성원이 서로 대화를 나눌 수 있게 격려한다.

덕목 명확성과 정의

방법 본인이 콘셉트를 발표하든 하지 않든 많은 질문을 준비해 회의에 참석한다.

일정표의 노예가 되지 않게 한다. 대화가 필요하다고 느껴지면 동료에게 전화를 하거나 인스턴트 메시지를 보낸다.

어떤 아이디어에 대해 대화가 필요하거나 도움을 받아야 하는 상황은 솔직하게 이야기한다.

이유 가끔 두서없이 이야기를 나누는 것은 아이디어를 만들어내고 검증하는 데 꼭 필요하다. 콘셉트나 접근법에 대해 이야기 나누는 것은 가치 있는 점검 프로세스다.

의사소통을 위해 다양한 감각을 사용한다

특히 시각과 청각을 사용한다. 팀 구성원을 참여시키기 위해 말과 그림을 함께 사용한다.

덕목 명확성과 정의

방법 회의를 구상할 때 이야기해야 할 내용뿐만 아니라 보여줄 것에 관해서도 계획한다.

즉각적인 스케치를 모니터 화면이나 벽에 투사해서 보여줄 수 있는 프로젝터를 준비한다.

화면을 보여주는 흐름에 유의하며 특히 참석자가 어떤 화면에서 가장 많은 시간을 사용할 것인지에 유의한다.

이유 사람들은 뭔가 볼거리가 있을 때 좀 더 관심을 기울이며 대화에 완전히 참여하게 됐을 때 좀 더 심사숙고한 의견들을 제공할 수 있다.

역할 정의를 한다

팀의 모든 사람이 자신의 책임이 무엇인지 반드시 숙지하게 한다. 팀 구성원이 자신이 특정한 활동의 책임자인지 아니면 단순 기여자인지를 확실히 이해할 시간을 갖게 한다. 누가 특정 결과물의 제작을 조정하는 데 책임이 있으며 고객과의 회의에서 그들의 책무는 무엇인지 확인한다.

덕목 명확성과 정의

방법 자신이 역할을 정의하는 일을 담당하고 있지 않다면 각 참여자에게 각자의 업무를 물어본다.

겹치거나 경쟁 관계에 있는 업무는 조기에 해결한다.

경쟁 관계에 있거나 업무가 겹친다면 책무를 기꺼이 포기한다. 단, 분명한 역할을 맡고 있다면 프로젝트에서 완전히 배제될 가능성은 적다.

이유 협업은 각 개인이 맡은 부분을 수행하는 것이며 그것을 위해서는 각자 본인의 작업을 이해하는 것이 중요하다.

다른 사람들에게 실수를 통해 배울 수 있는 여유를 준다

모든 사람의 뒤처리를 해주려고 하지 말자. 팀 구성원은 실수하고 스스로 그 결과를 바로잡을 권리가 있다.

덕목 관심과 존중

방법 프로젝트의 완성 및 품질에 못지않게 팀의 성장도 가치 있게 생각한다.

동료들이 자신의 실패를 되돌아 볼 수 있게 도움을 준다. 그렇다고 거들먹거리면서 이야기할 필요는 없다.

잠재적인 위험을 확인하고 그 위험을 감수할 기회를 요청한다.

이유 위험을 감수할 기회를 얻고 자신의 실수로부터 배울 때 더 좋은 기여자가 되며 팀은 서로가 실패로부터 회복하는 것을 확인할 때 신뢰를 구축하게 된다.

의사소통 계획을 마련한다

팀 구성원 사이에 의사소통을 위한 표준을 만든다.

덕목 명확성과 정의

방법 일반적인 이메일 형식을 위해 템플릿을 사용한다.

다양한 커뮤니케이션 채널을 사용하기 위한 규칙을 정한다.

다양한 이해관계자로부터 질의에 응답할 수 있는 사람이 누구인지 확실히 한다.

이해관계자들과의 의사소통을 위한 지침을 정의한다.

이유 일부 사람을 지나치게 세부적인 것까지 관리하려 든다는 느낌을 받을 수 있지만 모두가 같은 가이드라인으로 작업하는 팀은 정렬되고 집중되어 보인다. 팀 구성원은 누가 무엇을 어떻게 이야기해야 하는 것인지에 딜레마로 정신이 산만해지지 않을 수 있다.

프로젝트 계획을 마련한다

일정 및 자원 할당에 관한 프로젝트 일정표를 짠다. 각 팀 구성원이 각 활동을 위해 사용해야 하는 시간이 얼마인지 명확히 서술한다.

덕목	명확성과 정의
방법	적어도 프로젝트에 대해 누가, 언제, 어디서, 무엇을, 어떻게, 왜라는 질문에는 확실히 대답할 수 있게 한다.
	자신이 계획을 세우는 것에 대한 책임이 없다면 리더에게 프로젝트에 대한 이와 같은 질문에 대해 물어본다. 자신이 무엇을 언제까지 해야 하는지 확실히 알아 두도록 한다.
이유	프로젝트 계획은 수행에 대한 기대를 설정하며 팀이 그들의 활동을 조정할 수 있게 해준다.

의사결정 체계를 마련한다

디자인, 프로젝트 계획, 자원의 사용 및 그 외 큰 항목은 팀이 결정을 내리기 위한 방법이 필요하다. 이 체계는 일련의 기준이나 특정 사람 혹은 사람들이 결정하는 것을 돕는 그 외 어떤 것일 수 있다.

덕목	명확성과 정의
방법	결정을 돕기 위해서 디자인이나 프로젝트 계획을 위한 목표와 원칙을 세운다.
	특정 사람이 특정 결정에 책임을 지게 한다.
이유	의견합의를 형성하는 것은 협업의 죽음과 같다. 협업은 모든 사람이 동의하는 것에 의존하는 것이 아니라 팀이 빠르고 타당한 결정을 내리며 그러한 결정이 어떻게 내려졌는지 이해하는 능력에 달려 있다.

모든 논의에 대해 목표를 가진다

회의에 들어가기 전에 그 회의에서 무엇을 기대할 수 있을지 미리 알아 둔다.

덕목	명확성과 정의
방법	자신이 회의를 조직한다면 미리 의제, 주제 목록 혹은 짧은 회의 목적을 참석자에게 보낸다.
	자신이 회의를 조직하는 사람이 아니라면 조직하는 사람에게 의제나 회의 목적을 묻는다.
	즉석 미팅의 경우 다른 참석자와 함께 기대를 확인할 시간을 잠깐 가진다.
이유	성과 없는 반복적 논의는 프로젝트 실패의 원인이다. 목표가 없는 회의나 대화는 시간 낭비일 수 있고 프로젝트를 전진시키는 데 도움이 되지 않는다.

회의는 짧게 집중해서 한다

업무에서의 황금률은 다른 사람의 시간도 내 시간만큼 중요하다고 생각하는 것이다. 회의의 목적은 '60분이 될 때까지 이야기하자'가 아니다.

덕목   관심과 존중

방법   시간이 다 됐을 때가 아니라 논의가 끝나면 회의를 마친다.

회의가 언제 끝나는지 알기 위해 의제와 목적을 알고 회의에 참여한다.

이유   필요한 시간보다 더 많은 시간을 낭비하지 않도록 한다.

'제자리를 맴돌고' 있을 때 그것을 인지한다

자신의 노력이 생산적이지 못할 때를 알아차리자. 제자리를 맴돈다는 것은 문제를 해결하는 데 있어 실제적인 진전은 이루지 못한 채 계속해서 문제에 대해 고민만 하는 행동이다. 어떤 이들은 스스로 무언가 증명해야 한다는 생각에 계속해서 시간과 돈을 소비하면서 문제를 물고 늘어질 것을 고집한다.

덕목   책임과 주인의식

방법   할당된 시간의 10~20% 정도 되는 시간을 작업이나 업무에 사용한 후 진전상태를 평가한다. 적당한 진전이 있었다면 계속한다. 확실한 방향을 잡지 못했다면 동료에게 도움을 요청한다.

이유   프로젝트에서 시간과 돈을 낭비하는 것은 무책임하다. 동료를 관여시키는 것이 훨씬 더 생산적이며 문제를 분리해 객관적으로 볼 수 있게 된다.

솔직하게 비판한다

동료를 비평할 때는 어느 부분이 부족한지 구체적으로 이야기한다. 무엇이 문제이고 왜 문제인지에만 집중하고 해결책을 물어볼 때에만 해결책을 제시한다. "이건 저한테는 별로네요"나 "그냥 마음에 들지 않는데요"와 같은 일반화는 피한다.

덕목   관심과 존중

방법   "좋지 않군요"와 같은 일반화는 피한다.

누군가 디자인을 발표하고 있을 때는 자신이 느끼는 첫인상을 그때그때 기록한다.

자신의 작업을 비평하는 연습을 한다.

발표자에게 어느 부분에 대한 피드백을 원하는지 묻는다.

비평에 권위를 부여하기 위해 잘된 부분도 구체적으로 지적한다.

이유   비평은 디자인 콘셉트를 반복하고 진화시키는 핵심 메커니즘이다. 믿음직한 비평은 명확성과 단순 명쾌함에 의존한다. 디자이너의 감정을 다치지 않게 하려고 애쓰는 것은 디자이너를 존중하지 않는 것이며 그들이 성장하는 데 도움이 되지 않는다. 마찬가지로 광범위한 일반화와 구체적이지 못한 피드백은 그들에게 무엇이 필요한지에 대한 인식 부족을 나타낸다.

장점을 활용한다

팀 구성원 개개인의 기량과 성격적인 장점에 맞춰 프로젝트에서의 역할과 책임을 부여한다.

덕목   책임과 주인의식

방법   장점을 확인하기 위해 능력과 기량을 깊이 생각해 본다.

그러한 장점에 맞춰 업무를 할당받을 수 있게 프로젝트 리더와 협의한다.

자신의 능력을 벗어나는 업무는 솔직하게 밝힌다.

이유   사람은 도전을 즐기지만, 또한 성공하고 싶어한다. 성공하는 데 유리하지 못한 조건이라면 프로젝트에서 자신이 맡은 부분에 대한 주인의식을 느끼지 못하게 된다.

결정의 근거를 제공한다

제품, 계획, 프로젝트에 관한 모든 결정이 합리적인 근거를 가지게 한다.

덕목   책임과 주인의식

방법   핵심 결정사항을 열거하고 그들을 뒷받침하는 주요 근거를 확인한다.

디자인 프로세스를 이끄는 전체적인 틀, 이야기 혹은 원칙을 정한다.

프로젝트의 초반에 디자인 결정을 이끌 다양한 기준 및 목표를 확인하고 프로젝트 기간 내내 그들을 계속해서 참조한다.

프로젝트의 초반에 활동, 결과물, 일정에 관한 범위와 규정요소를 설정한다. 모든 참여자에게 범위를 명확히 설명하여 프로젝트 동안 계속 되뇌도록 한다. 프로젝트가 변경될 때는 합당하고 충분한 이유가 있을 때만 규정요소를 무시하거나 없앤다.

이유 결정에 대한 확실한 이유가 있으면 자신의 결정에 대해 좀 더 책임감을 느낄 수 있다.

기여를 인정한다

칭찬받을 자격이 있는 사람을 칭찬한다. 모든 팀 구성원이 모든 작업을 강조할 필요까지는 없지만, 누군가 특정한 방향에 영감을 주거나 통찰력을 발휘했다면 그러한 내용은 확실히 표현하도록 한다.

덕목 책임과 주인의식

방법 "나단의 제안으로 우리가 했던 일 중 하나가…"

"라테샤와 내가 브레인스토밍을 했을 때 그녀가 제안했던…"

"이 콘셉트를 발전시키려고 팀이 무척이나 노력했는데 아킬이 그 방향을 잡아주었습니다."

"어제 피드백을 주셔서 정말 감사합니다. 방향을 확실히 잡는 데 정말 큰 도움이 되었습니다."

이유 공헌을 인정해 주는 것은 그 사람에게 프로젝트에 대한 주인의식을 부여해 준다. 또한, 긍정적인 강화 효과를 지닌 좋은 행동방식을 가져다 주고 팀의 모든 사람이 함께 일하도록 격려하게 된다. 이는 '협업'이 반드시 '모든 사람이 인정을 받으므로 아무도 인정받지 못하는 것'을 의미하지는 않는다는 것을 보여준다.

경쟁을 줄인다

디자이너를 서로 경쟁시키는 활동은 디자인 프로세스에서 제거한다. 최고 자리를 위해 경쟁하는 것이 아니라 함께 일할 수 있게 격려한다.

덕목 책임과 주인의식

방법 여러 가지 디자인 방향이나 콘셉트가 필요하면 그것들을 만들기 위해 팀 구성원이 함께 일하게 한다.

개개인이 독립된 디자인 방향들을 준비한다면 옆에서 함께 작업할 수 있게 하여 지속적으로 피드백을 제공하고 서로에게서 영감을 얻을 수 있게 한다.

결과물에 대한 책임자를 지정해 서로 자신들의 공헌에 대해 경쟁하더라도 그들 중 한 명이 그 내용에 최종적인 책임을 지게 한다.

이유 경쟁에서는 항상 패자가 있고 패자는 더 이상 프로젝트에 투입됐다고 느끼지 못하게 된다. 의미 있는 공헌을 하게 된다고 느꼈을 때 사람들은 자신의 역할과 상관없이 더 나은 작업을 할 수 있으며 프로젝트의 목표를 위해서 서로 돕게 된다.

자신의 업무성과를 되돌아본다

프로젝트나 업무에서 자신의 업무성과를 생각해볼 시간을 가진다. 자신이 더 잘 수행할 수 있었을 것 같은 부분과 자신의 장점을 잘 활용했던 부분이 무엇이었는지 찾아보자. 다음에 다르게 시도해 볼 것들이나 경험으로 얻은, 다음에 적용해 볼 만한 교훈을 생각해보자.

덕목 관심과 존중

방법 자신의 업무성과에 대해 면담을 할 누군가를 프로젝트 외부로부터 참여시킨다. 성과에 관해 이야기를 나누는 것은 상황을 좀 더 명확하게 보는 데 도움이 된다.

10장의 특성들을 검토하며 자신의 업무성과에 기여했을 수 있는 자기 성격의 특정 측면에 집중하는 데 이 특성들을 이용한다.

상황을 다시 검토하고 가장 큰 불안감을 주었던 지점이 어디였는지 알아본다.

이유 최고의 기여자는 자신이 무엇을 기여할 수 있는지와 자신의 한계, 잠재적 성장영역에 대한 예리한 이해력을 가지고 있다. 그러한 인식은 그들에게 자신의 업무성과에 대한 현실적인 기대를 설정할 수 있게 해준다.

일정을 존중한다

팀원들의 연락가능 상태를 파악하기 위해 공유 일정표를 사용한다. 작업 및 활동 수행을 위한 시간 계획을 잡는 데 일정표를 사용한다. 동료들이 다른 활동을 위해서 따로 마련해 놓은 시간에는 회의를 잡지 않는다.

덕목 관심과 존중

방법 자신의 모든 일정을 일정표로 관리한다.

작업과 할당업무의 수행을 위한 시간계획을 잡고 필요한 만큼 작업 시간을 확보할 수 있는지 확인한다.

사람들을 회의에 참여시키는 일정을 잡기 전에 일정표를 확인한다.

자신의 회의가 이미 일정표에 있는 다른 이들의 일보다 중요하다고 가정하지 않는다.

자신의 작업시간에 끼어들려고 하는 사람들은 뒤로 미룬다.

이유 좋은 협업자는 서로의 시간을 존중하며 연락가능 상태에 대한 예상을 진지하게 설정한다.

연락가능 상태를 설정한다

연락가능 상태를 효과적으로 예상하기 위해 연락 가능한 상태와 일정에 관해 알릴 다양한 도구를 사용한다.

덕목 관심과 존중

방법 공유 일정표는 팀원들이 자신의 시간을 어디에 어떻게 할당하고 있는지 팀이 확인할 수 있게 해준다.

이동시간에 대한 일정도 꼭 표시하도록 한다.

연락가능 상태를 표시하기 위해 온라인, 회의 중, 다른 용무중과 같은 인스턴트 메신저의 상태 기능을 사용한다.

팀에게 주요 부재(개인 시간, 외근 등)나 장기간의 부재를 알리기 위해 이메일을 이용한다.

부재에 관해서 팀에 가능한 한 일찍 알린다.

누군가 연락을 했는데 시간이 없을 때는 가능한 시간이 언제인지를 알린다.

이유 프로젝트의 조정은 팀 구성원의 움직임을 이해하는 데 달려 있다. 협업에서는 즉흥적이며 잠재적으로 방해가 될 수 있는 의사소통이 중요하므로 동료들은 자신이 방해해도 되는지에 대해 잘 알 수 있어야 한다.

업무성과에 대한 기대를 설정한다

작업과 할당업무를 완수할 수 있는지 명확히 알린다. 잠재적인 위험을 강조하고 일정과 기한에 대한 주의를 환기시킨다.

덕목 관심과 존중

방법 할당작업에 걸리는 시간을 솔직하게 알린다.

중간검토 일정을 요청한다.

할당업무에 필요한 시간을 추정하는 데 도움을 요청한다.

할당업무를 완료하지 못했다면 그 영향에 대해 이해하려고 노력한다.

정확한 추정을 할 수 있게 범위와 기타 업무 규정요소를 명확히 해달라고 요청한다. 자신의 역량, 능력 및 경쟁적 우선순위들과 같은 업무성과에 관한 우려사항을 솔직하게 터놓고 설명한다.

이유 협업은 결국 할당업무에 대한 노력수준을 명확히 이해하는 세심한 계획에 의존한다.

저자 약력

댄 브라운(Dan Brown)은 웹 디자이너이며 웹 디자이너라는 직업이 이제 막 나타나기 시작할 무렵인 1995년 사회에 진출했다. 2006년 댄과 나단 커티스는 워싱턴 DC에 기반을 둔 사용자 경험 디자인 회사인 EightShapes, LLC를 설립했다. EightShapes의 고객으로는 Marriott International, Cisco Systems와 Yahoo! 등이 있다.

2011년 댄은 와이어프레임(wireframe)이나 플로우차트(flowchart)와 같은 효과적인 디자인 문서화 방법에 대한 매뉴얼인 Communicating Design(번역서: UX 디자인 커뮤니케이션 2, 위키북스)의 재판을 발행했다. 이 책은 디자인 서적들 중에서도 필수 문헌으로 널리 평가 받고 있다.

2012년에는 창의적인 팀이 갈등을 관리하는 기법을 연습할 수 있도록 한 카드게임인 Surviving Design Projects를 디자인하고 출시했다.

댄은 웹 디자인, 디자인 문서화, 갈등 관리에 관한 워크숍을 다수 진행해오고 있다. IA Summit에서 주기적으로 연설하고 있으며 School of Visual Arts의 워크숍을 이끌어 오고 있다. 또한 UXMatters.com과 BoxesandArrows.com을 포함한 몇몇 온라인 매체에서 정보 설계, 웹 디자인 및 디자인 문서화에 관한 기사를 쓰고 있다.

회사 밖에서는 워싱턴 DC 시내를 둘러보고 보드게임을 디자인하거나 게임을 즐기고 요리도 하면서 가족과 함께 시간 보내는 것을 좋아한다.

기여자 약력

데이빗 벨먼(David Belman)

데이빗 벨먼은 워싱턴 DC에 본부를 둔 디지털 에이전시 Threespot의 창립 파트너이며 그와 그의 팀은 U2부터 하버드 비즈니스 스쿨, 전미 미식 축구 연맹부터 미국 가족계획 연맹에 이르는 다양한 고객들을 위해 브랜드, 커뮤니케이션 및 디지털 경험 전략을 개발하고 배포해왔다. 또한 아메리카 그리팅즈, 맥도날드, 평화봉사단 및 세계은행의 기업 디지털 전략과 브랜드 전략을 개발하고 실행해오고 있다.

Threespot을 열기 전에 Magnet Interactive(현 AKQA)의 부사장 및 크리에이티브 디렉터로 재직했으며 당시 무엇보다도 캘로그, 닛산 USA, 크래욜라 등의 기업을 위한 온라인 경험을 이끌었다. 그의 온라인 작업은 One Show 펜슬, 웨비 어워즈 등에서 폭넓게 인정받아왔고 Communication Arts, ID Magazine과 AIGA 연간 디자인 리뷰에서도 인정을 받았다.

데이빗은 존스 홉킨스 대학의 대학원에서 디지털과 브랜드 전략 수업을 가르쳐오고 있다. 몬타나주 미줄러 대학의 문예창작과에서 미대 석사학위, 코네티컷주 미들타운의 웨슬리안 대학에서 미대 학사학위를 받았다. 현재 워싱턴 DC에서 아내와 두 아이와 함께 살고 있다.

맨디 브라운(Mandy Brown)

맨디 브라운은 협동 작문을 위한 새로운 플랫폼인 Editorially의 공동 창립자이자 CEO다. 그녀는 또한 A Book Apart의 공동 창립자이자 A List Apart의 전 편집장이다. 2년 간 Typekit에서 커뮤니케이션 디렉터 및 프러덕트 리더로 재직하면서 웹에서 타이포그라피를 향상시키는데 기여를 했다. 현재 브룩클린에 거주하고 있다.

에리카 홀(Erika Hall)

에리카 홀은 샌프란시스코에 기반을 둔 인터액티브 디자인 자문회사인 Mule Design Studio의 공동 창립자이자 전략 디렉터이다. 그녀는 명확한 의사소통과 증거기반 의사결정에 대한 전문가이고 디자인 연구의 간결한 핸드북인 Just Enough Research의 저자이자 징벌을 위한 비즈니스 용어 사전인 Unsuck-It.com의 창설자이다.

데니스 야콥스(Denise Jacobs)

데니스 야콥스는 연설가, 저자이자 창의성 전도사로 그녀는 창의적인 프로세스를 좀 더 부드럽게 하기 위한 기술들, 창의적 생산성에 도움이 되는 작업환경을 만들기 위한 방법들 및 혁신을 일으키기 위한 습관들을 전도해 왔다. 데니스는 또한 웹 디자인에서 소문난 전문가이자 CSS 코드 문제해결을 위한 최고 가이드인 The CSS Detective Guide의 저자이며, The Smashing Book #3: Redesign the Web and InterAct with Web Standards: A Holistic Guide to Web Design의 공동저자이다. 데니스는 SXSW Interactive, BBC, Future of Web Design, Paris Web 및 FITC(Future, Innovation, Technology, Creativity) 등 전 세계적인 컨퍼런스와 조직에서 발표를 해왔다.

조나단 놀(Jonathan Knoll)

조나단 '요니' 놀은 연구가, 전략가이자 디자이너로서 십 년 이상을 소프트웨어 디자인과 개발의 거의 모든 부문에 참여해 왔다. 그는 폭넓은 프로토타이핑 지식으로 UX 제품을 실생활에 적용시키고 자신의 기술들은 Standard & Poor's, The Gilt Groupe, Refinery29, Happy Cog 등을 위해 사용해왔다. Standard & Poor's, Mozilla, Time, Purex, Keds, Gilt 와 ADP 프로젝트에서 UX의 기반을 흔들어 놓았으며 그의 솔루션은 마침내 빛을 보게 되었다.

UX 커뮤니티의 활동적인 멤버인 요니는 최소 여섯 개의 UX 커뮤니티 사이트들, 위원회들, 컨퍼런스들과 활동들에 참여하고 있다. 또한 Rosenfeld Media의 전략

고문이며 최근에는 IA 협외의 자문위원회의 일원으로 활동했다.

요니는 IDEA, Interaction, IA Summit 및 Big Design 컨퍼런스에서 협업적 스케칭과 프로토타이핑 워크숍을 이끌어왔다. 현재 스타트업과 신규사업을 위한 제품 전략과 디자인에 집중하고 있다.

그는 종종 http://sketchingincode.com/에서 활동하기도 하고 @yoni를 통해 트위터로 메시지를 전하기도 한다.

마크 레티그(Marc Rettig)

마크 레티그는 Fit Associates LLC의 창립의장이다. 그의 경력은 사업, 디자인, 교육과 기술 분야에 걸쳐 30년 이상 이어져 있다. 디자이너, 연구자, 교육자로서 일하며 그는 디자인 방법론들을 사회적 전략적 문제들에 적용하는 개척자의 역할을 해왔다. 마크는 현재 Rosenfeld Media와 IxDA Interaction Awards의 자문 위원회에서 활동하고 있다. 그는 뉴욕 디자인 스쿨(the School of Visual Arts)의 사회적 혁신을 위한 디자인 프로그램 대학원 과정의 창립교수 멤버 중 한 명이며 이전에는 카네기 멜론 대학 디자인 대학원과 IIT 디자인 학교(Institute of Design, IIT)에서 강의했다. 문화적 몰입, 언어와 사진 촬영이 마크의 관심사이다.

제닌 워리스 터너(Jeanine Warisse Turner), 박사

제닌 터너는 조지타운 대학의 부교수로 커뮤니케이션, 문화, 기술 프로그램 및 맥도너 비즈니스 스쿨(McDonough School of Business)에서 강의하고 있다. 그녀의 연구는 조직 내에서 새로운 커뮤니케이션 기술들의 도입과 가상조직의 개발에 따르는 인간적 요인과 관리 문제들을 분석한다. 이 연구의 구체적인 예들은 인스턴트 메시지와 멀티 커뮤니케이팅, 사회적 지원의 형태로서 컴퓨터를 매개로 한 게시판 연구, 화상회의 기술 및 원거리 교육을 위한 인터넷의 사용, 의료서비스 제공을 늘리는 방법으로서 원격의료 기술의 구현을 포함한다. 터너는 비즈니스 커뮤니케이션, 경영진 프레젠테이션 및 조직 내에서의 커뮤니케이션 기술의 영향에 대해 대학원생, 경영진 및 대학생들에게 강의하고 있다.

참고문헌

디자인 업무

Monteiro, Mike. Design Is a Job. New York: A Book Apart, 2012.

Sherwin, David. Success by Design: The Essential Business Reference for Designers.

Blue Ash, Ohio: HOW Books, 2012.

갈등

Cloke, Kenneth, and Joan Goldsmith. Resolving Conflicts at Work: Ten Strategies for

Everyone on the Job. San Francisco: Jossey-Bass, 2011.

Stone, Douglas, Bruce Patton, and Sheila Heen. Difficult Conversations: How to

Discuss What Matters Most. New York: Penguin Books, 1999.

협업과 프로젝트 관리

Coleman, David. 42 Rules for Successful Collaboration: A Practical Approach to Working with People, Processes, and Technology. Cupertino, CA: Super Star Press, 2009.

Harvard Business Review. Harvard Business Review on Collaborating Effectively.

Boston: Harvard Business School Publishing, 2011.

Lyons, Nancy and Meghan Wilker. Interactive Project Management: Pixels, People, and Process. Berkeley, CA: New Riders, 2012.

Sanker, Dan. Collaborate: The Art of We. San Francisco: Jossey-Bass, 2012.

Sibbet, David. Visual Teams: Graphic Tools for Commitment, Innovation, and High

Performance. Hoboken, NJ: Wiley, 2011.

Tamm, James W., and Ronald J. Luyet. Radical Collaboration: Five Essential Skills to

Overcome Defensiveness and Build Successful Relationships. New York: Collins, 2005.

퍼실리테이션과 브레인스토밍

Gray, Dave, Sunni Brown, and James Macanufo. Gamestorming: A Playbook for

Innovators, Rulebreakers, and Changemakers. Sebastopol, CA: O'Reilly, 2010.

Sibbet, David. Visual Meetings: How Graphics, Sticky Notes, and Idea Mapping Can

Transform Group Productivity. Hoboken, NJ: Wiley, 2010.

Unger, Russ, Brad Nunnally, and Dan Willis. Designing the Conversation: Techniques for Successful Facilitation. Berkeley, CA: New Riders, 2013.

사고방식

드웩, 캐롤(Dweck, Carol). Mindset: The New Psychology of Success(한글판: 성공의 심리학). New York: Ballantine, 2007.

찾아보기

번호

10 × 10 × 10 활동	103

B – E

Bielenberg, John	103
Brown, Mandy	192
Carol Dweck	59
Clare Warmke	128
David Coleman	158
Denise Jacobs	128
Dieter Rams	38
Erika Hall	50

F – V

F.E.A.R.	129
Idea Revolution	128
Jeanine Warisse Turner	166
Marc Rettig	102
mindset	58, 162
Misdirec tion	134
Myers–Briggs	235
Myers–Briggs–style	152
Paul Rand	38
Steve Jobs	38
Surviving Design Project	118
violent agreement	122
VoIP	82

ㄱ

가정들을 나열한다	268
가정한다	269
갈등	32, 94, 97, 99
갈등을 겪은 후에 사람들이 공감대에 이르는 다섯 가지 방식	108
갈등의 가치	95
갈등의 모델	143
갈등의 원인	116
개선할 수 있게 도움을 요청한다	267
개인적/직업적 조화의 원칙	43
거절하기	53
건강한 갈등	32, 104
건강한 갈등과 해로운 갈등 구별하기	105
건설적인 비판을 수용한다	283
건설적인 피드백	29
검증 없는 해석	88
격려하기 위한 신호 사용하기	82
격식	44
결속성	46
결정유형	125
결정을 내리는 데 있어서의 공감대	99
결정의 근거를 제공한다	289
결정의 연기	110
겸손	47
경쟁을 줄인다	290
경쟁 지상주의	176
경청	74
경청의 장애물	84
계기, 창의적	240
계획 갈등	126
계획을 세운다	268
계획의 부재	219
고객의 언어	87
고정된 사고방식	59
공감	35, 47, 146
공감대	32, 97, 98, 100
공동의 사고방식	65
공통 기반	111
과거의 교훈을 되새긴다	262
관심과 존중	185
관점	250
관점의 변화	110
관점 통합	160

찾아보기

교조주의	243
구체적인 답변을 하게 되는 질문을 한다	281
규모	44
규칙을 깨야 할 때	84
그림을 그린다	265
기록도구 준비하기	76
기본 가치	46
기본으로 돌아간다	266
기술	44
기여를 인정한다	290
기여자	38
기여하는 디자이너	48
기회를 독차지하지 않는다	282
긴장	130

ㄴ – ㄷ

나중에 다시 돌아온다	263
내면화	83
내부 위험 최소화의 원칙	41
내적 원인	120
논의를 위한 기본구조 세우기	78
논쟁속의 동의	122
능력과 성과에 관한 기대를 명확히 한다	281
다른 사람들에게 실수를 통해 배울 수 있는 여유를 준다	286
다섯 가지 핵심 개념	33
다시 주제로 되돌리기	82
다음 질문에 앞서 미리 생각하기	77
다이아몬드 모델	160
다중 역할의 원칙	40
단독의 사고방식	67
단절	131
닭이 먼저냐 달걀이 먼저냐의 결정 구조	99
대안을 제시한다	269
대표적인 평가 방법	54
더 잘 듣기 위해서 같은 언어로 얘기하라	86
데니스 야콥스	128
데이비드 벨먼	86
데이빗 콜먼	158
도구	168
도움을 요청한다	260
동료들과 잘 지내기	52
동료들에게 할 수 있는 몇 가지 질문사항	52

동료의 좋은 자질을 생각한다	263
두려움: 창의성의 천적	128
뒤늦은 요구사항	216
드웩의 모델	63
드웩의 사고방식 모델	60
듣기행동 체크리스트	75
듣기 훈련	84
들은 내용 반복하기	83
들은 내용을 시각적으로 보여주기	80
디자이너	40
디자이너의 사고방식	59
디자인 결정	98
디자인 결정을 정당화하는 다양한 방법	122
디자인 무시	202
디자인 문서화	58
디자인 방향	100
디자인 범위	101
디자인의 성공	35
디자인 전용의 사고방식	64
디자인팀의 구성요소	39
디자인 프로젝트	63
디터 람스	38

ㄹ – ㅁ

리더	182
리뷰회의	253
마이어브릭스	152, 235
마크 레티그	102
맛보기로 보여준다	270
매니저	40
맨디 브라운	192
메모하기	76
명료성	99
명료성을 위한 패턴	135
명확성과 정의	181
모든 논의에 대해 목표를 가진다	287
모호성	135
목적 갈등	127
목표	42
목표를 보여준다	273
무관심	104
무관한 비교	211
문제를 열거한다	265

찾아보기

문제의 정의 241
문화 175
미스디렉션 134
미시적/거시적 관점을 고려한다 264

ㅂ

반복 109
방법론 44
방법적 갈등 121
방법적 갈등의 식별에 도움이 되는 패턴 124
방어기제 105
방향수정 147
배제 132, 207
복잡성 62
부서 이기주의 176
부연해서 말하기 82
불안 107
불충분한 진행상황 210
브레인스토밍 67
비유를 바꾸다 263
비일관적 기대 209

ㅅ

사고방식 34, 58, 162
사용되는 표현에 대한 주의 32
사용자 인터뷰 44
상부상조 266
'상사' 핑계 대기 261
상황 144, 200
새로운 동료를 평가 149
새로운 사용법의 원칙 44
새로운 아이디어 거부하기 90
새로움 62
생각을 마무리하지 못하게 하기 89
생존 디자인 프로젝트 118
설득 109
성격 59
성공의 새로운 심리학 162
성공적인 디자인 프로젝트 32
성공적인 약속의 적 50
성공적인 협업 33
성장하는 사고방식 59

성취를 인정한다 259
세대, 칭찬받고 자란 69
소극적인 사고방식 69
소극적 참여 225
소통 채널을 바꾼다 262
솔직하게 비판한다 288
스스로에 대한 다섯 가지 속성 52
스타일의 집착 238
스티브 잡스 38
시각자료 요청하기 79
시간부족 220
신념 43
실수를 인정한다 51
실전에서의 공동의 사고방식 67
실전에서의 적극적인 사고방식 69
실제적인 적응의 사고방식 65
실패를 행동으로 전환한다 265
실행 갈등 126
심도 44

ㅇ

아이디어 혁명 128
아젠다 150
약속 50
약속을 요청하고 약속을 하는 방법 50
약화된 새로움의 원칙 43
어떤 판단도 하지 않은 상태로 확인 질문하기 81
어리석은 말에 대한 짧고 분명한 대답 108
어조에 대한 오해 217
업무범위를 줄인다 272
업무성과에 대한 기대를 설정한다 292
업무자격요건 71
에리카 홀 50
역할 40
역할과 책임 183
역할 정의를 한다 285
연락가능 상태를 설정한다 292
열린 마음 188
영향을 알린다 264
오해 100, 104
완전 정의의 원칙 45
외부 원인 130
욕심 50

찾아보기

우선순위	42
우선순위 설정에 대한 도움을 청한다	267
워크숍을 잡는다	267
원인과 장애물	117
위장한 해로운 갈등	106
위험을 감수한다	283
융통성	237
융통성 없는 사고방식	65
의견을 반복한다	272
의견을 제시	68
의미 있는 결과를 내는 도구를 이용한다	283
의미 있는 영향의 원칙	42
의사결정을 집중시킨다	281
의사결정자의 부재	214
의사결정 체계를 마련한다	287
의사소통 계획을 마련한다	286
의사소통을 위해 다양한 감각을 사용한다	285
의제를 예상한다	259
의존도	44
이야기를 요청한다	259
이전 회의에 대해 설명한다	271
이해	33
이해관계자	40
이해 내용 검증하기	83
이해 부족	213
인식	59
인정	245
인터넷 전화통화	82
일상 업무에서의 협업 덕목	196
일정을 존중한다	291

ㅈ

자기반성	34
자기방어	107
자기인식	52, 148, 188
자기 일/동료들의 일을 고려한다	264
자기존중	188
자동 반응	246
자신의 업무성과를 되돌아본다	291
자신의 의제 주입하기	90
자신의 작업을 보여준다	274
자신의 프로세스를 확고하게 한다	261
자존심	104

작업공간	176
작업량	252
작업운율	242
작은 노력부터 시도한다	274
작은 승리를 추구한다	272
잘못된 방향	133
잘못된 사고방식	34
잘못된 의견 일치	208
장애물	101
장점을 활용한다	289
재구성	147
재능	71
적극적인 사고방식	67
적응의 사고방식	64
적절한 활동의 원칙	44
전략의 부재	215
전문성 성장의 원칙	41
전체 이야기 요청하기	79
전투적인 자아	89
절차	44
정보의 부족	212
정직	188
정치적	43
제2의 천성	48
제넨 워리스 터너	166
제대로 약속하기	50
제때 받지 못한 답변	226
제어권	29, 38, 248
'제자리를 맴돌고' 있을 때 그것을 인지한다	288
제품 갈등	126
조나단 '요니' 놀	71
존 빌렌버그	103
존재	187
존중	47
좋은 청자 되기	75
좋은 행동이 나빠지는 예	90
주의 분산	203
주인의식의 원칙	42
주제 관련 전문가	40
중요한 문제에 집중한다	270
즉흥적인 커뮤니케이션을 권장한다	284
직업적 절충의 이론	48
진전	96
진행상황을 알린다	282

찾아보기

질문의 연결고리	78
질문한다	260
집중에 방해되는 요소 제거하기	77
집중을 위한 패턴	134

ㅊ–ㅍ

참여	146
참여도	44
책임	40
책임과 주인의식	182
책임을 진다	274
첫 단계에 대해 묻는다	260
촉진 훈련	84
추상 수준	247
출발점을 제공한다	271
캐롤 드웩	59
캐어묻기	81
클레어 웜케	128
킥오프 미팅	86
태도	59
투명성	254
투명성과 책임	192
특성	147, 234
팀플레이어	221
패턴	145, 257
페르소나	54
편협한 사고방식	91
평가	53
폐쇄	88
포트폴리오에 우선순위를 둔다	271
폴 란드	38
품질	96
품질과 진전에 관한 질문	97
프레젠테이션	224
프로젝트 계획을 마련한다	286
프로젝트 규정요인	45
프로젝트처럼 다룬다	275
프로토타입	24
피드백	223, 244

ㅎ

한 가지를 선택한다	270
할 테면 해보라고 한다	261
함께 디자인하려면 공감대와 공동목적이 필요하다	102
합리적인 기대를 설정한다	273
합리적 제약사항의 원칙	46
합선	85
해결방안 결과의 조합	112
해로운 갈등	104
해로운 갈등을 건강한 갈등으로 전환하기	107
해로운 갈등 인식하기	106
행동	33
행동방식	278, 280
현실로 만든다	269
협력	99
협업	32
협업 덕목의 관점에서 새로운 일자리 평가하기	196
협업의 구현	191
협업의 덕목	180
협업의 덕목에 따르는 위험	190
협업의 정의	158
화자가 생각을 끝까지 정리할 수 있게 해주기	80
화자를 방어태세에 빠뜨리기	89
환경	249
회의는 짧게 집중해서 한다	288
회의의 틀을 마련한다	266
효과적인 협업	50
훌륭한 디자인팀	28
훌륭한 디자인팀의 본질	28